卓越教师 教学主张丛书

厦门市卓越教师培育项目成果
西南大学教育学"双一流"学科建设实践成果
总主编 陈 珍 朱德全

福建省教育科学十四五规划2023年度课题"基于体美融合的创美体育教学课堂教学模式构建与实践研究"成果（课题批准号：FJJKZX23-417）
厦门市第二批名师工作室课题"基于体美融合的的创美体育教学主张实践探索"成果（课题批准号：XMMS2022032）

创美体育

——中学体育教学新探

林 悦 著

西南大学出版社
国家一级出版社 全国百佳图书出版单位

· 重庆 ·

图书在版编目(CIP)数据

创美体育：中学体育教学新探 / 林悦著. -- 重庆：西南大学出版社, 2024.8. -- (卓越教师教学主张丛书). -- ISBN 978-7-5697-2655-8

Ⅰ.G633.962

中国国家版本馆CIP数据核字第20241GB042号

创美体育——中学体育教学新探
CHUANGMEI TIYU——ZHONGXUE TIYU JIAOXUE XINTAN

林 悦 著

| 责任编辑：曹园妹
| 责任校对：徐庆兰
| 封面设计：闰江文化
| 版式设计：散点设计
| 排　　版：吴秀琴
| 出版发行：西南大学出版社（原西南师范大学出版社）
|　　　　　地址：重庆市北碚区天生路2号
|　　　　　邮编：400715
|　　　　　市场营销部电话：023-68868624
| 印　　刷：重庆市国丰印务有限责任公司
| 成品尺寸：170 mm×240 mm
| 印　　张：24.25
| 字　　数：504千字
| 版　　次：2024年8月　第1版
| 印　　次：2024年8月　第1次印刷
| 书　　号：ISBN 978-7-5697-2655-8
| 定　　价：69.00元

编委会

总主编

陈 珍 朱德全

副总主编

洪 军　刘伟玲　庄小荣　潘世锋　罗生全　周文全

执行主编

范涌峰　魏登尖

编委（以姓氏笔画为序）

王天平　王正青　牛卫红　艾 兴　叶小波　朱德全

庄小荣　刘伟玲　陈 珍　陈 婷　范涌峰　罗生全

周文全　郑 鑫　赵 斌　侯玉娜　洪 军　唐华玲

韩仁友　潘世锋　魏登尖

总序

习近平总书记在2024年全国教育大会上指出,要实施教育家精神铸魂强师行动,加强师德师风建设,提高教师培养培训质量,培养造就新时代高水平教师队伍。《中共中央 国务院关于弘扬教育家精神加强新时代高素质专业化教师队伍建设的意见》指出,要加强中小学学科领军教师培训,培育一批引领基础教育学科教学改革的骨干。强化中小学名师名校长培养。

厦门市历来重视名师队伍的培育培养工作,根据教师专业成长规律,经二十年探索,逐步形成了"骨干教师—学科带头人—专家型教师—卓越教师"的金字塔式名师阶梯成长体系。自2021年起,厦门市教育局与西南大学开展战略合作,共同推进厦门教育高质量发展和教师队伍建设。"厦门市首期卓越教师培育项目"是由厦门市教育局与西南大学教育学部联合倾力打造的精品培训项目,也是厦门市迄今为止最高层次的教师培训项目。该项目旨在打造一支具有教育情怀、高尚师德,富有创新精神,具有鲜明教育教学思想和教学主张,在教育教学和教育科研上发挥领军作用的高层次教育人才队伍。项目以产出导向为理念,坚持任务驱动,通过个人自学、高端访学、课题研究、讲学辐射、挂钩帮扶、发表论文、出版专著、提炼教育思想、推广教学主张等方式优化培育过程。

三年琢磨,美玉渐成。通过三年的探索,围绕成为"有实践的思想者"这一核心目标,每一位卓越教师培育对象形成了特色鲜明、理念前沿的教学主张,并以教学主张为中心形成了一本专著,从而汇集成目前呈现在大家面前的"卓越教师教学主张丛书"。本丛书,既是"厦门市首期卓越教师培育项目"三年实施成果的沉淀,是每一位卓越教师培育对象思想的结晶,也是西南大学教育学"双一流"学科建设的实践成果。

仔细阅读本丛书,可以欣喜地看到,卓越教师培育对象们不仅能敏锐地捕捉到教育教学领域的难点、热点问题,揭示其中的本质规律,还能结合本地教学实际智慧地提出解决方案。总体来说,本丛书有以下三个方面的特点。

一是有较浓厚的学术气息。29位培育对象中有获得国家、省级基础教育教学成果奖的教师,有正高级教师,有省特级教师,但他们还在不断突破,追寻对教育教学本质的理解,追寻从实践到思想的蝶变,追寻高水平的专业表达。他们从实践中提炼出主张,再用主张引领实践,他们在书稿中融入了理论的阐释,学会了建构模型,并借助模型简洁地表述自己的教育教学思想,读起来不生涩也不单调。

二是有较强的系列探索味道。《义务教育课程方案(2022年版)》提出,应做好学段间的教育教学衔接。29位培育对象中,既有教育科研专职人员和学校的管理者,也有班主任、一线教师等,研究成果覆盖了小学、初中和高中的大部分学科,最终形成了29本培育对象教学主张的专著和1本全景式呈现卓越教师培育的经验和初步成效的论著。因此,本丛书既有基于教育者几十年教学实践的思想提炼,又有深入课堂的案例剖析,可以"用眼睛来读",作为教师专业发展的自读文选;也可以"用行动去做",作为教学范例直接进入课堂实践,在行动研究中孵化、创生;也适合专门研究者或管理人员参阅,从中窥探从小学到高中的教育教学重点与发展脉络。

三是有鲜明的课程育人特色。本丛书的撰写以学科课程为载体,以学科课程核心素养为目标,积极探索新时代背景下的育人方式变革,寻求育人最佳路径,以德施教,立德树人。因此,单看每本专著,已能感受到其中鲜明的课程育人特色,综合丛书来看,这一特色更加明显。

期盼厦门市首批卓越教师培育对象大力弘扬践行教育家精神,追求卓越的步伐永不停留,不断完善、应用和推广自己的教学主张和教学成果,为厦门教育做出更多更大的贡献。也期盼本丛书能为广大中小学教师深化教学改革提供参考,为教育学"双一流"学科服务教育实践提供借鉴。

是为序。

陈 珍

(中共厦门市委教育工委书记、厦门市教育局局长)

朱德全

(西南大学教育学部部长、西南大学教育学一流
学科建设"首席责任专家"、国家重大人才工程
特聘教授、国务院学位委员会学科评议组成员)

序

在教育的广袤天地中,体育教学一直以其独特的魅力,塑造着学生的身心。随着社会的进步和教育改革的不断深入,我们越来越意识到体育在培养学生全面发展中的重要作用。体育与美育密不可分,二者是融合的关系,即体育中蕴含美育,美育中也蕴含体育。从古时孔子倡导的"礼乐射御书数"到近代蔡元培提出的"体育是实施美育的重要手段之一"等,无不体现着体育与美育融合育人的重要性。党的十八大以来,以习近平同志为核心的党中央高度重视美育在培养社会主义建设者和接班人中的重要作用。在此背景下,《创美体育——中学体育教学新探》一书得以创作。此书是在体育教学中融入美育的一种体育教学模式的新探索、新实践,是作者在长期的教学实践过程中凝练的"创美体育"教学主张的思想成果反映,其中不仅有系统的理论构建,也有真实的教学实践案例呈现。这种成果记录方式,既为我们重新审视体育与美育的融合过程及规律带来崭新的视角,也为中学体育教学的创新性发展提供了前瞻性思考。

创美体育,顾名思义,旨在通过体育教学引导学生认识美、展现美、欣赏美、创造美。创美体育不仅是一种教学模式,更是一种教育理念,它特别关注教学过程中学生全面发展的表现,尤其是美学素养的提升情况。这一理念的提出,足见作者对体育教学如何融合美育以实现学生高质量发展的深刻思考。作为一名从教近30年的一线体育教师,多年的教学经验以及对体育教学的深度理解,使其具备了教学实践反思与创新的知识、能力和态度,并最终将之跃然于纸上。作者为我们擘画了创美体育理解、转化、融合的专业发展蓝图和生命成长图景。

在"创美体育"这一教学主张的指引下,作者构建了"创美体育课堂教学模式"。这一模式以学生的身心特点为起始,在体育课程设计中结合项目的美学特征,采用多元教学方法,融入美育教学目标,教授相关美育内容。一是通过激发学生学习的兴趣、练习的积极性,增强其对美的正确理解和感受,能自然展现,并能从美学角度更加客观地评价自身和他人在练习过程中存在的问题;二是借助合作探究、鼓励创新与过程性批评等方式,使其在拥有欣赏美的能力基础上发展创造美的能力。显然,这种教学模式不仅有利于课堂教学质量的提高,更有益于实现既定的育人目标。

作者深知,体育教学不仅仅是对学生进行技能的传授和体能的锻炼,更是对其进行心灵的滋养和精神的升华。因此,在创美体育的教学实践中,作者始终注重乐学趣教,启发学生的思辨能力,让学生在轻松愉快的氛围中感受体育的魅力,体验运动的快乐。同时,利用自己的专业技能水平,引导学生在运动中认识美、展现美、欣赏美、创造美,让课堂成为展示专业技能魅力、人格魅力的主阵地。更为难得的是,作者并没有止步于理论的阐述,而是进一步通过具体的实际应用案例为我们展示了教学模式的变式发展。这些案例既具有实用性,又具有可操作性,为广大一线体育教师提供了宝贵的参考和借鉴。此外,书中还对创美体育的课堂教学评价进行了深入探讨。作者提出了要根据不同的运动项目特点建立科学、多维的评价体系,旨在根据学生对各运动项目的掌握程度,进行有针对性的评价,全面了解创美体育课堂教学的美育效果,从而更好地激发学生的学习兴趣和积极性。最后,在书的结尾部分,作者对"创美体育"教学主张在教学实践中的应用进行了回顾与反思,并提出了未来的挑战与展望。这部分内容不仅让我们看到了创美体育的丰硕成果,更让我们对其未来的发展充满了期待。

总的来说,《创美体育——中学体育教学新探》一书是一部集理论性、实践性和创新性于一体的著作。它不仅为我们揭示了体育教育的真谛和美育的价值,更为我们提供了一种全新的体育教学理念和方法,相信此书的出版将为中学体育教学改革与创新提供新思路、新方法。

最后,衷心祝愿《创美体育——中学体育教学新探》一书能够得到广大读者的喜爱和认可,并期待它能在中学体育教学领域产生广泛的影响。我们相信,随着这本书的广泛传播和应用,体育与美育的融合将成为中学体育教学的新趋势,为学生的全面发展注入新的活力。

罗生全
2024年3月于西南大学师元楼

前言

体育,被称为身体的教育,是人们在生活中不可或缺的一项活动内容。体育是什么?从广义上说,是以身体练习为基本手段,以增强人的体质、促进人的全面发展、丰富社会文化生活和促进精神文明发展为目的的一种有意识、有组织的社会活动。狭义的体育是一个发展身体,增强体质,传授锻炼身体的知识、技能,培养道德和意志品质的教育过程,是对人体进行培育和塑造的过程;是教育的重要组成部分,是培养全面发展的人的一个重要方面。法国教育家卢梭在《爱弥儿》中提到用"体育"对爱弥儿进行身体的养护、培养和训练的身体教育过程。因此,可以明确,体育是一门跟身体教育相关联的教育。美是什么?《教育大辞典 第1卷》给美下的定义是:"由客观事物所具有的完美性、和谐性、最佳状态等审美属性所引起的一种愉悦的情感体验。"[1]可见,美是一个主观的概念、一种体验,不同的人会有不同的看法。一说到美,人们自然会想到艺术品、绘画、表演、戏剧、文学作品、人的长相等具象的事物,但那只是引起人们美的感官的客观事物,而不是美本身。美看不见、摸不着、没有标准,跟每个人对客观事物的认识、感觉、审视等有关系。它是目标、是路径(是课堂、是体育本身)、是一种手段……有很多呈现形式。那么,体育中的美又是什么?体育中的美是人类有意识培养身体活动所展现出来的美的总称。它可以分为人体美、运动美和精神美,既是一种特征,也是

---

[1] 教育大辞典编纂委员会.教育大辞典 第1卷[M].上海:上海教育出版社,1990:163.

一种表现形式。人体美可以分为形体美、姿态美、和谐美等,运动美可以分为动作美、技术美、节奏美、韵律美、战术美等,精神美可以分为心灵美、情感美、风格美、合作美、欣赏美……人们通过对体育美的感受、认识和理解,从而感到愉悦,并从愉悦中受到美感教育。一次高规格、高水平的运动竞赛,实际上也是一次生动的审美教育课。爱美是人的天性,何为体育之美?可指运动之美和心灵之美。体育所带来的身体上的舒适、心理上的愉悦,是不是一种"美"?体育之美是原本就有的,还是需要挖掘的?体育活动中,大量而广泛存在着美的现象。许多运动项目成为表现美的重要载体,并为艺术创造活动提供了一块独特而富有魅力的沃土,也成为美学研究的新领域。[1]因此,体育领域各运动项目所表达的美是对体育活动中各种审美对象的综合概括。正如艺术美是各种艺术作品之美的总称一样,体育美本身并不是一个特定的审美对象。竞技体育的魅力就像音乐一样,是无国界的,体育的精神是相通的。各种大型竞技比赛中来自不同种族、不同国家、不同民族的运动员,他们健康的身体、流畅的曲线、自然的肤色等,都是自然健康的美,是人类最本质的美,也最能引起人们的共鸣。健康的审美观念能通过运动员的实践对社会文化产生潜移默化的影响。泰戈尔说:"静止便是死亡,只有运动才能敲开永生的大门。"我们在运动中能得到的不只有疲惫,还有健康的身体、生活的美好和运动的乐趣。

长期以来,体育教学的主要任务就是通过教师的讲解与示范,学生听讲、观摩、模仿练习后掌握一定的运动技能,增强身体素质。这种相对固化的教学模式,导致学生对体育运动的兴趣不高,长此以往,势必影响学生的全面发展。"创美体育"教学主张以《义务教育体育与健康课程标准(2022年版)》为导向,结合初中阶段学生的身心特点和运动能力及认知水平,在体育教学中进行潜移默化的审美教育,从而提高学生学习体育的兴趣,加深学生对体育运动的理解。学生不仅要学习体育与健康的知识,还要学会

---

[1] 胡小明.体育美学[M].北京:高等教育出版社,2009:6.

科学锻炼,养成良好的锻炼习惯,塑造健美体格,形成良好的个性和健全的人格,培养健康高尚的审美观。因此,要在体育教学中加强美育与体育的融合,充分运用体育美学理念,挖掘教材中各运动项目与美育的融合点,激发学生的运动兴趣,从而全面实现美育目标,有效提升学生的体育核心素养,提高体育课堂教学质量,体现美育的实践价值。在教学实践中,每一项运动都包含着固有的文化背景、基本知识、基本技能、专项技能、体能、规则等专业知识的建构,学生在体育课程和体育锻炼中能学习相关知识与技能、锻炼体能、宣泄情感、升华体育品德。学校体育的美育功能体现在对学生精神美的塑造上,学校体育与美育的融合将改变为了通过国家学生体质与健康项目测试、各级体育与健康质量监测、体育合格性测试、体育中考、体育会考等而"强制体育"的现象,去除体育在学生心目中的刻板印象,努力使学生能够经历亲近体育、欣赏体育、参与体育的审美过程,最终成为终身体育的爱好者和践行者。

  笔者作为一名一线体育教师,从教近30年来始终注重教学过程中的乐学、趣教,启发学生的思辨思维,活跃课堂气氛,使学生乐学、会学,并用自己积极向上的情绪带动学生,鼓励学生努力克服各种困难,勇往直前。同时,笔者用自己的专业知识和技能引导学生在运动中认识美、展现美、欣赏美、创造美,让课堂成为教师展现专业技能魅力、人格魅力的主阵地,进而让学生能创美、求美。在这样的教学实践中,笔者逐步凝练出了"创美体育"这一教学主张。基于体美融合的"创美体育"教学主张是"体"与"美"共同导向下的独具美的风格的一种教学思想、一种教学载体、一种教学路径,通过"创美"特色课堂设计与实施,助力学生实现"体"的目标,提升"美"的素养。在教学中注重体育与美育的融合,充分运用体育美学的理念,培养学生健康高尚的审美观,从而激发学生的运动兴趣,加深学生对体育运动的理解,提高体育课的教学质量,有效提升教学效果,实现育人目标。体育教学模式的本质是提高教学质量,需要体现一定的教育思想与教育程序,需要恰当的教学流程与之匹配,兼顾实用性与可操作性。为推动"创美体育"教学理论的新进展,需要对体育教学模式进行深度研析,因此,本书以"创美体育"教学主张为教学指导思想,构建"创美体育课堂教学模式",以学生的身心发展特点为出发点,在课程设计中结合项目的美学特征,采用多元的教学模式,融入美育教学目标,教授美育内容,激发学生学习的兴趣、练习的积极性(认识美);通过循序渐进地教学,增强学生对美的正确理解和感受,并能表现出来(展现美);通过师评、自评、互评,让学生从美学的角度更加客观地评价自身和他人在练习过程中存在的问题(欣赏美);在学生拥有欣赏美的能力的基础上,合作探究、鼓励创新,批判性思维,实现创造美的能力(创造美)。

全书共分六章,每一章又分为若干节,各章节之间既有一定的逻辑性,又有相对的独立性。第一章,创美体育的理论基础与理论内涵,主要从"创美体育"的时代意义、理论基础和理论内涵等来阐述创美体育教学主张的凝练过程。第二章,创美体育的教学理念及价值,从创美体育的四个教学理念及学生的美学素养发展价值和教师的美育能力发展价值三个方面进行论述。第三章,创美体育课堂教学模式构建,主要阐述创美体育课堂教学模式构建的思路、原则,以及如何构建创美体育课堂教学模式,为创美体育的育美课堂实践提供理论支撑。第四章,创美体育课堂教学模式的变式发展,主要是根据义务教育阶段体育与健康课程内容中针对水平四学生的四个学习内容——体能、健康教育、专项运动技能、跨学科主题学习进行教学模式范式的案例展示。第五章,创美体育的课堂教学评价,阐述创美体育课堂教学评价的基本理念、教学评价的工具与方法及教学评价的应用与实施,并用具体的案例说明如何根据不同的运动项目特点建立科学、多维的评价体系,如何进行创美体育课堂教学评价。第六章愿景:创美体育的再思考,通过对"创美体育"教学主张实践过程进行回顾与反思,指出其中存在的不足和未来面临的挑战和展望。

目录

第一章 创美体育的理论基础与理论内涵

第一节 创美体育的时代意义 ············003

第二节 创美体育的理论基础 ············011

第三节 创美体育的理论内涵 ············015

第二章 创美体育的教学理念及价值

第一节 创美体育的教学理念 ············035

第二节 创美体育的美学素养发展价值 ············073

第三节 创美体育的美育能力发展价值 ············087

第三章 创美体育课堂教学模式构建

第一节 创美体育课堂教学模式构建的思路与原则 ············107

第二节 构建创美体育课堂教学模式 ············144

第四章　创美体育课堂教学模式的变式发展

　　第一节　体能教学设计及案例举要 ······159
　　第二节　健康教育教学设计及案例举要 ······175
　　第三节　专项运动技能教学设计及案例举要 ······190
　　第四节　跨学科主题学习教学设计及案例举要 ······307

第五章　创美体育的课堂教学评价

　　第一节　创美体育课堂教学评价的基本理念 ······323
　　第二节　创美体育课堂教学评价的工具与方法 ······329
　　第三节　创美体育课堂教学评价的应用与实施 ······340

第六章　愿景：创美体育的再思考 ······355

参考文献 ······361

致谢 ······366

后记 ······367

第一章

创美体育的理论基础与理论内涵

时代在发展,这对体育教学提出了更高要求,也赋予其更多意义。与此同时,当今社会对学生发展核心素养的要求也在日益提升,体育已不再单纯是强身健体的手段,它更是塑造学生健全人格、培养审美能力的重要途径。创美体育的理论根植于美育教育、美学、体育美学、美育论、体育与美育的融合等多个理论的肥沃土壤中,从中汲取养分,彰显其"创"的理论内涵。

本章将以创美体育的时代意义为切入点,详细阐述创美体育的理论依据,深入剖析创美体育的核心理念与构建过程,聚焦创美体育的理论内涵,见证创美体育这一教学主张的凝练历程。

第一节　创美体育的时代意义

一　理论诉求:从三维目标走向核心素养

学生发展的核心素养,即21世纪我国学生应具备的、能够适应终身发展和社会发展需要的关键能力和必备品格,[①]是学生为适应现代高速发展的信息时代和知识社会的需要,在解决复杂问题和适应不可预测的情境过程中表现出来的关键能力和综合品格。改革开放40余年来,我们的基础教育改革经历了"双基"(基础知识、基本技能)到"三维目标"(知识与技能、过程与方法、情感态度与价值观)再到核心素养(关键能力、必备品格)的质变到全面升华的过程。归纳整合,三维目标中的知识与技能、过程与方法可以等同于核心素养中的关键能力;而情感态度与价值观就相当于核心素养中的必备品格。核心素养要靠三维目标这个载体去落实,三维目标整合起来达到的效果、作用就是核心素养所要落实的关键能力与必备品格。可以说核心素养来自三维目标,又高于三维目标,它是三维目标的进一步提炼与整合,是通过系统的学科学习后获得的;又是个体在知识经济、信息化时代面对复杂的、不确定的情境时,综合应用学科知识、观念与方法去分析问题、解决问题时所表现出来的关键能力与必备品格。三维目标不是教学的终极目标,教学的终极目标是学生拥有关键能力和必备品格,因此,我们在制定教学目标时,不仅要关注三维目标的达成,还要重视学生的关键能力和核心品质的形成。只有发展核心素养,才能实现教育对人的真正的全面回归,抓住了核心素养,也就抓住了教育的根本。

党的十八大提出了党的教育方针:坚持教育为社会主义现代化建设服务、为人民服务,把立德树人作为教育的根本任务,培养德智体美全面发展的社会

---

①林崇德.学生发展核心素养:面向未来应该培养怎样的人[J].中国教育学刊,2016(6):1-2.

主义建设者和接班人。全面实施素质教育,深化教育领域综合改革,着力提高教育质量,培养学生责任感、创新精神、实践能力。《教育部关于全面深化课程改革落实立德树人根本任务的意见》中指出,教育部将组织研究提出各学段学生发展核心素养体系,明确学生应具备的适应终身发展和社会发展需要的必备品格和关键能力,突出强调个人修养、社会关爱、家国情怀,更加注重自主发展、合作参与、创新实践。因此,"学生发展核心素养"是继"三维目标"后一个新的课程改革理念,回答了"培养什么人、怎样培养人"的问题,是在落实立德树人根本任务中产生的。《义务教育体育与健康课程标准(2022年版)》(以下简称《2022年版体育课程标准》)在其"指导思想"中指出:"坚持德育为先,提升智育水平,加强体育美育,落实劳动教育。反映时代特征,努力构建具有中国特色、世界水准的义务教育课程体系。聚焦中国学生发展核心素养,培养学生适应未来发展的正确价值观、必备品格和关键能力,引导学生明确人生发展方向,成长为德智体美劳全面发展的社会主义建设者和接班人。"[1]德智体美劳是个人素质定位的基本准则,其中美育对德育、智育、体育等都会产生积极影响,在德育的过程中,美育既可以帮助学生理解心灵美、品德美,又能帮助学生树立正确的价值观念;在智育的过程中,美育能让学生在感受知识蕴含美的同时提升审美素养进而去创造美;而体育本身就包含很多美育的因素,既有促进人们追求健康、健美的功能,又能使运动者和观赏者产生强烈的审美体验;劳育是引导学生增强劳动意识、养成劳动习惯、创造美好生活的育人活动,美育为劳育提供美的方向,因此美育在各类教育中都是必不可少的。美存于万物,像体育这种包含了身体教育、心理教育和社会适应能力的学科更是无处不体现美。体育学科核心素养是体育教学的价值追求,也是课程预期的教学目标,它围绕运动能力、健康行为和体育品德三个维度展开教学,体育学科核心素养与美育课堂教学之间存在什么样的相互关系?又分别体现了哪些形式的美?下面就基于这样两个问题进行分析与阐述。

(一)运动能力之美

运动能力"主要体现在基本运动技能、体能、专项运动技能的掌握与应

---

[1] 中华人民共和国教育部.义务教育体育与健康课程标准(2022年版)[S].北京:北京师范大学出版社,2022:前言1-2.

用"①,学生通过锻炼掌握各项运动技能、发展各项体能,所表现出来的是一种身体美和运动美,身体美和运动美又包含竞技美、动作美、技术美、体型美、速度美、力量美、形体美、姿态美、律动美、和谐美、体质美等,以及敢于展现自己的自信美、个性美,积极与拼搏等良好精神状态下的行为美等。运动能力是一种具象美、客观美。

(二)健康行为之美

健康行为"主要体现在养成良好的锻炼、饮食、用眼、作息和卫生习惯,树立安全意识,控制体重,远离不良嗜好,预防运动损伤和疾病,消除运动疲劳,保持良好心态,适应自然和社会环境等"②。学生通过体育锻炼了解身体健康的意义,形成健康的生活方式,知道锻炼的方法,养成自觉参与锻炼的习惯,通过运动调节情绪状态,享受体育所带来的美好心情与体验,保持健美的体魄,陶冶情操,激发学习的热情,更好地学会生活,体现了生命色彩美、自然和谐美和积极健康美。

(三)体育品德之美

"体育品德包括体育精神、体育道德和体育品格三个维度。体育精神主要体现在积极进取、勇敢顽强、不怕困难、坚持到底、团队精神等;体育道德主要体现在遵守规则、尊重裁判、尊重对手、诚信自律、公平竞争等;体育品格主要体现在自尊自信、文明礼貌、责任意识、正确的胜负观等。"③从体育精神到体育品格是一种进阶性的提升过程,是思想道德素质与体质同步增长的过程。体育精神对人的道德品质、行为规范的提升有强制作用和指导作用,体育运动中的团结协作精神、友谊合作精神、拼搏进取精神,无不给人以直接的或间接的教育,进而上升为一种强烈的社会责任意识,对人产生深刻的影响,体现了良好的品德之美、社会责任之美。

---

① 中华人民共和国教育部.义务教育体育与健康课程标准(2022年版)[S].北京:北京师范大学出版社,2022:5.
② 中华人民共和国教育部.义务教育体育与健康课程标准(2022年版)[S].北京:北京师范大学出版社,2022:5-6.
③ 中华人民共和国教育部.义务教育体育与健康课程标准(2022年版)[S].北京:北京师范大学出版社,2022:6.

体育与美育之间是彼此促进、互相影响的。美育能促进体育教学,为学生呈现丰富多彩的体育世界,而体育教学也能为美育的实现提供良好的途径,二者相得益彰。在体育课堂中渗透美育以落实学科核心素养,能够提高体育课堂的教学质量,让学与美并行,美与教并施,正如习近平总书记在北京冬奥会、冬残奥会总结表彰大会上提到:冬奥赛事精彩纷呈,国际社会积极评价。四场开闭幕式精彩纷呈,人类命运共同体的主题贯穿始终,中华文化和冰雪元素交相辉映,体现了自然之美、人文之美、运动之美,诠释了新时代中国可信、可爱、可敬的形象。可见,大千世界处处蕴含美,运动项目样样展现美,让学生所触、所感、所练、所学之处皆为美,将学生带入运动美的天地。

在体育教学中,教师可以让学生通过体验不同的运动项目感知美、通过观摩学习鉴赏美、通过启发思维创造美、通过社会责任升华美来实现美育目标。与此同时,也能通过美育来强化学生对运动能力、健康行为、体育品德的理解,提升学生的社会责任感,达到培养体育学科核心素养的目的。为了更好地阐明体育学科核心素养与美育之间的关系,现将二者的关系整理成图1-1。

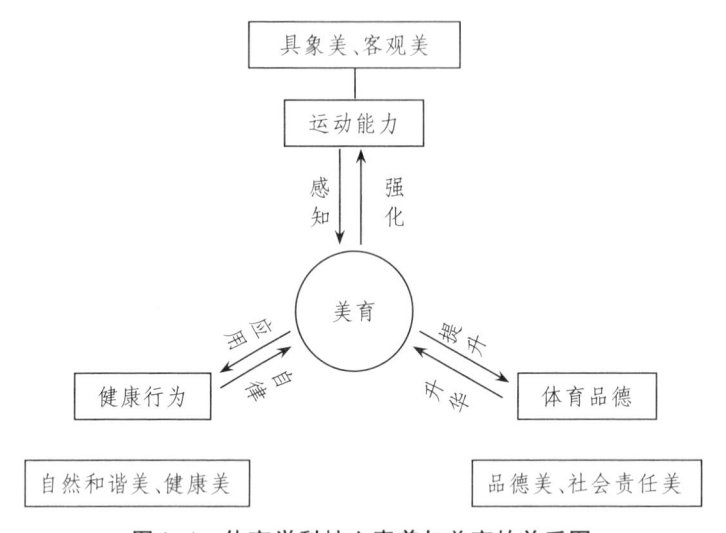

图1-1 体育学科核心素养与美育的关系图

二、实践需要:从学科实践走向美育教育

处于青春期的中学生的自尊心、自信心在不断增强,独特的个性特点日益明显,他们对"美"有自己独特的理解与追求,且处于价值观形成的重要时期,极

易受到不良因素的影响,加上课业负担,会影响学生的心理健康和精神状态,引发心理问题。因此,青春期是培养学生树立健康正确的审美观念和提升学生审美能力的关键时期。体育是促进身体发展和心理健康的重要教育活动,体育课堂实践教学不仅能让学生丰富体育与健康知识、强健体魄、掌握运动技能、发展体能水平;还能让学生通过体验各种不同的运动项目感受体育的动作之美,在运动中释放天性、转化负面情绪,体现精神之美;更能让学生在学练中磨炼意志品质,帮助学生加强团队协作意识、规则意识、责任意识,对学生的组织性、纪律性等意识施以潜移默化的影响,有利于学生人格美的形成,这些都是体育与美育融合互育产生的积极效果。所以无论是体育还是美育,都是教育全面发展的重要组成部分,二者之间既相互制约又相互促进。在体育教学中融入美育,有着重大的意义。首先,体育本身就包含了许多美育的因素,它作为身体的教育,有促进人体健美的功能,通过科学的锻炼手段,可以促进学生生长发育,使学生获得强健的骨骼、匀称的体型、灵活的身形、良好的身体姿态和肌肉线条、健康的气色和充沛的精神状态。其次,体育作为一项展现身体协调自由的活动,无论是静态的美,如射击运动、体操的悬垂支撑等;还是动态的美,如跑步、游泳、速度滑冰等;还是瞬间的美,如跳水、滑雪空中技巧等,都能使练习者和观赏者产生强烈的审美体验。因此,学会欣赏体育美就需要学生有较高的审美意识。培养学生树立正确的审美观,是体育教学中落实美育的重要环节之一。

《2022年版体育课程标准》的"指导思想"中明确指出:"坚持德育为先,提升智育水平,加强体育美育,落实劳动教育""体育运动是展现人体之美的最佳载体之一,人体在运动中所体现出的蓬勃活力和生命律动能培养学生正确的身体观和审美观"。[1]这意味着新的课程改革要求将美育渗透于现代体育课堂教学,作为一线的体育教师要转变观念,积极地学习,创新性地开展体育教学,发挥学生的主体地位,为学生创造展示个人风采和魅力的舞台,陶冶学生情操,激发学生潜能,提升学生的审美能力和创造能力,促进美育落地做实,实现美育教育的常规化教学。

---

[1] 中华人民共和国教育部.义务教育体育与健康课程标准(2022年版)[S].北京:北京师范大学出版社,2022:前言1-2,105.

三 政策导向：从美育教育走向创美体育

根据资料显示，我国学校美育教育政策的变迁，大致可以分为五个阶段：1949年以前；中华人民共和国成立初期；1956年至1976年；改革开放至2012年；2013年至今。

第一个阶段：1949年以前。"美育"一词在中国的出现，是与民国时期的王国维、蔡元培等学者的倡导分不开的。王国维在《论教育之宗旨》一文中首次提到"美育"一词，他认为"德育与智育之必要，人人知之，至于美育有不得不一言者""三者并行而得渐达真善美之理想，又加以身体之训练，斯得为完全之人物，而教育之能事毕矣"。①可见，王国维的"完全人物"的教育思想实质就是德育、智育、体育、美育四者并行的教育。他是我国第一个提出四育并举的教育家，又是第一个指出美育应是教育内容重要组成部分的教育家。1912年，蔡元培出任教育总长，发表了《对于教育方针之意见》一文，将美育确定为国家教育方针。因此，民国时期就有了专门的美育课程，这应该是我国近代史上美育教育的缘起。

第二个阶段：中华人民共和国成立初期。中华人民共和国成立后，为了进一步明确各级各类教育工作，1951年3月，教育部在第一次全国中等教育会议上明确指出，普通中学的宗旨和教育目标是使青年一代在智育、德育、体育、美育各方面获得全面发展，使之成为新民主主义社会自觉的、积极的成员。②其后几年到1955年又有多个会议和规程草案都提到了美育教育，美育作为全面发展教育的重要内容得到了国家和政府的高度重视，在全面发展的教育方针中占有独立的地位，有效提升了中小学生的审美素养。

第三个阶段：1956年至1976年。这个时期经历了社会主义建设的新阶段，国家大力发展经济建设，教育方针的内容强调的是德育、智育、体育的发展及教育与生产劳动的结合，没有提到美育，其间还有几年，学校的教学任务以服务政治为主，日常的教学都没办法保障，更遑论美育教育了。③

第四个阶段：改革开放至2012年。1978年，党的十一届三中全会召开，标

---

① 王国维.论教育之宗旨[J].基础教育,2008(9):64.
② 中央教育科学研究所.中华人民共和国教育大事记(1949—1982)[M].北京:教育科学出版社,1984:38.
③ 黄忠敬,欧阳雪乔,余锦团.聚焦美育——如何在学校中培养学生的审美力[M].上海:华东师范大学出版社,2021:22-23.

志着我国开始进行改革开放。1980年6月,在全国第一次美学会议上,周扬提出,"美育同德育、智育、体育有着密切的关系,是缺一不可的。一个人要全面发展,不能缺少技术教育,也不能缺少美育。在现代化教育中,没有美育是不成的"①。

至此,美育再一次被全社会关注,在"五讲四美"活动和音乐家贺绿汀等音乐家的联名建议下,1986年4月,《中华人民共和国义务教育法(草案)》指出,在中小学教育中,应当贯彻德、智、体、美全面发展的方针,适当进行劳动教育,使青少年儿童受到比较全面的基础教育。接下来的十几年,国家多次颁布各种文件和决议,有《中华人民共和国国民经济和社会发展的第七个五年计划》(1986—1990年)、《中国教育改革和发展纲要》、《中共中央国务院关于深化教育改革全面推进素质教育的决定》、党的十六大报告、《全国学校艺术教育发展规划(2001—2010年)》《国家中长期教育改革和发展规划纲要(2010—2020年)》等,都表明了党和国家对美育的高度重视,至此,美育的地位正式确立了。②

第五阶段:2013年至今。2013年,党的十八届三中全会在《中共中央关于全面深化改革若干重大问题的决定》中提出"改进美育教学,提高学生审美和人文素养"。2015年,国务院办公厅印发了《关于全面加强和改进学校美育工作的意见》,这是改革开放以来国家首次对学校美育工作提出的专项实施意见。2019年,国务院办公厅发布《国务院办公厅关于新时代推进普通高中育人方式改革的指导意见》,提出要加强美育工作,积极开展舞蹈、戏剧、影视与数字媒体艺术等活动,培养学生艺术感知、创意表达、审美能力和文化理解素养。2019年,中共中央、国务院印发的《中共中央 国务院关于深化教育教学改革全面提高义务教育质量的意见》中也提到要增强美育熏陶,实施学校美育提升活动。2020年,中共中央、国务院印发的《深化新时代教育评价改革总体方案》中提到要"全面提升学生感受美、表现美、鉴赏美、创造美的能力"。同年,中共中央办公厅、国务院办公厅印发了《关于全面加强和改进新时代学校美育工作的意见》,强调"美是纯洁道德、丰富精神的重要源泉。美育是审美教育、情操教育、心灵教育,也是丰富想象力和培养创新意识的教育,能提升审美素养、陶冶

---

① 瞿葆奎.美育:教育学文集 第八卷[M].北京:人民教育出版社,1989:3.
② 黄忠敬,欧阳雪乔,余锦团.聚焦美育——如何在学校中培养学生的审美力[M].上海:华东师范大学出版社,2021:23-27.

情操、温润心灵、激发创新创造活力""树立学科融合理念。加强美育与德育、智育、体育、劳动教育相融合,充分挖掘和运用各学科蕴含的体现中华美育精神与民族审美特质的心灵美、礼乐美、语言美、行为美、科学美、秩序美、健康美、勤劳美、艺术美等丰富美育资源"。一系列美育相关政策的出台,彰显了国家对美育的关注和对美育提出的更高的期望,同时也意味着更高的要求和标准。体育教育作为学校教育的一个重要组成部分,在体育中融合美育也有着不可低估的作用。在习近平新时代中国特色社会主义思想指导下,学校坚持社会主义核心价值观,全面贯彻体育的强国方针,将实现学校体育和学校美育的新高度作为发展目标,把实现培养学生全面发展和提高学生综合素质作为学校体育重要目标,在健康教育第一的理念下,帮助学生享受乐趣、增强体质、健全人格、锤炼意志。由此可见,在体育运动中加强美育,不仅能锻炼身体,影响人的体态,使之日益健美,还能使人在运动中产生愉悦心理,给人以美感。因此,体育教学离不开美育,缺少美育蕴含的体育教学是不完全的体育教学。

第二节 创美体育的理论基础

一 体育美学理论及创美体育价值

美学是研究人类审美活动的科学。《美学》是德国哲学家弗里德里希·黑格尔创作的哲学著作,首次出版于1835年。他认为,美是理念的感性显现。美本身是无限的、自由的。美的内容固然可以是特殊的,但这种内容在它的客观存在中却必须呈现为自由的、无限的整体。因为美通常是一个概念,这一概念并不处于片面的、抽象的、有限的境况中,而是与其客观存在融为一体。这种本身固有的统一和完整使美变得无限。[①]黑格尔在《美学讲演录》一书中建立了完整的唯心主义美学理论体系。他主张美是主观与客观、形式与内容、理想与现实、自由与必然的辩证统一,阐述了什么是美学,美的本质与形态,美的类型,美感的本质特征等。[②]因此,可以说美学是研究人类审美活动的科学。例如,著名的古希腊雕塑家米隆的《掷铁饼者》,这座象征着力与美的雕塑,与米隆本身是一位优秀的运动家,对各个运动项目的美的表现都有极丰富的体验分不开,同时也展现了古时候的人们对运动美的追求。

体育美学是"探讨人在体育领域内如何进行审美活动的一门学科。它是体育学的一个分支,也是美学的一个分支。它既是未来体育科学知识的组成部分,也是把传统美学应用于社会实际的新领域"[③]。体育是一门以身体研究为中心的学科,因此,对体育实践来说,体育美学是较为新兴的理论;对美学理论而言,体育美学是一门应用性、实践性很强的学科,它既能运用美学的理论来研究体育现象,又能借助美学来促进体育教育事业、体育产业的发展。体育美学注重体育运动中对美的体验和感受,在各种体育活动中实施审美教育,帮助学生

[①] 弗里德里希·黑格尔.美学[M].寇鹏程,编译.3版.重庆:重庆出版社,2016:5.
[②] 教育大辞典编纂委员会.教育大辞典 第6卷[M].上海:上海教育出版社,1992:155.
[③] 胡小明.体育美学[M].北京:高等教育出版社,2009:1.

认识体育中的美,使身心渐臻完美,并在掌握动作技术时趋向审美规律,使人的形体与展示动作时的规格、姿态更加完善,造就身心全面发展的时代新人,实现育人目标。但是,学校体育的美学研究始终要以学校体育为主体,致力于内容和形式上的"创美",以"以体育美、以美育人"为目的,来提升学校体育的品质、提高学校体育的效果,借用体育美学的知识体系让学校体育成为更符合规律、更和谐的实践过程。因此,通过阐明各种体育活动的审美特征及形成和发展规律,培养人对体育美的感知能力、表现能力、欣赏能力和创造能力,通过外在表现来展示体育的魅力,是体育美学的主要任务。在体育美学理论知识的加持下,在体育课堂教学中充分运用体育美学的原理,挖掘体育独特美的元素,促进"创美体育"教学主张在教学实践中的运用,真正还学校体育以美学品质,才能使学校体育获得健康长足的发展,这也是创美体育课堂教学价值的体现。

二、体育美育理论及创美体育价值

关于美育的概念,《教育大辞典 第1卷》给出的定义是:"美育(aesthetic education)亦称'美学教育'、'审美教育'。使学生掌握审美基础知识、形成一定的审美能力、培养正确的审美观点的教育。"[①]王道俊等人给美育的定义是"'审美教育'来源于德文'aesthetische erziehung',是对一切旨在培养人们美感教育的总称。从学科看,美育至少跨越美学和教育学两个学科,并与伦理学、心理学和哲学有密切关系"[②]。从我国学校美育教育的历史变迁中也能看出,过去教育改革发展中的很长一段时间对"美育"的忽视,导致我国美育教育缺失。随着近年来国家的重视,各级各类教育改革全面发展的要求,以及五育并举的提出,将学校的美育教育提升到一个比较高的地位。强化学校美育工作,重塑美育价值,既是落实立德树人根本任务的要求,也是实现"以美育人"的内在要求。学校美育工作的变革也需要挖掘学科的美育功能、完善美育课程、充实美育教师队伍、构建完善的美育新格局等。

而体育作为教育的一个组成部分,是促进学生全面健康成长的重要方面,杜卫在《美育论》中提到,从文化性质与功能上说,体育与美育有许多共同之处。

---

① 教育大辞典编纂委员会.教育大辞典 第1卷[M].上海:上海教育出版社,1990:159.
② 王道俊,郭文安.教育学(第七版)[M].北京:人民教育出版社,2016:310.

首先,体育与美育都以活动本身为目的。体育和美育的教育过程本身就是一种生命活力,它本身就是目的。其次,体育与美育就是人的身心全面投入活动。体育以身体教育为主,促进全身心的协调发展,美育以情感(心理)教育为主,促进全身心的协调发展。在体育活动中,身体的运动促进着心理方面的发展和提高;在美育活动中,情感活动也带动着生理方面的发展。身心全面协调发展的教育理想是体育与美育共同的基础。[①]从这些表述中就能看出体育与美育有很多共同的地方,体育本身是具备美育功能的,体育是实施美育的途径之一。回归体育教学,我们说体育课堂教学是学校教育体系中的重要组成部分,有益于学生的身心健康发展,在体育中融入美育,体现的是以美育人、提升学生审美情趣的本源,也是美好教育追求的价值立场。因此,美育对体育是有巨大促进作用的,体育是实施美育的一个必不可少的领域。

三 融合文化理论及创美体育价值

融合文化理论是一种认为文化间存在相互影响和融合的理论,它强调文化不是孤立存在的,而是相互联系、相互影响的,文化通过相互融合,形成新的文化形态。因此,体育与美育融合,让体育在美中升华、美在运动中精彩,就形成了体育教学的新态势、新模式。这里的"融合"之"融",主要是"动词",它意味着"行动"和"实践"。《关于全面加强和改进新时代学校美育工作的意见》也提出了要树立学科融合理念。体育离不开美育,同样,美育也离不开体育。在体育教学中融入美育,将美育渗透到体育中,这种学科之间的融合性,能够体现蕴含在学科之中的美的特质,让学生拥有认识美、展现美、欣赏美和创造美的能力,让学生在身体和心理两方面都获得健康的发展。美育是现代体育教学的需要,在体育教学中要正确认识体育与美育的融合。体育教学中的美育,具有提高教学质量的功能。教师优美、准确的示范动作以及运动项目本身所带来的美感,都能激发学生学习的积极性,引发学生跃跃欲试的情绪,帮助学生通过对动作技术美的想象,用最优的方法,去寻求改进、完善形体和运动形式,以此加深对运动技巧、技能的理解和记忆,逐步形成动力定型。另外,具有趣味性、艺术性、创造性的教学方法和手段美,新颖有趣的组织队形、布置合理的场地和良好的运

---

① 杜卫.美育论[M].北京:教育科学出版社,2000:149-150.

动器材所带来的舒适的练习环境以及具有良好师生关系、生生关系的和谐融洽、积极向上的班级人文环境，都能使学生在体育课堂教学实践中学而不厌、孜孜不倦，产生浓厚的学习兴趣。近年来，由于体育中考的压力，初中体育课堂教学片面追求升学率，这样的应试教育，多了一些功利，少了一些美的元素，课堂教学的模式单一，主要以训练、测试为主，大大削弱了学生对运动的兴趣，使学生缺乏学习动机和主动性，厌学情绪严重，许多教师的教学热情也逐渐被磨掉，易产生职业倦怠，使师生的发展都受到影响，既达不成教学目标，也无法满足课程标准对美育教育的要求。作为体育教师，要善于挖掘体育的美育功能，以"体美融合"实现课程内涵，将体育中蕴含的美育资源有效运用到课程教学中，并结合课程项目的特点，抓住课程中的美育元素，将美育渗透于教学的全过程，将培养学生的崇高精神追求和完善人格素养寓于审美教育之中，提升课程内涵教育，激发学生学习兴趣，引导学生培养良好的审美观，获得体美融合共育的良好效果。

第三节 创美体育的理论内涵

创美体育的理论内涵主要体现的是"创","创美"具有三层含义,分别是创造课堂教学美、激发学生创造美和创美的体育课堂。

一 更新观念,创造课堂教学美

课堂是以教师为主导、学生为主体、发展为主线的课堂。作为教师,首先要解放思想,了解新的课程改革理念,更新自己的教学观念,从探究学生的学习主动性角度开展教学设计,创新教学,提升自身专业素养,结合新型理念改变旧有观念,将新型的体育教学观念融入体育课程之中,为新的体育课堂融入更多的创新因子,为创造课堂教学美提供有效条件;创优专业技能水平,让学生的体育技能能够在体育课堂上得到提升,提高学生的体育综合素质,做学生学习道路上的引导者、促进者、协同者。

(一)创新教学模式美

国内关于体育教学模式的研究比较有权威的专家是毛振明教授,他归纳出了体育教学中较常见的10种教学模式,有技能掌握式的体育教学模式、注重让学生体验运动乐趣的体育教学模式、小群体学习式的体育教学模式、注重在教学中进行身体锻炼的体育教学模式、情景和模仿式的体育教学模式、发现式的体育教学模式、注重发展学生主动性的体育教学模式、注重让学生体验成功的体育教学模式、选择制式体育教学模式、领会教学式的体育教学模式。[①]这些体育课堂教学模式现在看来仍然是必要的且有一定积极意义,它们对体育教师教授相关的教学内容、达成体育教学目标、完成教学任务等有促进作用。尽管如此,我们的一些体育教师的教学仍然停留在"教师教,学生练",过多的"高强度、机械性"的训练内容或是"教师说得多,学生练得少"这样的学练方法上,与课标

---

① 毛振明.对十种体育教学模式的分析[J].体育教学,2000(5):4-6.

所提出来的"精讲多练""少等多动"等相悖,忽略了学生在体育课堂上的主体性、主动性和积极性,使学生缺乏对体育知识和技能的认知,无法体验到真正的运动之美、无法对运动过程的成功体验产生愉悦的感受,导致其审美体验的缺失。因此,教师要注重改革教学方法,促进教学模式的多元化应用,例如,学练赛一体化教学模式、大单元教学模式、结构化教学模式、项目化教学模式等各种模式的综合应用。体育教师应认清体育教学的特定范围,在选择教学模式的过程中把学生作为体育课堂的发展中心,以健康第一的指导思想,结合体育理论知识与实践来发挥课程的教学作用,吸引更多的学生积极主动地进行体育锻炼。教师要让学生化被动学习为主动学习,促进自我学习能力的提高,教学内容化烦琐为趣味,教学模式化单一为多元,突出体育教学的健身性、娱乐性、终身性,为学生创造全方位的美的体验,让课堂教学美成为可能。

(二)创造教学内容美

各种教材都蕴含着丰富的审美价值,如果教师照本宣科,生搬硬套地灌输给学生,那只能是枯燥乏味,无美可言。教师要对教学内容进行广泛深入的挖掘,揭示出各种知识的美的信息,使学习内容成为审美对象。教学实践表明,在学科教学中,对美的挖掘越深入,教学就会变得越有吸引力。[1]一方面,教学内容的美需要教师去挖掘、去创造,使教学内容更具美感和魅力;另一方面,教师要注重教学方法的多样化,要将游戏法、竞赛法、信息技术融合法、分层教学法、合作探究法等教学方法应用于教学。要实现体育课堂的教学美,教师还要有意识地挖掘体育教学中所蕴藏的美的因素,进行教学内容的体美融合点整合。主要包括在教学中通过认识体育项目之美、欣赏体育运动的独特之美,最后能运用所学的运动知识与技能展现美、创造美,从而培养学生的审美欣赏能力、审美表现能力和审美创造能力。

1.审美欣赏能力教育

在体育教学中进行潜移默化的审美教育,可以提高学生学习体育的兴趣,加深学生对体育运动的理解。学生不仅要学习体育与健康的知识,还要学会科学锻炼,养成良好的锻炼习惯,塑造健美体格,形成良好的个性和健全的人格,

---

[1] 罗俊.课堂教学美的价值及其创造[D].武汉:华中师范大学,2010.

培养健康高尚的审美观。

第一,在理论课教学中,教师要指导学生学习科学发展体能的相关知识,掌握影响体能的因素,遵循体能锻炼的原则及科学锻炼体能的方法,促进身心健康,体现人格健全之美。通过学习与探讨,引导学生认识形体美的重要性、了解形体练习的运动特点和健身价值,形成正确的形体观。增强学生健康生活的意识,培养学生自我健康管理的技能,培养健康行为,形成身心健康之美。

第二,在技能学习过程中,通过教师讲解动作要领和系统的体育知识与技能,学生要能感受到教师的语言美,并学会欣赏教师准确优美的示范动作,进而激励自己积极参与练习,学会欣赏自己和他人的动作美,享受运动的独特之美。学生乐学爱学,有效提升教学效果。

2.审美表现能力教育

美育体现了体育教学固有的特点。不论是跑、跳、投等基本运动技能中体现的动作美,还是舞蹈健身操、体操教学中所展现的形体美,都在传播着美的信息;学生在日常课堂或者教学比赛中表现出来的团结合作的意识和不怕失败的坚强意志、乐观向上的人生态度,遵守规则、尊重裁判的行为等都能体现良好的体育品德之美。

第一,通过理论课的学习,学生能明确体育精神、体育道德、体育品格的概念和行为表征,理解体育品德的内涵,提高思想认识和修养,表现出积极进取、永不言弃的精神之美;在体育展示或比赛中能表现出遵守比赛规则、自律自制、公平竞争的道德之美以及负责任的社会行为和胜不骄、败不馁的性格之美。

第二,在体育实践课中,学生能充分体会各个运动项目所带来的力量美、速度美、形体美,并能在大单元的教学中掌握各项运动的基本技术和战术,体验运动带来的乐趣,感受运动的魅力,在各项教学比赛中表现出勇于挑战的精神和团结协作的集体主义精神,并能遵守规则、尊重对手和有正确的胜负观等,体现良好的体育品德。

3.审美创造能力教育

体育教学虽然是以增强体能、培养运动兴趣、养成良好体育品德、提高责任感等为目的,但也要关注学生的需求,重视学生的情感体验,让学生在自主的学习过程中学会学习,培养健全的人格;要使学生既掌握知识和技能,又得到情操的陶冶、智力的开发、能力的培养,形成良好的个性和健全的人格,能最大限度地发挥教材的潜能,促进学生创新思维的发展,使他们能够主动展现美、创造美,提升高尚的审美素养。

下面以人教版义务教育教科书《体育与健康》七年级全一册、八年级全一册、九年级全一册[截至本书写作完成,人教版新版教材尚未启用,故本书写作教材皆为人教版老版教材,具体为《体育与健康》七年级全一册(2012年版)、《体育与健康》八年级全一册(2013年版)、《体育与健康》九年级全一册(2014年版)]的部分章节内容为例,谈谈如何进行教学内容的美育融合。(表1-1)

表1-1 义务教育体育与健康教学内容的美育融合点例表

教材名称	教材章名	融合点	教学建议
七年级全一册	第八章武术	了解武术运动的起源、特点与价值,学会欣赏武术比赛,感受中华优秀传统文化的底蕴,坚定民族自信和文化自信(提升学生欣赏武术运动的美的能力)	1.通过观看各类武术项目视频,学生加深对武术运动的了解,学会欣赏武术比赛,直观感知武术的文化美、形象美、意蕴美和精神美 2.通过课堂教学,学生认识长拳,学练健身长拳武术套路的动作、姿态、节奏等,体验武术的精气神、礼仪美、动作美和力量美,并崇尚自强不息的武德精神美、爱国正义的精神美等
八年级全一册	第八章健美操	引导学生了解健身健美操运动的基本特点和运动规律,了解竞技健美操的竞赛规则,观赏高水平竞赛,懂得欣赏健美操运动的独特魅力,并通过学习健美操套路,学会创编动作和队形(提高学生的赏析水平,培养学生的审美表现能力、审美欣赏能力和审美创造能力)	1.学生在教师的引导下了解健美操运动对塑造健康的体魄和良好身体姿态及精神面貌的价值,并了解竞技健美操的比赛规则,学会欣赏比赛 2.通过欣赏精彩的健美操比赛视频,学生感受力量美、形体美、柔韧美、韵律美等多重美,提高赏析水平,培养审美欣赏能力 3.通过学习健美操套路,学生学会进行小组合动作与队形的创编,体验健美操运动的形体美、姿态美、音乐美、气质美等,并能发挥小组合作探究能力,培养主动创造美的能力

续表

教材名称	教材章名	融合点	教学建议
八年级全一册	第十一章 民族民间体育	引导学生认识我国民族民间传统体育的各种活动类型;鼓励学生勇于挖掘符合区域特点、学校学情的民族民间传统体育项目,并积极参与传播与宣传,尝试创造与改编传统体育项目(提升学生创造美的能力)	1.通过教师介绍以及观看视频,学生了解民族民间传统体育项目的娱乐性、健身性、竞技性的特点,感受传统体育文化项目的力量速度之美、合作协同之美和阳刚壮阔之美 2.教学中,教师通过改进场地、简化规则等方法让学生参与竹竿舞、踢花毽子、板鞋竞速等民族民间传统体育项目,体验我国传统体育文化之美 3.鼓励学生充分挖掘符合所处区域的传统体育项目并积极参与宣传与传播文化,尝试改造、改编民族民间传统体育项目,使其更符合学生的水平与特点,体现创造美的能力
九年级全一册	第四章 篮球	在篮球运动中培养学生团结协作意识和集体主义精神,提高人际交往的能力,引导其正确对待比赛的胜负,遵守规则,尊重他人(在篮球实践课中,体现良好体育品德,提升学生的审美表现能力)	1.通过教学,学生掌握篮球的各项基本技术和基本战术,体验篮球运动带来的乐趣,感受篮球运动的动作美、技术美、战术配合美 2.学生在篮球比赛中表现出积极进取、勇于挑战的精神及团结协作的集体主义精神,并能遵守规则,尊重对手,体现良好的体育道德之美
	第七章 体操	了解体操技巧运动的特点及对身体姿态、健美体形、心理的锻炼价值(在技巧学习中表现人格之美,提高审美表现能力)	1.学生通过学习各种技巧动作,培养勇于克服困难、勇于挑战自我的精神,提高自我调控情绪的能力,体现积极向上、乐观、自信的精神美 2.学生通过学习同伴之间保护与帮助的技能,培养同学之间互帮互助的意识,增强合作意识,提高相互交往的良好体育品格,并能拓展迁移到日常的生活中,学会自我保护和保护他人,体现团结协作之美、体育品格之美

从表1-1中可以看出，各运动项目都可以进行美的元素的挖掘,这些教学内容都能激发学生的学习兴趣和学习热情,使学生在学习体育知识的同时还能掌握技能、发展体能、开发智力,促进个性的良好发展,营造良好的课堂氛围。教师在促进课堂教学美的过程中,通过对教学内容的挖掘、体会,具备了比一般人对美的更深刻理解,对美的看法更客观、更具体、更全面。教师寻求以多种方式创造课堂教学美,让学生能从中汲取养分以健全人格,真正达到育体育心的目的,而课堂教学美的存在,对师生、学校乃至社会也都有着不可低估的价值和意义。

二 开拓创新,激发学生创造美

"美"有利于学生创造力的发展。实验表明,美感的产生过程与创造性思维的产生过程具有同构性,即都是经过直觉—理性—顿悟三个阶段。而从对理性的把握到顿悟的产生,往往要跨越一条一般能力或寻常思维所不能跨越的鸿沟。此时,美感却能以其特有的魅力,使人脑亿万独立的神经元产生奇妙的聚合与沟通现象,使顿悟产生。显然,美在一般理性思维和创造性思维中架起了一座桥梁。西南大学的赵伶俐、黄希庭教授对"审美概念理解对于创造性思维作业成绩的影响"展开了研究,该研究以小学三年级和五年级、初中二年级、高中二年级、大学二年级学生共300人为被试,对审美概念实验教学前后测验的结果进行的分析表明:审美概念理解程度对创造性思维作业成绩有显著影响,各年级都存在这种效果;总的看,女生显著高于男生。[1]在体育课堂内,学生才是学习的主动创造者,初中阶段的学生活泼好动、求知欲强、思维活跃,有着向善求美的本性,体育教师要激发学生的学习主动性,尽可能地调动他们学习体育的积极性,发挥他们的主体作用。教师要努力挖掘教材中的一些创造性因素,制定有利于培养学生创造美的方案,使学生在体育课堂上不断学习新的知识和技能,注重在体育课堂中提高自身素养,引导学生在体育课堂中积极思考,发展批判性思维,让他们能在学练过程中发挥出自我创造力,主动创造美。

---

[1] 李如密.教学美对学生发展的价值探析[J].教育研究与实验,2009(4):59.

（一）开拓创新意识美

所谓创新意识，它具体指的是学生依据社会以及个体生活的不断需求，引起的对于个体未经历事物的观念以及动机。它表现为在创造活动中的一项愿望以及设想，它是学生日常意识形态中最为积极、最富有成果性的一种表现形式。[1]教师要以激发学生的兴趣作为基础，确立教学内容，并依据学生的实际技能水平和掌握情况进行体育教学，注重分层教学、因材施教。教师还要注重对体育教学内容的革新，要通过各种创新模式激发学生的创新意识。在体育教学中，学生创新意识的美可以通过多种方式表现出来，动作美、创意美、精神美、品德美、环境美、劳动美的具体体现如下。

1. 动作美
学生能够理解和创新动作，展现出身体的灵活性和协调性。例如，在健美操、体操或武术中创造出独特的动作。

2. 创意美
学生能够通过集体项目、团队游戏或体育竞赛等，发挥创新精神，展现出团队协作和战术运用的美。例如，啦啦操套路中的队形创编、造型和手位动作组合创编等。

3. 精神美
学生在体育活动中表现出坚韧不拔、勇于挑战、积极进取的体育精神，这种美体现在他们在学练中的行为和态度上。例如，在耐久跑练习中，出现"极点"时，通过调整呼吸和顽强的意志力克服过去，引来了"第二次呼吸"。

4. 品德美
学生在体育竞赛中能够理解和遵守比赛规则，尊重对手，尊重裁判，以公平公正的态度参与体育活动，胜不骄、败不馁，体现出体育竞技运动的品德美。

---

[1] 赵彦真.初中体育实现创新课堂的方法探究[J].当代家庭教育,2021(14):83.

5.环境美

学生能够关注和保护运动环境,使运动的场所保持整洁、有序,体现出对环境的尊重和保护的美。

6.劳动美

学生主动帮助教师借还器材、布置场地,培养劳动意识,树立劳动最光荣的观念,体现劳动美。

总的来说,在体育教学中培养学生创新意识美的表现,不仅体现在学生对动作、策略、规则的理解和运用上,还体现在他们的态度、行为和价值观上,学生的创新意识美能让体育课堂散发出无限活力,提升教学效果。

(二)培养创新思维美

创新思维可以帮助学生探索和理解美。为了培养学生的创新思维和提升其对美的理解能力,体育教师可以鼓励学生勇于表达自己的想法和感受,帮助他们发展自己的创新思维和审美观。第一,要想在体育教学过程中培养学生的创新思维,体育教师要注重激发学生创新意识产生的基本要素。例如,学生在体育活动中灵活运用已有的知识和技能,独立或合作解决问题,展现出创新思维的能力。第二,从活跃学生思维出发,体育教师要注意选用有利于培养学生创造力的教学设计,努力挖掘教材内的一些具有创造性的因素,培养学生的合作探究能力。例如,学生在体育比赛中或团队活动中运用策略和战术,发挥创意,并创作新的体育活动、游戏等,展现出策略思考的能力和丰富的创新想象力。第三,培养学生的批判性思维。例如,在对体育活动、体育竞赛规则和策略的反思中,学生提出自己的看法、独到的见解,展现出批判性思维的能力。第四,提供多元化的美学体验,让学生接触到各种形式的美。例如,运动项目的技术美、动作美,音乐伴奏下的技能练习、运动带来的健康美等。第五,跨学科融合教学,引发学生的好奇心和探索精神。例如,学生对体育领域或与体育相关的领域,如与物理力学、生物科学等相关的领域充满好奇心,并积极探索,展现出创新思维的美。在体育教学中,学生的创新思维美还可以通过以下几个方面来体现。

1.创造性活动

体育教师可以设计一些创造性活动,如体操小组合、啦啦操组合、武术组合等,让学生自由发挥,培养他们的创新思维和审美能力。

2.任务挑战

体育教师可以给学生设定一些任务,如设计一个新的篮球比赛规则、创造一个新的Tabata间歇训练方法等,让他们在完成任务的过程中,不断思考和探索,培养他们的创新思维和解决问题的能力。

3.体育游戏

体育教师可以设计体育游戏,如智力比赛、障碍赛等让学生积极参与,激发学生的竞争意识和策略思维,同时也可以培养他们的团队合作精神和审美能力。

4.艺术体育

体育教师可以引入一些艺术体育项目,如排舞、健美操、太极扇等,让学生感受到体育和艺术的结合,培养他们的创新思维和审美观点。

5.环境创设

体育教师可以创造一个安全、自由、开放的运动环境,让学生有足够的空间和自由去尝试和发挥,激发他们的创新思维和练习的积极性。

总之,在体育教学中,培养学生的创新思维是一个持续的过程,需要耐心和努力。体育教师可以创设多种活动形式,为学生提供多元化的美学体验,鼓励其探索和实验以及培养批判性思维,帮助学生提升自己的体育技能和审美水平,从而更好地理解和创造美,帮助他们实现身心的健康和全面发展。

三 施美于教,创美的体育课堂

体育的美有着具象性,每一项运动项目都有其独特的美。作为一名体育教师,要具备一定的美育素养。体育教师除了应掌握体育项目文化、运动技术、健康理论与知识以外,还应有一定的文化修养,具备美学、音乐、舞蹈、文学等方面的素养,这样才能更好地用美去教育学生、吸引学生,让学生感到投身运动中更能体验美。从某种角度看,体育课堂教学过程就是一个教师展现美、学生欣赏美的实践过程。例如,体育课堂中教师良好的仪态美,清晰明了的语言表达美,优美准确的动作示范美,有序的组织、调控美,注重练习场地的布置环境美,以及质量好的体育器材的工具美,练习过程中的团结协作呈现的合作美,比赛中的遵守规则、胜不骄败不馁的良好体育品德美等都能带来美的体育课堂。具体的施美于教可以通过以下的方法来实现。

(一)语言美

在体育教学中,体育教师的语言表达能力对其教学工作的开展和学生的发展具有重要意义。体育教师良好的语言表达能力,也有利于体现个人的素质和形象,发挥自己的专业能力和个人魅力。体育教师在教学中的语言美可以体现在以下几个方面。

1.语言的准确性

体育教师可以通过准确、清晰、生动、形象的语言表达,更好地让学生理解和正确掌握运动技能和动作要领,提高教学质量和效果。

2.语言的简洁性

体育教师的语言应该简洁明了,言简意赅。如,将排球垫球的动作要领编成口诀"插、夹、提、移、蹬、跟",朗朗上口,简单易记,避免冗长和复杂的表达,以节省教学时间和提高教学效率。

3.语言的形象性

体育教师的语言应该形象生动。如,将肩肘倒立的顶髋举腿比喻成"海豚跃出水面顶球的动作"以帮助学生更好地理解和记忆运动技能和动作要领。

4.语言的激励性

体育教师的语言应该具有激励性,要能激励学生发挥自己的潜力,克服困难。如,要热情地肯定学生的进步和成绩,让学生感受到自己的努力和付出得到了认可和鼓励,从而提高学生的自信心和积极性。

5.语言的文明性

体育教师的语言应该文明礼貌,尊重学生,不使用粗俗、攻击性的语言,营造良好的教学氛围和融洽的师生关系,提高学生的学习兴趣和积极性。

(二)示范美

体育是以身体练习为主要手段的一门学科。体育学科的特殊性决定了体育教师的身教是大于言传的,体育教师优美、准确的动作示范在体育教学中具有不可替代的重要性。作为体育教师必须正确掌握示范的运用技巧,具体、规范、优美而准确的示范动作,不仅可以使学生获得必要的直接感受,给学生以美的感受,有利于形成正确的动作定型,有效地缩短学会并掌握动作的时间,提高掌握动作要领的效率,而且能让学生在真实的情境中培养体育兴趣,更好地激发学生学习的自觉性,取得事半功倍的教学效果。体育教师在教学中的动作示范美主要体现在以下几个方面。

1.正确的姿态美

体育教师的动作示范必须标准、规范,展现出正确的姿态美,让学生能够准确地模仿学习进而掌握动作。

2.流畅的动态美

体育教师的动作示范还需要展现出流畅的动态美,让学生能够感受到动作的连贯性和优美性。例如,篮球运球接三步上篮技术的连贯与流畅、足球运球绕杆射门的一气呵成等。

3.刚劲的力量美

体育教师的动作示范必须表现出刚劲的力量美,让学生能够感受到动作的力度和节奏感。例如,跳远时展现出来的爆发力、健美运动员所表现出来的肌肉力量和身体造型美等。

4.恰当的节奏美

体育教师的动作示范还需要表现出恰当的节奏美,让学生能够掌握动作的节奏感。例如,健美操运动中的动作"卡点"节奏感、跨栏跑项目的过栏节奏感、跳远项目的助跑节奏感等。

5.和谐的协调美

各个运动项目在动作和技术上都要体现出和谐的协调美,体育教师的动作示范就要表现出这样的协调美。例如,游泳、体操、舞蹈等项目都需要运动员展现出协调的身体动作和技巧美。在协调美的体现中,教师要将力量、速度、柔韧性等身体素质与技术动作完美结合,展现出和谐、优美的动作画面。此外,运动项目的协调美还表现在运动员之间的配合上,如篮球、足球、排球的团队合作,需要运动员之间相互协调、配合,达到一种默契与和谐的美,这些运动项目都能给学生以美的感受与体验,体育教师可以通过这些美的感受与体验来激发学生的学习兴趣,提高学生的学习效果。

(三)组织措施美

体育教师的组织措施能力是确保学校体育教学和体育训练顺利进行的关键能力。通过有效的组织,体育教师可以更好地管理课堂,管理和协调课堂秩序,把握好教学节奏,帮助学生形成良好的遵守纪律意识,增强学生的自我控制力和责任感,提高教学质量,使学生更好地理解和掌握体育知识与技能,并具备解决突发问题的能力,以便在遇到突发情况时能够迅速、妥善地处理,保障学生安全等。因此,体育教师具有出色的组织能力,才能有效地确保教学任务的顺利完成。体育教师在课堂上的组织措施美,主要体现在以下几个方面。

1.教学秩序美

体育教师在课堂上能够有效地管理学生,维持良好的教学秩序,让学生明确课堂规则和要求,形成良好的课堂氛围,保证教学过程的顺利进行,体现课堂的井然有序美。

2.教学流程美

体育教师能够合理地安排教学流程,把握好教学节奏,确保教学内容的顺利完成。在教学过程中,体育教师能够灵活运用多种教学方法和手段,让学生在轻松愉悦的氛围中学习体育知识和技能,体现课堂的流畅美。

3.教学互动美

体育教师在教学中营造积极的师生互动和生生互动氛围,让学生在互动中学习、思考和探索。通过互动,学生能够更好地理解和掌握体育知识与技能,同时也有助于培养学生的团队合作和交流沟通能力,体现课堂的和谐美。

4.教学情感美

体育教师在课堂教学中能够关注学生的情感需求,以积极的态度和情感进行教学,让学生感受到老师的关心和支持,增强学生的自信心和积极性,体现课堂的情感美。

5.教学环境美

教学环境包括外部环境和人文环境,如今很多学校为学生提供了很好的体育场所和丰富的体育素材,也为体育教师能够营造良好的教学环境提供了有力保障,保证了体育课堂教学的顺利开展。例如,精心布置的场地器材环境、信息技术的合理运用、活跃的课堂氛围等,都能让学生感受到运动的快乐和学习的乐趣,增强学生的学习体验和满意度,体现教学的环境美。

总之,体育教师在课堂上的组织措施美不仅体现在教学秩序和教学流程等方面,也体现在教学互动、教学情感和教学环境等多个方面。通过创造美的组织措施,体育教师能够提高教学质量,增强学生的学习效果和体验,让学生更好地掌握体育知识和技能,推动学校体育教学的发展和进步。

(四)师生关系和谐美

"美就是和谐",这是一句古希腊的名言。和谐是美的课堂的一个基本特征,也是我们体育教育所追求的目标。和谐的师生关系,决定了教学质量和课堂教学的美感,在教师与学生之间建立起心灵的桥梁。在教学中不难发现,很多学生是因为喜欢某位老师,才喜欢上他的课。这样的教师充分尊重学生的个性和想法,理解他们的情感和需求,保持公正和诚信;这样的教师能发现和激发学生的潜能,帮助他们实现自我价值。随着课程改革的不断深入,师生之间的关系逐渐超越教师传授的局限,学生在向教师学习的基础上,显现出一种合作学习、共同参与的"学习共同体"的关系,让学生能充分享受到师生交往过程中彼此情感沟通与交流的情感美,促使课堂教学中的师生情感得到加深,教学效果得到提升,从而促进学生的全面发展。体育课堂中的师生关系和谐美主要体现在以下几个方面。

1. 互动尊重美

师生关系和谐美要建立在尊重学生的基础上,在体育课堂中,教师和学生之间应该相互尊重,并建立起积极的互动关系,相互信任。教师要关注学生的需求和兴趣,以开放的态度听取学生的建议和反馈,同时学生也应该尊重教师的决策和指导。例如,在教学比赛中,教师尊重学生定的战术配合,并参与到学生的比赛中去,体现良好的互动尊重美。

2. 关注激励美

在教学中,教师要时刻关注学生的身心健康、身体素质和运动能力,及时发现和解决学生在体育运动中出现的问题,并能根据学生的实际情况制定合理的练习内容和训练计划。同时要给予学生激励和鼓励,让他们产生对体育运动的热情和信心,特别是对一些体育后进生,教师更应该给予更多的关注与鼓励,体现体育课堂中的关注激励美。

3. 引导合作美

在体育课堂中,教师通过示范和讲解引导学生掌握运动技能,帮助他们纠正错误和提高技能。有时也需要教师与学生以合作的方式完成体育课程的教学目标,特别是需要2人以上合作完成的项目,应促进学生积极参与课堂活动,与教师和其他同学合作完成学习任务,体现体育课堂中的引导合作美。

4. 创造展现美

在体育课堂中,教师要为学生创造展示自己的机会,让他们在体育活动和比赛中展示自己的才华和实力。同时,教师也要努力为学生提供多样化的体育活动,激发学生的学习兴趣和动机,让他们在创造和展示中体验到快乐和成就感,体现体育课堂的创造展现美。

总之,体育课堂中的师生关系和谐美可以通过以上措施来体现,从而提高体育教学的效果,促进学生的身心健康和全面发展。

(五)创设情境美

体育课的教学过程和学生参加体育锻炼,一般是在教师直接设计或间接控制的情境中进行的。情境本身就具有诱发动机的功能,在培养和激发学生的学习内驱力上起到非常大的作用。通过创设情境,可以营造学习氛围,调动学生的学习积极性。[1]因此,体育教师在教学中为了提高体育课堂教学的实效性,往往会有目的地引入或创设一些问题化、形象化、生活化的生动具体的场景,以激发学生的情感,激起学生参与体验,从而帮助学生更好地理解和参与体育运动,掌握知识与技能,并学会运用已掌握的知识与技能解决实践中的难题。实施有效的情境教学还能调节课堂气氛,拉近师生之间的距离,激发学生对体育活动的兴趣和热情,提升体育素养,体现体育课堂情境美。体育课堂中的创设情境美主要体现在以下几个方面。

1.图像情境美

在体育教学中,教师借助图片、视频、动画等多媒体教学资源,让学生通过观察图像,了解体育运动的动作技术要领。例如,在田径短跑教学中,教师可以播放优秀短跑运动员的比赛视频,通过慢动作分解视频让学生观察专业运动员规范的技术动作要领,也可随时应学生需求,让学生着重或者反复观看视频中的相应片段,使其获得身临其境的运动感受,并有跃跃欲试的参与欲望,在学生对动作技术有了较充分理解的基础上再进行教学,从而促进学生更好地掌握短跑技术,体现利用信息技术创设图像情境美。

2.实景情境美

在体育教学中,教师教完某项技术后,通过实景演示,可以让学生更加直观地了解体育动作和技巧。例如,在羽毛球教学中,教师教完某个技术后可以带领学生到羽毛球场地,利用标准场地、球网等设施,让学生亲身体验羽毛球比赛的情境,并组织学生互相观摩和点评,加深他们对羽毛球规则和技术的理解,利用场地器材创设实景情境美。

---

[1] 孔维峰."创设情境激起认知内驱力"的体育教学法研究[J].教育与职业,2012(23):152.

3.游戏(竞赛)情境美

在体育课堂教学中落实"教会、勤练、常赛"是《2022年版体育课程标准》的要求。教师在完成某项技术的教学后,可通过游戏或者比赛的形式,让学生参与到体育活动中,增强其兴趣和参与度,并让学生在实践中体验与掌握技能。例如,在学习完田径的接力跑技术后,教师可以组织不同距离的接力赛,让学生在比赛中体验接力跑的传接棒技巧和规则,创设游戏(竞赛)情境美,体现学以致用、以赛代练的游戏(竞赛)情境美。

4.音乐情境美

在体育教学中,不仅仅舞蹈、健美操、啦啦操等这些本身就需要音乐配合的课程需要让学生随着音乐的节奏进行练习,在其他的运动项目中也可以配上适宜的音乐,以音乐为背景,增强学生参与体育活动的趣味性和愉悦感。例如,在耐久跑教学中,教师可以根据跑步的节奏、持续的时间和不同的速率选择播放不同的音乐,让学生跟随音乐节奏进行练习,改变耐久跑的单调与枯燥,增加趣味性,让学生在音乐情境美中发展体能。

5.环境情境美

在体育教学中,教师可以利用美的运动场地和自然环境等,让学生感受到运动的环境之美。例如,在进行定向运动教学中,教师可以利用学校的自然环境、建筑环境,设计出各种有趣的打卡路线,让学生感受教师创设的运动环境之美。

创设情境美可以让学生更好地理解和参与体育活动,增强其对体育的兴趣和热情。教师在体育教学中可以根据具体的教学内容和学生的实际情况,灵活运用各种创设情境方法,为学生创造一个愉悦、轻松的学习环境。

(六)团结协作美

体育课堂中的团结协作美对学生的个人成长和团队协作能力的提高都具有非常重要的意义。通过团结协作完成任务,可以培养学生的沟通协调能力、团队合作精神,增强团队凝聚力;学生在团队活动中学会与他人沟通、协商,有助于提高领导能力和组织协调能力;同时,在相互帮助和支持的过程中,同伴之间建立深厚的友谊和情感联系,增强彼此之间的信任和情感交流能力,有助于提高自信心和自尊心。这种团结协作美对学生的全面发展和未来的成长具有积极的影响。体育课堂中的团结协作美主要体现在以下几个方面。

1.集体力量智慧美

在体育课堂中,学生通过团结协作,共同努力完成任务,实现共同目标。例如,球类比赛中的技战术配合,通过集体商讨,达成一致,赢得胜利,这种集体力量智慧美的展现,既能让学生感受到团结协作的重要性,也能提高他们的团队协作能力和凝聚力。

2.互助合作精神美

在体育课堂中,学生通过互相帮助、互相支持,共同完成各项任务。例如,多人合作跑过障碍,同伴之间需要协作互助才够完成任务,这种互助合作的精神,既能让学生感受到团队中每个成员的价值和重要性,也能提高他们的自尊心和自信心。

3.友谊情感交流美

在体育课堂中,学生通过一起练习,一起合作互助,使得同学之间更有机会进行情感交流,一起踢个球、跑个步就能建立起深厚的友谊,这种友谊和情感联系既能让学生感受到团队的温暖和支持,也体现了一种情感交流美。

4.共同成长快乐美

在体育课堂中,学生常常要通过团结协作、互助合作才能进行学练、掌握某项技能,这是一种共同成长、共同进步的过程,这种成长和进步不仅体现在身体素质和技能掌握水平上,也体现在团队合作能力和精神品质上。这种共同成长快乐美既能让学生感受到团队的力量和成就感,也能提高他们参与活动的积极性和主动性。

总之,体育课堂中的团结协作美是一种非常重要的精神品质,是良好体育品德的体现,它不仅能让学生感受到集体的力量和智慧,还能让他们感受到互助合作的精神、友谊和情感交流以及共同成长的快乐。这种团结协作美不仅有助于提高体育课堂教学效果,也有助于培养学生的团队协作能力和精神品质,促进他们的全面发展。

综上所述,构成体育课堂教学美的因素很多,需要体育教师不断提升自身的专业素质,掌握丰富的体育知识和技能,不断去探索、去创新,逐渐形成自己的美育风格,在教学中不断引导学生发现体育的美,通过欣赏优秀的体育比赛、体验体育技能的学习过程等,让学生感受到体育的美和魅力,让每堂课都能给教学双方带来美的享受。

第二章

创美体育的教学理念及价值

在中学教育的多元版图中,体育教学正迈向创新变革的前沿。体育教学的目标,已不局限于让学生提高运动认知、掌握技能、发展体能,还在于引导学生在体育的世界里认识美、展现美、欣赏美和创造美,这四个独特的教学理念,相互关联,彼此交融,犹如四股绳交织在一起,为中学体育教学注入了新的活力。这四个教学理念不仅是创美体育课堂教学实践的指引,更是构建创美体育课堂教学模式的关键要素。

创美体育的价值具有双重性。对于学生而言,创美体育课堂教学如同一场美学素养的培育之旅,它带给学生的不仅仅是简单的运动,而是让学生发现自身与体育运动之间存在美学联系的契机,如同肥沃的土壤,滋养着学生美学素养的种子生根发芽。而对于教师来说,这是一个提升自身美育能力的优质平台,教师能够在教学过程中不断锤炼自身的美育素养,挖掘美育潜力,提升在体育教学中渗透美育的能力,以便更好地引导学生在体育美的海洋中畅游。

本章将深入剖析创美体育的教学理念,以及它在学生美学素养发展和教师美育能力发展方面的价值,以领略创美体育独特的魅力。

第一节 创美体育的教学理念

美育心理学研究发现,"创造想象"是审美想象的核心组成。这加速了"创美"和"创美教育"的孕育生成。世纪之交,刘兆吉、张念宏、周冠生、周庆元等学者拓展了审美的内涵,认为美育是培养学生感受美、鉴赏美和创造美的教育。随后,张玉能进一步提出,审美教育在向实践转向的过程中,需要逐步从感美美育、立美美育走向创美美育。在这些学者思想的强力拉动下,"创美教育"逐渐成为教育研究新的亮点。程岭通过综合分析美育传统的思维范式、审美过程的心理阶段和美育发展的时代旨趣发现,美育可分为感美、立美、创美这三个层次。作为教育工作的主渠道——教学,其美育实施——教学审美化,从生成论的视角来看,也可分为三个阶段:感美阶段、立美阶段、创美阶段,这三个阶段亦即教学审美化形成的内在理路。[1]他认为,低阶创美由自由、挑战的项目激荡生成,项目推动、团队合作、比赛刺激能够使学生由创造美而追求美,由因缘契合而快速进入创美境界。高阶创美由汇报、比赛的活动振奋而成,通过活动举办、寓"赛"于乐、专家指导,学生能够由展现美而升华美,历经迭代嬗变而进入高阶创美境界。[2]因此,创美教育中的创美阶段是审美的最高阶段,是推动个体从审美实践到审美创造的阶段,也是从掌握审美规律到审美写意表达的阶段。[3]创美教育主要是通过各种形式的课程和活动,培养学生的审美意识、创新思维,提高学生的综合素质。创美教育是与时俱进的,是以培养"创美新人"为目标的。在创美教育中,实施的是持续递进的实践模式,从知美、感美出发,实现创美的终极目标。创美教育可以通过创美课程建设、创美教师素养、创美课堂教学、创美教育活动、创美学生发展、创美学校管理等方面来实现,以培养学生的创新精神和实践能力,提高学生的审美素养和人文素养。在创美教育方面做得比较有成效的学校是广东省珠海市第一中学。这所创办于1960年的渔民中学,"秉承

---

[1] 程岭.感美、立美、创美:教学审美化的理路与实现[J].中国教育学刊,2022(3):9.
[2] 程岭.感美、立美、创美:教学审美化的理路与实现[J].中国教育学刊,2022(3):12-13.
[3] 程岭.感美、立美、创美:教学审美化的理路与实现[J].中国教育学刊,2022(3):10.

'用美的教育造就美的新人'的办学理念,孜孜以求,努力开创'重德乐教,睿智恬淡,创美育美'的教风和'志存高远,自知自胜,灵动臻美'的学风,逐渐形成'敦品励行,包容创新,至善至美'的优良校风,凝结出'师生同心,做到最好,成就美好'的学校精神"[1],发展成为珠海市基础教育的领军之旗。"创美教育"成为珠海市第一中学学校教育的一种价值追求,形成一种文化基因,根植在每一代的一中学子心中。学校通过整合教育资源,优化学校课程教学,创造出教育自身的美,它着力于培养学生的自主性、创造性和审美感受的丰富性,构建洋溢美学追求的教育生活,让学生在美感愉悦与精神自由中学习成长。这种教育理念值得借鉴与学习。

在创美教育理念的引导下,结合体育教学实践,将审美意识、创新思维和健身习惯融入体育活动中,实现学生身心健康的全面发展,逐渐形成了创美体育的教学理念。创美体育教育,是一种基于美育基础上的体育教育理念和模式,其核心思想仍然是"创",即通过开发和挖掘存在于师生大脑中的审美潜能和教育内容、教育手段中的潜在因素,引导师生在美的规律和特点中发现美、感知美、欣赏美、创造美,从而实现自我完善和超越。创美体育的实施需要遵循运动美的规律和教育规律,通过课程教学的多样化,让学生在学习和参与体育运动的过程中逐渐培养审美意识、创新思维和健身习惯,提高综合素质,并在学练过程中培养他们积极向上的人生态度和乐观进取的个性品质,使学生不仅能够在体育课程中,还能在音乐、美术和其他学科的美育课程中,以及合唱团、书法社、科学社、篮球社、街舞社等学生社团的广泛平台上愉悦身心,投入创美活动中。

从创美教育到创美体育,首先,要明确目标和定位。例如,要明确可以开设哪些体育课程,在体育课程中如何挖掘美育融合点,如何融入更多的美学元素、创新思维,如何让学生养成主动参与体育锻炼的习惯,如何让体育活动成为一种更加健康、全面、有益的身心锻炼方式。其次,要优化课程的设置。在创美体育教学理念的指导下,要优化体育课程的设置,增加一些具有创新性、趣味性、健身性的项目。例如,瑜伽、体育舞蹈、Keep体能、攀岩、定向运动、户外拓展等,吸引更多的学生参与其中。最后,要加强对体育教师的培训,提高他们的专业素养和综合能力,使他们能够更好地理解和实施创美体育的教学理念,不仅能在体育课堂中对学生进行潜移默化的美育渗透,还能通过组织体育竞赛、开展

---

[1] 韩延辉."创美教育":推动学校教育走向美学境界[J].人民教育,2020(Z1):37.

体育与健康知识讲座、举办健身活动等,吸引更多的学生参与其中,感知体育美,继而爱上体育。试想一下,一个崇尚美、热爱美、青春阳光、神采飞扬的体育老师如何会不受到学生们的青睐呢?

因此,创美体育的教学理念可以概括为认识美、展现美、欣赏美和创造美四个方面,结构图见图2-1。

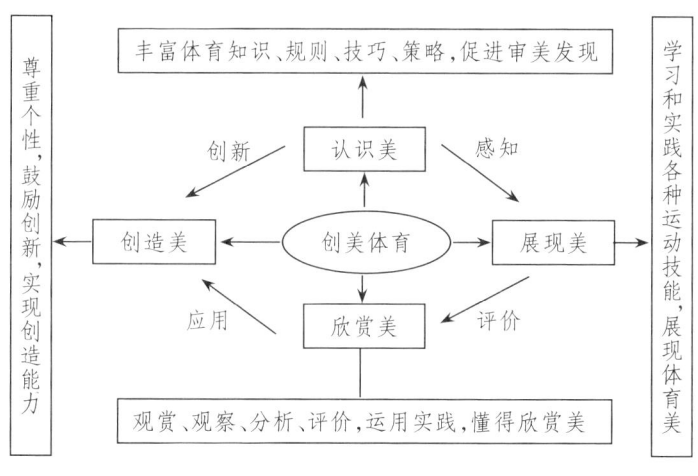

图2-1 创美体育教学理念结构图

从结构图可以看到,从认识美、展现美到欣赏美再到创造美,四者之间相互关联,构成了一个连续的、层层递进的过程。认识美是创美过程的开始,需要对美的概念、特征、标准等进行深入的理解和学习。创美体育特别注重学生在运动中的表现,学生在理解、认识、感知了美的概念之后,可以通过学习和实践各种运动技能,通过科学、健康和优雅的运动方式或者自己的行为表现来充分展现体育美的价值。此外,还需要学会如何在团队中发挥作用,通过合作、竞争和挑战来展示体育的精神之美。当美被展现出来后,我们就可以从中欣赏并汲取美感。学会欣赏美也能帮助我们更好地理解美的本质,创美体育鼓励学生欣赏体育的美,无论是观赏精彩的体育赛事、参与运动和比赛,还是观察与评价他人的运动表现,学生都可以从中感受到体育的魅力。通过观察和分析优秀的运动员与队伍,学生可以学习到运动技巧、策略和体育精神等方面的知识,并将其应用到自己的运动实践中,实现欣赏美的真谛。创美体育尊重学生个性,培养学生的创造力,通过学习,学生学会用创新的方式解决运动中的问题,提高自己的运动水平和表现。这包括学习如何制订训练计划、调整技术动作、解决常见问题、创新技巧与策略或是组织更有创意的比赛活动等。通过实践和反思,学生可以养成独特的运动风格和个人魅力,从而创造出属于自己的体育之美。创造美是创美体育的最高阶段,也是最具挑战性的阶段。在这个阶段,我们需要将所认识、所展现和所欣赏的美,结合自身的经验和想象力,创造出新的美的元素。这四个阶段之间的关系是递进的,每个阶段都是建立在前一个阶段的基础之上,同时又为下一个阶段提供准备和动力,通过这种连续的过程,可以在创美体育中不断提升自己的审美能力和创造力。

一 以美激趣:认识美

在创美体育中,学生首先需要认识到什么是真正的体育之美。这包括理解体育的历史、文化和社会背景,以及其对人类健康、娱乐和社会发展的重要性;认识不同体育项目所带来的美,丰富运动项目知识,通过对体育精神、运动规则和公平竞赛的理解,培养正确的价值观和道德观。例如,队列练习中整齐划一的和谐美,短跑项目的速度美,投掷项目的力量美,球类项目的技战术美,体操项目的平衡美与协调美,舞蹈与健美操项目的韵律美、形体美、姿态美,武术项目的刚柔并济之美、武德之美、弘扬传统文化之美,在体育比赛中的遵守规则、团结协作、顽强拼搏的品德美等。

(一)引导学生认识各种不同的体育项目的美

不同的体育项目有着各自独特的美。在体育教学中,可以引导学生认识不同项目带来的美,从而丰富他们的运动项目知识。根据《2022年版体育课程标准》中对专项运动项目的分类,结合人教版《体育与健康》教科书的内容,以下为本书整理的一些校园内较普及的体育项目及其美的体现。

1.田径类运动

田径是一项涵盖跑、跳、投等项目的综合性运动。它展示的是人类身体的潜能和力量。

(1)田径类运动项目的特点和美的体现

①跑的项目

田径运动中的跑的项目包括短跑、中长跑、跨栏跑、接力跑、障碍跑等。这些项目都要求运动员具备良好的体能、速度、耐力、技巧,以及正确的跑步姿势和节奏。速度是跑步中最基本的美感之一,速度的美感不仅体现在跑得快,还体现在奔跑时的节奏、呼吸、步频、步幅等细节方面;跑步需要肌肉和身体的协调,表现出肌肉力量和运动美感。例如,短跑运动员的肌肉健美有力、强壮结实,跑步时能展现瞬间的爆发力和速度。近几十年来,世界男子百米成绩不断被挑战,不断被刷新,如由牙买加运动员博尔特在2009年创造的9秒58的世界纪录,他也是首个百米跑进9秒6大关的人。亚洲跑得最快的是我国著名短跑运动员苏炳添,他的百米成绩是9秒83。这些都展现了短跑运动的速度美。长跑运动员的肌肉线条明显、体态修长,肌肉耐力好,这展现了体态美。无论是短跑还是长跑都需要掌握好步伐和呼吸节奏,使跑步过程看起来更加协调和优美,这些都充分展现了跑步的速度美、力量美和节奏美。作为田径项目中唯一的集体项目——接力跑,除了拥有短跑项目的各种美之外,还展现出了一种特殊的团队协作美。例如,2023年杭州亚运会上中国运动员获得了男子、女子4×100米接力比赛的冠军,运动员在赛场上配合默契、不畏强敌、奋勇拼搏,令观众热血沸腾,赞叹不已,足见接力跑的独特魅力。还有跨栏跑、障碍跑等,都能展现出这些项目特别的美。另外,跑步不仅可以促进新陈代谢、提高免疫力,锻炼身体,磨炼意志和毅力,不断地挑战自我,体现健康美、精神美;还可以与同学、朋友、家人结伴跑步,分享跑步的快乐和经验,增进友谊、促进亲子关系,这体现了跑步项目的社交美。

②跳跃项目

田径运动中的跳跃项目包括跳远、立定跳远、三级跳远、跳高和撑杆跳高等,这些项目需要练习者克服身体的惯性,迅速加速到最大速度,在瞬间爆发出巨大的力量和速度,以实现尽可能的远度和高度。跳跃项目需要练习者掌握正确的起跳、腾空、落地等技术,这就不仅要求练习者要有较好的弹跳力、协调性,还需要身体素质和技术水平的完美结合。跳跃项目美的体现在于起跳瞬间展现出的爆发力和速度的力量之美;无论是正确的起跳姿势、空中姿态的控制,还是落地前的稳定性,都展现了技术之美、空中姿态之美。一个高质量的跳跃不仅需要力量、高度和远度,还需要具备良好的协调性和节奏感,这是协调美、节奏美;跳跃项目不仅是对练习者身体素质和技术水平的考验,更是对其心理素质和意志力的挑战,需要练习者克服各种困难和具有面对多次失败的勇气,体现良好精神风貌的精神之美,这些美都赋予了跳跃项目更深层次的美学价值。

③投掷项目

田径运动中的投掷项目包括实心球、铅球、铁饼、标枪、链球等,这些项目都是非周期性力量项目,其技术结构都是由握持器械、助跑(滑步或者旋转)、最后用力和出手后维持身体平衡组成的,要求练习者具备强大的爆发力、速度、身体协调能力和高超的技术、精度。投掷项目美的体现在于投掷需要掌握全身力量和专项力量,在持器械、预摆、助跑、滑步(旋转)等环节中的速度变化和节奏感,最后出手时瞬间的爆发力和速度,体现了力量美、速度美、节奏美;投掷项目对于技术的要求比较高,因此需要掌握较高的技术水平才能投得更远,体现了技术之美;投掷项目在整个技术过程中需要较强的动作连贯性和协调性,体现了协调与和谐之美;投掷项目不仅对练习者的身体素质水平、体能水平和技术有很大的考验,更需要练习者有良好的心理素质和克服各种困难、挑战自我的精神风貌,体现精神之美。这些美的体现不仅能展现运动员的实力和风采,也能给观赏者带来视觉和心灵上的享受。

(2)田径类运动项目美的具体表现

①力量美

田径运动需要运动员具备强大的体能和力量,这体现在他们的爆发力、耐力和速度上。运动员在比赛中展现出的力量和速度给人以震撼和美感。

②节奏美

每个田径项目都有其独特的节奏,运动员在练习和比赛中都需要掌握好自己的节奏,使动作协调、流畅、连贯,给人以美的享受。

③技巧美

田径运动的每个项目都需要运动员具备高度的技巧性,如正确的跑步姿势、跳跃姿势和投掷技术等。这些技巧使运动员在比赛中表现出极高的协调性和准确性,给人以美的享受。

④精神美

田径运动不仅需要运动员具备良好的体能和技术,还需要他们具备坚韧不拔、勇往直前的精神品质。这种精神美体现在运动员在比赛中克服困难、挑战极限的时刻,给人以激励和感动。

⑤艺术美

田径运动项目所表现出来的姿态优美、敏捷、灵动等体现了运动本身的艺术美,让人感受到运动的美妙。(图2-2、图2-3)

图2-2　正确的跑步姿势美(1)　　图2-3　正确的跑步姿势美(2)

总之,田径运动的美是丰富多样的,它既体现在动作和技巧上,也体现在练习者的精神和情感上。这些美不仅能让人欣赏到田径运动的魅力,也能激发人们追求健康、积极向上的生活态度。

2.球类运动

球类运动包括篮球、排球、足球、乒乓球、羽毛球、网球等,每个项目都有其独特的特点和美的体现。

(1)球类运动项目的特点和美的体现

①篮球运动项目

篮球运动以投篮得分为中心,有各种运球、传球等技术以及各种战术的配合,强调的是个人技巧和集体协同性,比赛节奏快速多变,具有高度的观赏性和趣味性,还能培养参与者的团队意识、拼搏精神等。篮球运动以其独特的魅力在学校吸引着越来越多的学生参与其中,它的美不仅体现在竞技性和对胜利的追求,更体现在运动过程中的体验和精神的塑造。例如,篮球运动员在场上的奔跑、跳跃、腾空、篮下的扣篮、准确的投篮、快速的攻守转换、激烈的对抗、场上自信的风度、团结协作等都体现了篮球运动的舒展美、力量美、速度美、准确美、对抗美、风度美、团结美等。(图2-4、图2-5)

图2-4 篮球运动的对抗美(1)　　图2-5 篮球运动的对抗美(2)

②排球运动项目

排球运动以发球、接发球、传球、扣球、拦网等技术为核心,注重技战术的配合,常见的技战术有"中一二""边一二"等战术,强调团队协作和集体作战。近几年,从排球项目衍生出来的气排球运动,比赛节奏相对较慢,集健身、竞技、休闲、娱乐为一体,受到各个年龄层次人群的喜爱,具有广泛的群众性和普及性。排球运动美的体现有运动员们展现出的健康、力量、敏捷等人体美和精准、弹跳有度等技术美;场上比赛中有明确的角色分工和技战术配合,体现了团队协作美,以及在学练过程中体现出来的勇敢、执着、拼搏的精神美等。(图2-6、图2-7)

图2-6 排球技术美(1)　　图2-7 排球技术美(2)

③足球运动项目

足球运动被称为世界第一运动,它不仅需要运动员具有高超的技术和技巧,还强调团队配合和整体控制,比赛节奏快速流畅,具有极高的观赏性和竞技性。足球比赛不仅是一场体育比赛,更是一种文化交流和传播的方式。它的技术包括运球、传球、射门、头顶球、战术配合等,以进攻防守技术为核心,需要队员相互配合、协作,才能发挥出最大的战斗力。这些技术不仅需要运动员具有良好的体能和身体素质,还需要运动员具备高超的智谋和准确的判断力,更需要运动员具备拼搏精神、团队协作精神、自律精神等优秀品质。足球运动的美不仅体现在足球技术的精湛技艺之美、速度和力量之美,还体现在运动员奋勇拼搏的精神之美和协同作战的团队协作之美等。例如,足球运动员在比赛中展现运球、传球、射门、头顶球等高超的技术之美让人惊叹不已;足球场上运动员的冲锋陷阵、争顶头球、大力射门等,都让人感受到力量之美;足球比赛中,运动员奔跑、冲刺、传球和射门等动作都展现出速度之美;足球比赛中,运动员精彩的突破过人、华丽的传球和刁钻的射门动作等都展现出足球的艺术之美;还有比赛中运动员的角色分工和职责,体现相互配合的团队协作之美;足球比赛不到最后时刻永远不知道谁胜谁负,使得比赛充满了未知和悬念,这也是足球运动的悬念之美;还有运动员在球场上的拼搏精神、自律精神、激发人们的爱国主义的精神之美,这些美的体现都足以让足球运动成为一场视觉盛宴。(图2-8、图2-9)

图2-8 足球技术美(1)　　图2-9 足球技术美(2)

④乒乓球运动项目

乒乓球是我国的国球,因其所需的设备相对简单且参与成本低,对参与者的年龄、性别和身体条件也没有太多限制,能够锻炼参与者的反应速度、灵敏性、手眼协调能力以及身体协调能力。这种锻炼不仅有益于身体健康,也能够提高大脑的反应速度和思维能力,吸引着越来越多的爱好者参与其中,因此具有广泛的普及性和群众性。另外,从技术角度上说,乒乓球运动中的技巧丰富多样,单纯一个发球技术就有正手、反手、上旋、下旋、高抛发球等,还有防守、攻击等技术,要根据对手的动作和球的轨迹做出快速的反应,每种技术都需要精心练习和掌握,再加上球速快、落点变化多,使得比赛充满了不确定性。这些元素共同构成了乒乓球运动独特的魅力,让人们在享受比赛的同时,也能感受到运动的快乐和健康的生活方式。乒乓球运动中的美首先体现在技术质量上,即运动员在比赛中展现出高超的技巧和精湛的球技,这种美也反映在运动员对球的操控和球路预测的准确性上,表现在比赛中运动员对球速、旋转、力量和角度等变量的精确掌握和灵活运用的动态变化美。例如,当双方球员进行攻防转换时,球员需要准确判断对手的动向并做出相应的反应,这种动态变化的美感也体现在球员的灵活移动和瞬间的决策能力上。还有击球和进攻的力量与速度美,球员之间的默契配合和协同作战的团队合作美。对比赛的认真投入、不屈不挠、永不放弃的精神也是一种美。特别是在2024年巴黎奥运会乒乓球比赛中,中国运动员取得了全部项目的冠军,马龙、樊振东、孙颖莎、王楚钦等运动员精湛的技艺和个人魅力,使这个项目得到了更多人的关注与喜爱。

⑤羽毛球运动项目

羽毛球是一项需要全身参与的运动项目,运动员要在场地上不停地进行脚步移动、跳跃、转体、挥拍,合理地运用各种击球技术和步法将球在场上往返对击,增大上肢、下肢和腰部肌肉的力量,加快运动员的全身血液循环,增强心血管系统和呼吸系统的功能,可调节运动量、不受场地限制、不受人数限制,老少皆宜,具有广泛的普及性和群众性。从技术上说,它以快速的反应、灵敏的动作为核心,强调个人技巧和应变能力,比赛节奏快速多变,有很强的竞技性、观赏性、娱乐性。羽毛球运动的美体现在可以促进血液循环,增强心血管系统和呼吸系统的功能,提高身体的免疫力,使身体更加健康的健康美;优美的动作和高超的技艺,展现出优美的姿态美;在羽毛球比赛中,运动员需要根据对手的特点和情况,采取相应的策略和技巧,展现出智慧美;羽毛球运动员在比赛中通过灵活的战术和技巧,创造出出奇制胜的战例,表现出创造美;羽毛球的运动速度非常快,运动员需要在极短的时间内做出判断和反击,表现出速度美;羽毛球运动的高远球、大力扣杀等表现出力量美。(图2-10)

图2-10　羽毛球大力扣杀的力量美

羽毛球运动是一种竞技体育项目,需要在比赛中不断竞争,表现出竞争美;在双打比赛、团体赛中,又需要运动员相互配合、协作,表现出合作美;在比赛中运动员表现出勇敢、顽强、拼搏的精神,展现出精神美。总之,羽毛球运动不仅是一种体育运动,更是一种美的表现形式。

⑥网球运动项目

网球运动是一项高雅、富有策略且极具爆发力的运动项目,它需要运动员具备精准的击球技巧、快速的移动能力和灵活的策略思维,是一项在全世界范围内广泛开展的运动项目,受到越来越多人的喜爱。网球运动分为单打、双打项目,它的动作是非周期性的,比赛持续时间长,对抗强度高,能提高力量、速度、灵敏、耐力、柔韧等身体素质。网球运动项目美的体现是多方面的,网球运动需要运动员拥有强大的力量和爆发力,优秀网球运动员击球的力量和速度超乎想象,资料显示,世界著名网球运动员纳达尔的正手平均球速约每小时175千米、击球力量约63千克,费德勒最高瞬间球速可达到每小时182千米等,这都展现了网球运动的速度美和力量美。网球运动需要掌握各种技巧,包括发球、正手、反手、高压球、网前截击等,这些技巧都需要运动员掌握高超的技术水平和精确的判断力,体现技巧美;网球运动需要运动员拥有出色的身体协调性和节奏感,体现协调美、节奏美;网球运动需要运动员根据场上的情况随时做出正确判断,控制局面,因此要运动员拥有出色的智慧和判断力,体现智慧美;网球的双打项目需要两个同伴之间的默契配合,团队协同作战,体现合作美;进行网球运动能培养机智勇敢、坚韧不拔、积极向上、挑战自我的优良品质,体现精神美。2024年巴黎奥运会上中国选手郑钦文取得了网球女单冠军的历史最好成绩,使这个项目得到了更多人的关注与喜爱。

(2)球类运动项目美的具体表现

①技巧美

球类运动的每个项目都需要运动员具备高度的技巧性,如准确的传球、射门、发球等技术,以及熟练的盘带、过人、防守等技巧。运动员在比赛中表现出极高的协调性和准确性,给人以美的享受。

②速度美

球类运动中运动员的快速反应和灵敏的动作给人以美的享受。例如,在篮球、羽毛球和网球等运动中,运动员的快速移动和反应使得比赛更加紧张刺激。

③力量美

球类运动中的力量美体现在运动员的爆发力和对抗性上。例如,在足球和篮球运动中,运动员的对抗和拼抢使得比赛更加激烈,展现出力量美。

④创新美

球类运动中的创新美体现在运动员的战术和技巧的创新上。例如,在足球运动中,新颖的、变幻莫测的战术和创新的踢法使得比赛更加多变和有趣,展现出创新美。

⑤悬念美

几乎所有的球类比赛,不战斗到最后一刻,都无法预测结果,充满着许多不确定因素,因此往往充斥着紧张、刺激的悬念气氛,这样的悬念美能让人更加感受到球类项目的独特魅力。

⑥团队精神美

球类运动中的团队精神是一种美的重要体现。例如,在足球、排球和篮球比赛中,队员之间的默契配合和整体作战使得比赛更加团队化和集体化,体现出团队精神的美。

总之,球类运动的美是丰富多样的,它既体现在运动员本身的动作和技巧上,也体现在他们的精神和情感上。这些美不仅能让人欣赏到球类运动的魅力,也能激发人们追求健康、积极向上的生活态度。

3.体操类运动

体操分为徒手体操、持轻器械或在器械上完成的器械体操等,教材中常见的有基本体操(队列队形、徒手体操、健美操)、体操技巧(滚翻、倒立、平衡等)和器械体操(单、双杠等)、体操跳跃(一般跳跃、支撑跳跃),每个项目都有其独特的特点和美的体现。

(1)体操类运动项目的特点和美的体现

①队列队形项目

队列练习有原地动作和行进间动作两种。原地动作可以分为常用动作(如,立正、稍息、看齐、报数等)、原地转(如,向左、向右、向后转等)和原地队列变化(如,由一列横队变二列横队及还原、由一列横队变二路纵队及还原等)。行进间动作有齐步走、跑步走、行进间向左(右)转走、左(右)转弯走等。[①]这些队列队形练习要求动作干净利落、整齐划一、不拖泥带水,因此对培养正确的身体姿势、节奏感、协同感,以及良好的组织纪律性、团队凝聚力和严肃活泼的作风很有好处,常被作为体育课组织教学的措施,有助于集中学生注意力、调动学生的积极性。它的美首先就体现在整齐划一的和谐美和队列姿态美;特有的动作和姿态刚劲有力、有着明显的节奏美和韵律感,体现活力美、节奏美;体操队列队形的比赛强调集体合作和默契配合,通过体操队列队形的训练和比赛,不仅能锻炼身体、磨炼意志,还能提高团队凝聚力和荣誉感,也能激发学生拼搏进取的精神,体现精神美。(图2-11、图2-12)

图2-11　队列姿态美(1)　　　　　图2-12　队列姿态美(2)

②徒手体操项目

徒手体操的动作特点是简单易学、变化多样,不受年龄、性别、体质水平及场地器材等条件的限制,可定位做也可行进间做,具有广泛性和普及性。我们国家自1949年以来推出的多套小学生广播体操和成人工间操等都属于徒手体操项目。徒手体操一般按照人体的从头颈、上肢、下肢到躯干的顺序进行动作的组合,展现的是舒展的、转体的、跳跃的、平衡的、弹性的、松弛的动作等,体现

---

① 体操教材编写组.体操[M].北京:高等教育出版社,1987:233-234.

了身体的姿态美和形象美;徒手体操一般都是在音乐伴奏下进行的,动作与音乐的节奏、旋律和谐一致,使整个表演能更加完美,体现音乐配合美、动作律动美;徒手体操的动作有前后、左右、上下的变化,通过动作的变化,展现出丰富的立体感,体现了立体美;徒手体操的编排不仅要求动作的多样性,还要求动作之间的连接自然流畅,使整套动作既有变化又和谐统一,展现编排美;经常练习徒手体操可以培养学生的组织纪律性和良好的精神面貌,体现精神美。总之,徒手体操的美,不仅仅是身体姿态的展示和动作的完美表现,更在于通过多种元素的综合展现,使人们从中感受到生命的力量、运动的力量和美的力量。

③健美操项目

人教版《体育与健康》八年级全一册中对健美操的定义是:健美操是融体操、舞蹈、音乐为一体,以有氧练习为基础,以健、力、美为主要特征的体育运动,既是健身美体、陶冶情操、休闲娱乐的大众健身方式,也是竞技运动的一个项目。健美操可以有效地增强体质,提高力量、柔韧、协调、灵敏等身体素质,塑造健美的身姿,增强律动感,对培养大方、向上、自信的心理素质具有很好的作用。健美操分为大众健美操和竞技健美操。大众健美操多为团体的,竞技健美操有单人的、多人的和团体的,中学阶段学生学习的一般为大众健美操。健美操是融体操技巧、舞蹈、音乐于一体的追求人体健与美的运动项目,运动员通过手臂的屈伸、下肢的弹动、髋部的扭动、脚步的跳跃等,在四肢、头颈、躯干的协调配合下,通过对肌肉的控制和协调用力,表现出力与美的结合;运动员在节奏强劲有力、旋律优美的音乐中展现出优美的姿态,具有高度的艺术性,体现艺术美、姿态美、力度美、节奏美;在进行健美操运动过程中,运动员往往会通过队形、造型和动作的变换,利用三维空间,通过走、跳等方式进行移动,展现运动中的队形变化,实现动作的起伏有序、变化多端,体现队形和动作的变幻之美;健美操运动是一项集体运动,需要各个队员之间的默契配合,在表演过程中,队员之间的动作要协调统一,展现出和谐之美。长期进行健美操运动不仅可以塑造身体形态,还可以培养良好气质和自信、积极乐观的精神,体现精神美。

④体操技巧项目

体操技巧项目可分为动力性动作、静止姿势和用力性动作。动力性动作包括滚翻、手翻、空翻等;静止姿势和用力性动作包括倒立、劈叉、平衡等,动作丰富多彩、变化多端,可单个动作练习,也可组合练习,可单人做、多人做,也可团体做。练习技巧动作能增强体质、发展柔韧性、力量、平衡性、协调性等体能水平。体操技巧运动项目动作的完成需要具备较高超的技巧水平,因此它的美首先就体现在技巧美上;技巧动作舒展、姿态优美,需要一气呵成,有一定的节奏感,体现动作的姿态美、流畅美、节奏美;练习者在练习技巧运动时,需要同伴的保护与帮助,体现合作美;技巧运动的动作要求练习者要克服心理障碍、勇敢自信、挑战自我,体现精神美。(图2-13、图2-14)

图2-13 体操技巧项目的柔韧美　　图2-14 体操技巧项目的姿态美

⑤器械体操项目

器械体操项目包括单杠、双杠、吊环、高低杠、平衡木等,中学教材中的器械体操项目是单杠和双杠。与徒手体操相比,器械体操的动作更加丰富多样,包括摆动、屈伸、回环、翻转、支撑、悬垂、倒立等基本动作,强调对器械的掌握和运用。例如,在单杠动作中,需要掌握支撑、回环、摆动等多种动作。器械体操对身体的姿态控制和用力方向有着特殊的要求,如,在双杠的支撑摆动中要保持腹部和背部肌肉紧张、控制呼吸等。器械体操还强调动作的规范性和准确性,要求在完成动作时保持正确的姿势和用力方向,避免出现不必要的失误。这些动作特点都使得器械体操具有更高的技巧性、表现力、独特的魅力和锻炼价值。器械体操使用的器械具有多样性,这些器械的形状、质地、用途各不相同,可以根据需要对不同器械的特点进行动作设计,增加动作的美感和难度,因此器械体操首先体现的是器械美;器械体操需要运动员具备较高的技巧和力量,才能够准确完成每一个动作,动作舒展、姿态优美,体现的是力量美、技巧美、姿态美;器械体操强调动作的节奏感和连贯性,要求运动员在完成动作的过程中保持节奏稳定、动作连贯流畅,体现节奏美、和谐流畅美;器械体操练习起来要求较高,有一定的难度和安全隐患,需要同伴之间的互助合作和保护与帮助,体现互助合作美;器械体操在练习时要克服心理障碍、敢于挑战自我,加强安全防范意识,体现精神美。总的来说,器械体操项目的美,不仅仅在于器械的使用和动

作的技巧,更在于通过多种元素的综合展现,使人从中感受到运动的激情、力量和美的魅力。(图2-15、图2-16)

图2-15　器械体操的力量美　　　图2-16　器械体操的互助合作美

⑥体操跳跃项目

跳跃是一项锻炼价值较大的体操项目,可分为一般跳跃和支撑跳跃两类。一般跳跃是支撑跳跃的常用辅助练习,内容包括跳越障碍、跳上、跳下和弹跳板练习等。支撑跳跃有正向腾越、侧向腾越、手翻腾越之分,它主要是用两腿和两臂的力量,经过两手同时或依次短促而有力地推撑腾越过器械。其特点是越过器械时要具有一定的高度和远度,并在短促的时间内做出不同形式的动作,如分腿、屈腿、屈体、挺身、手翻、空翻、转体等。[①]中学阶段学习的支撑跳跃,包括:横箱分腿腾越、横箱屈腿腾越、纵箱分腿腾越、斜向助跑直角腾越,由助跑、踏跳、支撑推手、腾空、落地等一系列动作组成,有一定难度和挑战性。体操跳跃练习,能有效增强上肢和腿部的力量,提高前庭分析器的稳定性。支撑跳跃项目中的动作多样且技术含量较高,例如,空中腾跃、挺身、空中姿态调整等,体现了动作美;支撑跳跃项目要求运动员要有较强的上肢力量和协调能力,这些条件是完成动作时的基本条件,体现力量美、协调美;支撑跳跃项目在练习过程中需要运动员保持一定的姿态,比如挺胸、收腹、绷脚等,这些姿态就展现出了优美的姿态美;支撑跳跃项目需要在短时间内完成一系列动作,节奏通常较快,但每个动作之间的衔接非常流畅,这种流畅的节奏也是美的体现;支撑跳跃项目有一定的难度,会使运动员在练习中产生强烈的心理体验,需要不断克服胆怯心理和畏难情绪,逐步树立信心,培养勇敢顽强、克服困难的意志品质,体现精神美;练习时同伴之间互相鼓励、互相保护与帮助体现了互助合作美。

---

① 体操教材编写组.体操[M].北京:高等教育出版社,1987:441.

(2)体操类运动项目美的具体表现。

①姿态美

体操类运动项目的动作要求舒展、挺拔,展现出优美、协调的姿态,无论是完成动作时的身体线条,还是调整姿态时的优美曲线,都能给人留下美的印象,体现姿态美。

②力量美

体操类运动项目往往要求要有力度,很多项目甚至需要运动员具备强大的肌肉力量和肌肉耐力才能完成,体现力量美。

③技巧美

体操类运动项目需要运动员具备较高超的技巧,才能完成各种动作。无论是队列队形的变换、健美操中的造型和队形变化、技巧中的手翻、单杠上的回环、双杠上的倒立,还是支撑跳跃中的空中腾空,都需要经过反复练习。只有具备娴熟、快速、准确、流畅的动作技巧才能完成各种体操动作,展现技巧美。

④精神美

练习体操类运动项目需要运动员具备顽强的意志力和决心,这种精神状态也是一种美。在比赛中运动员展现出坚韧不拔的精神和克服困难、勇往直前的精神面貌也是美的体现。

⑤音乐美

在一些体操类运动项目的练习中,音乐能起到烘托气氛的作用,与运动员的动作融为一体,给人以视觉和听觉上的享受,这是音乐美的体现。

⑥合作美

体操类运动项目,特别是技巧运动和器械体操项目都有一定的难度和安全要求,需要同伴之间的互助合作,彼此之间互相保护与帮助,因此体现合作美。

⑦结构美

体操类运动项目的动作组合都非常丰富,这些动作之间的衔接和转换非常流畅自然,这种结构美使得体操项目更具观赏性,体现结构美。

总的来说,体操类运动项目所体现出来的美包括姿态美、力量美、技巧美、精神美、音乐美、合作美和结构美。这些美的元素共同构成了体操类运动项目的独特魅力,让人在欣赏中获得美的享受。

4.水上类或雪类运动

水上类或冰雪类运动包括许多不同的运动类型,以下以水上类运动为例进行介绍。水上类运动有水上竞技类项目,如游泳、跳水等;有船类竞技项目,如赛艇、皮划艇等;有滑水运动,如冲浪等。中学教材中的水上类运动项目为游泳,这也是很多省市体育中考必考项目之一,可采用蛙泳、自由泳、仰泳、蝶泳中的任何一种。游泳是一项展示人体在水中的优雅和力量的运动。它能够锻炼全身肌肉,提高心肺功能,同时具有很高的观赏性。2024年巴黎奥运会上中国游泳队的潘展乐、徐嘉余、汪顺、张雨霏等为大家带来了一场游泳盛宴。游泳毕竟是在水里进行的一项运动,因此,在技术上练习者首先要学会正确的呼吸技巧,正确的呼吸技巧可以帮助练习者更好地控制呼吸,减少疲劳感,提高游泳效率。例如吸气时抬头、呼气时低头等。其次就是游泳时身体需要保持良好的姿势,例如,流线型姿势、正确的腿部动作和手臂动作,以及手臂动作与腿部动作的协调配合,以产生最大的推进力等,掌握这些技术特点可以帮助练习者提高游泳速度和效率,减少阻力,节省体能,更好地适应水中环境。游泳类运动项目的每种泳姿都有其独特的特点和美的体现。

(1)游泳类运动项目(以蛙泳、自由泳为例)的特点和美的体现

①蛙泳运动项目

蛙泳是一种历史悠久的游泳姿势,也是一种省力的游泳姿势,适合持久游泳。它的技术特点为双臂和双腿同时向前推进,让身体保持水平,动作节奏通常是两次划臂和一次蹬腿,在划臂过程中,将头埋在水下,而在蹬腿过程中,将头抬出水面进行呼吸。蛙泳的动作优雅流畅、有良好的节奏感,体现了流畅美与节奏美;蛙泳是一种高效的游泳方式,可以让人们在水中快速前进,体现效率美;蛙泳具有很高的实用价值,人们能在水中踩水,因此常被用于救生、泅渡等情况,发挥着重要作用,体现价值美等。

②自由泳运动项目

自由泳也被称为"爬泳",是速度最快的泳姿之一,它的划臂动作是前进的主要动力来源,手入水后划水路线呈"S"形,当手臂用力划水时,利用水流在头两侧形成的波谷吸气,并在水中慢吐气,呼吸与划水动作协调;通过大腿发力带动小腿上下交替打水的方法与手臂划水协调配合,这种游泳姿势具有结构合理、阻力小、速度快、省力等特点。自由泳的速度可以很快,它的美首先体现在它的速度上,目前男子100米自由泳世界纪录是46秒40,是由我国运动员潘展

乐在2024年巴黎奥运会上创造的,值得骄傲。经常练习自由泳对身体的锻炼非常有益,可以锻炼胸肌、手臂肌肉、腿部肌肉和腹部肌肉,使身体呈现流线型,线条更加匀称,体现身体线条美;自由泳的动作非常流畅,手臂划水与双脚打水配合得恰到好处,体现协调美;自由泳的头部位置相对较低,身体姿势更加平直,这使得人在水中看起来更加修长和优美,体现流畅美。总的来说,自由泳是一种非常健康和愉悦的运动方式,不仅可以让身体更加健康,还可以让人们感受到自由泳的美感和乐趣。

(2)游泳类运动项目美的具体表现

①健康美

游泳是一项全身性的运动,经常练习,可以增强心肺功能、促进血液循环;改善体温调节机能,提高免疫力,预防感冒;锻炼全身的肌肉和关节,使肌肉发达,保持体型健美等,有益于身体健康,体现健康美。

②身材曲线美

游泳运动员的身体线条通常非常流畅,肌肉发达,身材健美,在水中,这些身体线条能得到更好的展现,让人感受到力量的同时,也展现出一种身材曲线美。

③水舞美

游泳者在水中快速游动时,会产生水花飞溅的美景,这些水花在空中划出优美的弧线,给人带来愉悦的视觉享受,体现水舞美。

④和谐美

无论是蛙泳还是自由泳,都需要协调的节奏和对称的动作,才能游得轻松流畅,体现和谐美。

⑤力量美与速度美

游泳者需要具备良好的体能和力量才能在水面上快速游动,这种力量与速度的完美结合给人们带来很强的观赏性和美感,体现力量美与速度美。

游泳类运动项目的这些美的体现不仅能让人感受到愉悦和放松,也展现了游泳类运动项目的独特魅力和艺术价值。

5.中华传统体育类运动

中华传统体育类运动源于我国五千多年历史文明,是人民群众在日常劳作中创造的宝贵文化遗产和文化瑰宝,它以"身体文化"展现中华民族的精神风貌,蕴含着深厚的文化内涵,反映了中华民族独特的价值观念、道德规范和审美情趣,体现了我们的民族自信和文化自信。中华传统体育类运动是具有鲜明地域特色、内容丰富、技法形式多样、集健身与养身于一体的运动项目,有武术类运动项目、中国式摔跤、舞龙、舞狮、踢毽子、抽陀螺、赛龙舟、踩高跷、摇旱船等。中学教材中的中华传统体育类运动项目有板鞋竞速、高脚竞速、抢花炮、珍珠球运动、踢毽子与毽球、抖空竹、赛龙舟、踢花毽、竹竿舞等民族民间传统体育类项目,还有五禽戏等养身健身类项目。本书以教学中常见的武术类运动项目及民族民间传统体育类项目为例进行阐述。

(1) 中华传统体育类运动项目的特点和美的体现

① 武术类运动项目

武术类运动项目的种类很多,大致可分为套路类运动和搏斗类运动。套路类运动主要包括拳术和器械练习。例如,长拳、南拳、太极拳、健身短棍、剑术、刀术等,以舞练形式为主。搏斗类运动主要包括散打、摔跤等,是相击形式的。武术的练习形式有单练也有对练,但无论是套路还是搏斗,都保留了攻防技击的技术特点。武术注重和谐,注重形神兼备,不仅注重单个动作与单个动作之间的衔接,而且要求整套动作演练连贯、一气呵成。武术既重外练又重内练,外练指人体骨骼、关节、肌肉所组成的运动系统完成的各种动作;内练指通过调整呼吸,掌握运气调息的方法,达到精、气、神、力、功的更高境界。

武术类运动项目弘扬立身正直、见义勇为、自强不息、厚德载物的尚武精神,促进学生理解和践行中华传统体育与养生文化,有助于学生形成对中华优秀传统体育的文化认同,增强民族自信和民族自豪感。它的美的体现在技术上不仅重视外在形体的美,更追求内在精神的美,具体如下。

形体美:武术的形体美是由身体美和姿态美构成的。在武术套路运动中,武术运动员身体的各个部位协调统一,表现出流畅、优雅的姿态美。

精神美:武术注重内外兼修,强调精神与身体的和谐统一。这种精神美体现在武术运动员的专注、自信和坚韧不拔的精神品质上。

技巧美:武术的每一个动作都要求在一定的空间和时间里完成,都表现着人的内在情感与外部形象的统一。技巧美主要表现在动作的力度、节奏和变化上,以及展现出的攻防意识和技术水平。

音乐美:武术表演往往配以音乐,使动作与音乐相协调,形成优美的节奏感和韵律感。音乐的美与武术动作的美相互映衬,使武术表演更具观赏性。

服装美：武术运动员的服装具有鲜明的民族特色，既彰显了中华优秀传统文化的魅力，又凸显了武术运动的特点。(图2-17、图2-18)

图2-17　武术项目技巧美、服装美(1)　　图2-18　武术项目技巧美、服装美(2)

总之，武术类运动项目的美是综合的、多维度的，既包括形体的优雅和技艺的精湛，又包括精神的专注和音乐的和谐，还体现在运动员的服装和表演的整体效果上。

②民族民间传统体育类项目

民族民间传统体育类项目是特定民族在长期的历史发展过程中形成的，具有鲜明的民族、地域特色以及历史性；民族民间传统体育类项目源自民间，是广大人民群众在日常生活中创造和传承的，具有民间性；民族民间传统体育类项目是集文化、体育、艺术、娱乐等多重功能于一身的综合性项目。这些传统体育类项目不仅是中华优秀传统文化遗产的重要组成部分，也是当代人们了解中华优秀传统文化、增强文化自信和促进身心健康的重要资源。

民族民间传统体育类项目的美主要体现如下：

文化美：民族民间传统体育类项目是中华优秀传统文化的重要组成部分，通过这些活动，人们可以感受到中华文化的深厚底蕴和独特魅力。这些项目蕴含着丰富的文化内涵，如舞龙、舞狮、龙舟等项目中，都承载着中华民族的传统价值观和文化精神，展现了文化美。

艺术美：民族民间传统体育类项目具有很高的艺术性。例如，武术中的动作和节奏，舞龙、舞狮中的造型和色彩，还有很多项目中的动作和音乐韵律是相互协调的（例如，蒙古族的摔跤、傣族的竹竿舞等，都体现了动作与音乐相辅相成、相得益彰）。这些都给人强烈的视觉和感官享受，体现了艺术美。

形式美：民族民间传统体育类项目的形式多样，具有独特的美感。如，武术、太极拳等注重形神兼备，表现出人体力量和柔韧性的完美结合；赛龙舟、舞龙等集体项目则强调整体效果,展现出团队协作和节奏感的统一。

精神美:民族民间传统体育类项目往往蕴含着深厚的文化内涵和人文精神,呈现出一种内在美。如,武术强调"武以德立""以武会友"等,倡导尚武崇德、修身养性的精神;龙舟运动则体现了团队精神和拼搏精神,成为中华民族精神的象征之一。(图2-19)

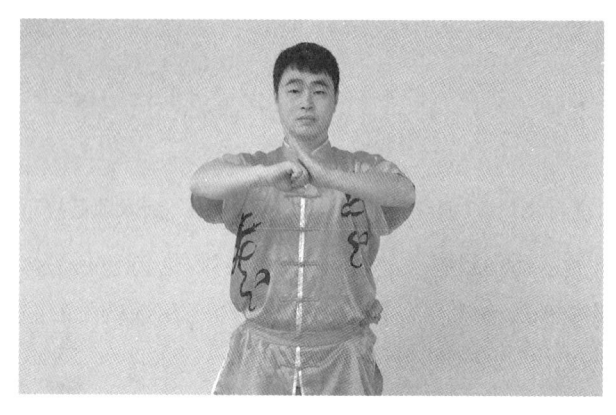

图2-19　武术抱拳礼体现精神美

娱乐美:民族民间传统体育类项目中有许多项目可以供人们休闲、消遣,如抖空竹、打陀螺等,体现娱乐美。

竞技美:民族民间传统体育类项目既有娱乐性,也有竞技性。在竞技方面,有些项目考验人们的体能、技巧和技能,如赛马、摔跤、抢花炮等,这些项目不仅提高了参与者的身体素质,还能培养竞技精神和竞争意识,体现竞技美。

健康美:民族民间传统体育类项目是一种健康的锻炼方式,可以提高身体素质和健康水平。如太极拳、毽球等项目,既可以锻炼身体,又可以调节身心,使人们在运动中得到身心的愉悦和健康。

情感美:民族民间传统体育类项目是一种社交和情感交流的方式,如龙舟、舞狮等集体项目,不仅可以锻炼团队协作和沟通能力,人们还可以通过参与这些活动,结交更多的朋友,在情感上得到满足和慰藉。

总之,民族民间传统体育类项目的美是一种综合性的美,它不仅承载着中华民族的文化底蕴和传统价值观,还具有很高的艺术性和健康性,同时也可以促进人们的情感交流和社会参与。

(2)中华传统体育类运动项目美的体现

①文化美

中华传统体育类运动项目美的体现在于其蕴含的丰富文化内涵和独特的

艺术魅力。中华传统体育类运动项目不仅是一种体育运动,更是一种文化和哲学的体现。例如,中国传统的太极拳、武术等运动,注重身体与心灵的统一,强调内外兼修,展现出中国独特的哲学韵味。同时,这些运动所蕴含的文化内涵和历史背景,都反映了中国深厚的历史文化底蕴,展现了独特的文化美。

②艺术美

中华传统体育类运动项目的美还体现在其独特的艺术魅力上。如舞狮、舞龙、太极扇等运动,在表演过程中呈现出一种独特的节奏感和韵律感,以及充满活力的动感。

③技巧美

中华传统体育类运动项目中的动作、技巧和身法等也具有很高的审美价值,如中国传统的武术等,都展现出优美的形态和精准的动作。

④娱乐美

中华传统体育类运动项目的运动形式和表现方式也具有独特的美感。如蹴鞠、射箭、秋千等运动,不仅具有独特的技巧性,还充满了趣味性和娱乐性,让人们在参与和观赏的过程中既能感受到运动的激情与活力,又能领略到传统文化的独特魅力。

总之,中华传统体育类运动项目的美主要体现在其文化内涵、艺术魅力和运动形式等方面。这些中华传统体育类运动项目不仅展现了中华民族深厚的文化底蕴和艺术魅力,也体现了人们对健康、快乐和美好生活的追求。

6.新兴体育类运动

新兴体育类运动包括生存探险类项目和时尚运动类项目。其中,生存探险类项目包括定向运动、远足、攀岩等,可以培养人们对自然环境的适应能力和生存技能,同时也可以挑战自我;时尚运动类项目包括花样跳绳、轮滑、极限飞盘、跆拳道等,除此以外还有在2023年杭州亚运会中首次出现的电子竞技、卡巴迪等新兴项目,以及2024年巴黎奥运会首次新增的比赛项目霹雳舞、滑板、攀岩和冲浪等,这些项目都具有流行和时尚元素,受到很多年轻人的喜爱,不仅可以锻炼人的协调性、灵敏性、速度和力量等体能水平,还能培养他们勇于挑战的勇气并激发创新思维。

新兴体育类运动中美的体现是丰富多样的,具体如下:

健康美:在许多新兴体育类运动中,运动员的身材、肌肉、力量、速度和灵活性等都展现出一种活力健康之美。

精神美：在参与新兴体育类运动的过程中，运动员往往表现出顽强拼搏、团结协作、自我超越的精神，以及追求梦想的勇气和决心，这些都是精神美的体现。

竞技美：新兴体育类运动中的竞技之美体现在运动员的技艺、战术、智慧和团队合作精神等方面。运动员通过巧妙的战术和技艺来战胜对手，展现出智慧和勇气之美。

合作美：许多新兴体育类运动需要团队协作完成，例如，极限飞盘、定向运动团体赛等，展现出一种集体力量和合作之美。

自然和谐美：许多新兴体育类运动是在大自然中进行的，如攀岩、冲浪等。这些运动在与自然和谐共处的环境中进行，让人们感受到自然之美，也体现了人与自然和谐相处之美。

艺术美：新兴体育类运动具有艺术美，例如，极限运动、滑板、街舞等项目，运动员在展示技巧的同时，还表现出独特的创意和风格，给人们带来视觉上的享受和艺术美感。

新兴体育类运动美的体现不仅局限于以上几个方面，还包括许多其他方面的美，这些美在参与体育运动的过程中不断被展现出来，让人们感受到体育运动独特的魅力。

现将体育专项运动技能六大类项目美的体现大致归纳如下（表2-1）：

表2-1 体育专项运动技能六大类项目美的体现

运动技能类项目		美的体现
田径类	跑	力量美、速度美、节奏美、健康美、身材匀称美、精神愉悦美、社交和谐美等
	跳	速度美、技术美、节奏美、力量美、姿态美、协调美、精神美等
	投	力量美、技术美、姿态美、速度美、节奏美、协调美、精神美等
球类	篮球	舒展美、力量美、速度美、准确美、风度美、技战术美、协作美等
	排球	技术美、速度美、力量美、敏捷美、道德美、协作美、精神美等

续表

运动技能类项目		美的体现
球类	足球	悬念美、技术美、速度美、力量美、精神美、协作美、艺术美、技战术美等
	乒乓球	技巧美、变化美、力量美、速度美、协作美、精神美、战术美等
	羽毛球	健康美、姿态美、智慧美、创造美、速度美、力量美、技战术美等
	网球	速度美、力量美、技巧美、协调美、节奏美、智慧美、合作美、精神美等
体操类	队列队形	和谐美、活力美、节奏美、精神美等
	徒手体操	姿态美、形象美、律动美、配合美、立体美、编排美、精神美等
	健美操	艺术美、姿态美、力度美、节奏美、变幻美、和谐美、精神美等
	体操技巧	技巧美、姿态美、流畅美、节奏美、合作美、精神美等
	器械体操	器械美、技巧美、姿态美、节奏美、流畅美、合作美、精神美等
	体操跳跃	动作美、力量美、协调美、姿态美、精神美、合作美等
水上类或冰雪类	游泳	流畅美、节奏美、效率美、价值美、线条美、协调美、力量美、速度美、水舞美等
中华传统体育类	武术类	文化美、姿态美、形体美、武德美、技巧美、音乐美、服装美等
	民族民间传统体育类	文化美、艺术美、形式美、精神美、娱乐美、竞技美、健康美、情感美等
新兴体育类	攀岩、定向运动、跆拳道、轮滑、花样跳绳、极限飞盘等	健康美、力量美、智慧美、精神美、竞技美、合作美、自然和谐美、艺术美、时尚美等

(二)在体育教学中培养学生对美的认识

为了更好地引导学生认识体育美的真谛,教师在教学中应该注重培养学生的运动美,例如,正确的动作和技巧、协调的身体姿势、精准的跳跃和投篮技术等;强调体育的精神美,因为体育不仅是一种身体活动,更是一种精神追求,例如,尊重裁判、公平竞赛、团结协作等,这些精神品质能让学生更好地理解和感受体育的美学价值;创造一个良好的教学环境,例如,布置好练习的场地和准备好器材、优化教学环境等;引导学生正确欣赏体育比赛,例如,观看排球、篮球、田径等项目的比赛;培养学生的审美能力,例如,引导学生思考应如何欣赏一场体育赛事,如何看待运动员展现的技巧和动作;等等。通过这些方式,学生可以更好地理解和感受体育的美学价值,同时也可以激发他们对体育的兴趣和热爱。对体育美学价值的认知体现在以下方面。

1.身体美

教师可以通过教授各种运动技能和指导学生进行体能锻炼,帮助学生塑造健康的体态和优美的体型。同时,教师可以通过引导学生掌握正确的练习姿势和呼吸,培养他们良好的身体姿态和气质。

2.动作美

在体育活动中,有许多优美的动作,比如跳水、体操、滑冰等,教师可以通过视频、图片或者现场演示等形式,向学生展示这些动作的优美之处,让学生感受到体育动作的美学价值。

3.运动美

教师可以通过教授各种运动技巧和比赛规则,让学生感受到运动中的力量、速度、柔韧性和协调性等元素的美。例如,篮球中的投篮、啦啦操中的跳跃、武术中的空翻等,都能体现不同的运动美。(图2-20、图2-21)

图 2-20 展现运动美(1)　　　　图 2-21 展现运动美(2)

4. 精神美

团队合作、竞赛和游戏等环节,可以培养学生的合作精神和竞争意识。同时,教师可以通过教学引导学生感受运动中的快乐、荣誉和挫败等情感体验,培养他们积极向上的心态和精神风貌。

5. 环境美

教师可以通过教学引导学生感受运动场所的整洁、设施的完善和环境的舒适,培养他们爱护公共环境和尊重他人的良好素质。

6. 音乐美

教师可以通过教学引入音乐元素,让学生感受节奏、旋律和声音等音乐元素的美。例如,在健美操、啦啦操、武术等教学中配以恰当的音乐,可以帮助学生更好地掌握节奏和情感表达。

总之,在体育教学中引导学生认识美是一个多方面、多层次的过程。将美学理念贯穿于整个体育教学之中,可以帮助学生建立正确的审美观和价值观,促进他们的全面发展。

二 以美展学:展现美

创美体育注重学生在运动中的表现,在教学中培养学生主动参与的意识与能力,使学生真正成为学习的主体,鼓励学生积极进取、自信从容,勇于展现所学的技术技能。学生需要学习和实践各种运动技能,通过科学、健康和优雅的运动方式来展现体育的美。此外,学生还需要学会如何在团队中发挥作用,通过合作、竞争和挑战来展现体育的精神之美。

在体育教学中,以各种教学方式展现体育运动的美,可以让学生更好地理解和欣赏体育的美学价值。以下是一些以美展学的方法。

(一)展现器材美

在体育教学中,教师可以利用运动器材本身的美,例如,各种球类、标志物、弹力带、绳梯、敏捷圈、辅助健身训练器等器材,展现体育用品的美,也可以通过规范器材的使用方法,表现出动作美。

(二)展现身体美

在体育教学中,教师可以引导学生通过锻炼身体来塑造健康匀称的体型、健壮的体格,展现出人体的力量和健康美。

(三)展现形体美

在体育教学中,教师可以培养学生良好的身体形态,包括正确的姿势、优雅的动作等,通过引导学生进行形体训练、舞蹈练习等方式来塑造和展现优美的身体形态。

(四)展现技术美

在体育活动中,正确的动作和技巧是展现体育美的基本要求。通过学习规范的动作和技巧,学生能更好地理解和掌握各项体育技能的要领,从而呈现出更好的表现力。例如,跑、跳、投、射门、扣球、空翻、旋转等,展现出流畅、协调、精准的技术美。

(五)展现竞赛美

在比赛中,学生可以欣赏到激烈的对抗和出色的表现,同时也可以感受到比赛中的精神美和合作美。例如,通过班级篮球、足球等比赛,学生能亲身体验和欣赏体育比赛中的美,以及如何在比赛中运用这些技术来增强表现力。

(六)展现精神美

体育不仅是一种身体活动,更是一种精神追求。在体育活动中,强调精神美,可以引导学生养成勇敢顽强、积极向上、团结协作、遵守规则、公平竞赛、胜不骄败不馁的精神品质,并在练习和竞赛中展现出来。例如,在篮球比赛中,可以通过团队协作、传切配合等展现学生的精神美。

(七)展现形象美

在体育教学中,教师可以教授学生一些美的技巧,比如如何穿着得体、整洁干净,如何神采奕奕、精神饱满,如何通过锻炼修饰自己的形象等,这些技巧不仅可以让学生表现出自己的美,也可以让学生更加自信和阳光,从而更好地发展自己的潜力。

(八)展现心态美

在体育教学中,教师可以培养学生自信、乐观、积极进取等方面的心态,可以通过引导学生进行自我激励、互相鼓励、团队合作等来展现心态美。

总之,让学生更好地展现美需要教师在教学过程中培养学生的综合素质,在传授知识和技能的同时,也要注重培养学生的审美意识和积极向上的心态。在体育教学中,学生通过多种方式展现美,既能促进他们更好地理解和欣赏体育的美学价值,同时也可以激发他们对体育的兴趣和热爱。

三 以美促评:欣赏美

欣赏美是一种令人愉悦的体验,它能够刺激我们的感官、激发我们的情感和想象力;欣赏美更是一种积极向上的态度,它能够让我们感受到生命的美好和价值,从而更加珍惜生命、热爱生活;欣赏美不仅可以让人感受到美的外在表现形式,还可以体验到美的内涵和意义。创美体育鼓励学生欣赏体育的美,无论是观看顶级赛事、参与比赛,还是观察他人的运动表现,学生都可以从中感受到体育的魅力,通过观察和分析优秀的运动员和队伍,学生可以学习到运动技巧、策略和竞技精神等方面的知识,最终将其应用到自己的运动实践中。教师在教学中要营造多边互动的教学环境,提倡师生、生生交流的教学指导思想,通过多种手段和方法引导学生提升审美欣赏能力。

(一)在体育教学中培养学生欣赏美的能力

1.教授体育知识

在体育教学中,教师可以教授学生体育与健康的知识与技能,包括各种运动项目的背景、文化、规则、裁判法、技能、战术等。这些知识不仅可以帮助学生在体育活动中取得更好的成绩,也可以帮助学生更好地欣赏体育中的美。(图2-22、图2-23)

图2-22 裁判法辅助欣赏体育美(1)　　图2-23 裁判法辅助欣赏体育美(2)

2.引导学生发现美

在体育教学中,教师可以引导学生发现体育中的美,如游泳运动员在水里的流畅动作、体操运动员协调的身姿、篮球运动员比赛中默契的配合等。通过让学生观察和体验这些美,可以培养他们的审美欣赏能力。

3.培养学生的审美情趣

在体育教学中,教师可以介绍一些优秀的体育人物、比赛、场馆等,如中国跳水"梦之队"、奥运会、亚运会、鸟巢、水立方等,让学生了解和体验不同类型的体育美。同时,教师也可以引导学生了解不同体育项目的特点,让学生更好地欣赏该项目的独特美。

4.营造美的氛围

在体育教学中,教师可以营造美的氛围,如使用优美的音乐、精彩的比赛片段、精美的图片等来激发学生的审美情感。此外,教师还可以组织学生进行各种体育活动、游戏、竞赛等,让学生亲身体验体育美的魅力。

5.提高学生的文化素养

欣赏美需要学生具备一定的文化素养。因此,在体育教学中,教师可以引导学生多读书、多关注文化方面的知识,让学生了解不同体育项目的历史文化背景和特点。这样不仅可以提高学生的文化素养,也可以帮助学生更好地欣赏体育中的美。

(二)在体育实践中提升学生的审美欣赏能力

1.增强身体认知

在体育教学中,教师可以引导学生加强对身体的认知,理解身体构造、机能、协调性和节奏感等,培养学生对身体美的感知。

2.培养运动技能

在体育教学中,教师可以通过教授各类运动技能,让学生感受和体验运动中的美。例如,学习篮球,学生可以感受到比赛中身体的协调性和节奏感;学习健美操,学生可以体验到身体的柔韧性和韵律感。

3.增加美学教育

在体育教学中,教师可以适时引入美学教育,让学生了解和欣赏不同体育项目的美。例如,观看精彩的足球比赛,可以让学生感受到团队协作、技术精湛和战术策略的美。

4.营造审美环境

在体育教学中,教师可以通过在体育教学中营造美的环境,让学生沉浸其中,自然而然地培养审美能力。例如,在游泳课中,播放优美的音乐,可以让学生感受到水与音乐结合的美。

5.引导自主学习

在体育教学中,教师可以引导学生自主学习和思考,培养他们主动发现美、欣赏美的能力。例如,在武术课中,可以让学生自主寻找武术动作中的对称美、节奏美等。

6.培养批判性思维

在体育教学中,教师可以引导学生形成批判性思维,让他们能够独立分析、评价和创造美。例如,在体操课中,可以让学生评价不同动作的优美程度和难度系数,培养他们独立分析美的能力。

四 以美启智:创造美

以美启智就是寓智育于审美活动中,提高学生的学习兴趣和学习能力,促进学生的智力发展。审美活动有利于激发学生的兴趣,丰富学生的想象力和审美创造能力,引导学生在形象的感染中进行抽象的思考,启迪学生的思维,发展学生的智力。教师应加强教学过程中的审美要求,创设出娱情激智的课堂教学气氛,使学生从以往那种消极、沉闷、被动的精神状态中解放出来,在一种积极、亢进的精神状态中,激发出学习兴趣,丰富其想象能力和审美创造能力,提高其智力发展水平。[①]创美体育注重培养学生的创造力,学生需要学习如何通过创新的方式解决运动中的问题,提高自己的运动水平和表现力。这包括学习如何制订训练计划、调整技术动作和解决常见问题。通过实践和反思,学生可以培养出独特的运动风格和个人魅力,从而创造出属于自己的体育之美。在教学过程中,教师要善于启发学生的思辨能力和创新思维,可根据学生的认知特点和规律,创造实际的或重复经历的情境和机会,让学生通过反复练习、体验后,发挥教材潜能,促进学生创新思维的发展,使他们将所学的知识和技能运用于实践中,并在此基础上灵活运用与创造新的运动技能,能够主动创造美。例如,创造各种活动游戏、练习动作、体能训练方法及表演队形,或者是各种比赛中的技战术配合等。

(一)在体育教学中培养学生创造美的能力

1.营造良好的氛围和环境

在体育教学中,良好的氛围和环境可以让学生更加自由地发挥想象力和创造力。教师可以利用音乐、舞蹈、游戏等来激发学生的兴趣和热情,让学生更加积极地参与到活动中来。

---

① 叶昌奎.以美育人教育模式论[M].广州:广东高等教育出版社,2000:119.

2.注重实践操作

实践是培养学生创造力的关键。在体育教学中,教师应注重学生的实践操作,让学生多参加体育活动和比赛,从中获得更多的实践经验和技能。

3.培养学生的观察能力

观察能力是学生创造美的必备能力之一。教师可以通过引导学生观赏优秀的体育作品、观看体育比赛等方式来培养其观察能力,让学生学会如何观察美、发现美和表达美。

4.激发学生的兴趣

激发学生的兴趣是培养学生创造力的前提。教师应注重教学内容和方法的新颖性与趣味性,让学生对体育产生浓厚的兴趣,从而更加积极地参与体育活动。

5.培养学生的想象力

想象力是培养学生创造力的基础。在体育教学中,教师应注重培养学生的想象力,让学生通过想象来创造更加完美的动作和表现。

6.培养学生的创造性思维

创造性思维是培养学生创造美能力的核心。教师可以通过引导学生进行头脑风暴、小组讨论等方式来培养学生的创造性思维。例如,引导学生思考如何提高投篮的命中率,短跑中的步频和步幅怎么提高等问题,让学生学会如何从不同的角度去思考和解决问题。

7.提供资源和指导

为了帮助学生创造美,教师可以提供一些必要的资源和指导。例如,教师可以为学生提供器材、场地、音乐、视频等方面的支持,同时也可以给予学生技术和美学方面的指导。

8.培养学生的审美能力

让学生了解和欣赏体育中的美是培养学生创美能力的基础。教师可以引导学生观察和欣赏各种体育比赛与表演中的优美动作、协调的配合、精湛的技巧等,从而让他们感受到体育中的美。

9.引导学生自主探索

要想引导学生自主探索和发展创造美的能力,教师可以通过组织竞赛、展示、表演等活动,让学生展示自己的创意和成果,从而激发他们的创造力和自信心。

10.跨学科融合

教师可以将体育教学与其他学科相结合,如与音乐、历史、地理、思政、美术、物理、生物等学科相结合,从而让学生从不同的视野与角度来认识和理解美,进而拓展他们的创造力和想象力。

(二)在体育教学中促使学生主动创造美

1.引入美的元素

在体育教学中,教师可以引入一些美的元素,如音乐、舞蹈、美术等,让学生感受到美的多样性和丰富性,从而促使他们在体育运动中主动创造美。

2.创造机会让学生体验成功

教师应该为学生创造机会,让他们在体育活动中获得成功和成就感。例如,教师可以根据学生的实际情况,设置不同难度系数的项目,让每个学生都有机会获得成功。

3.创造美的环境

在体育教学中,教师可以通过布置场地、美化环境等方式,为学生创造一个美的学习环境。例如,在场地上画出一些图形、曲线、多边形等,以及利用标志碟、小栏架等布置场地,引发学生的审美关注,让学生在美的环境和轻松愉快的氛围中完成某些单调枯燥的练习内容。

4.引导学生参与课堂评价

教师可以通过引导学生参与课堂评价,让他们对自己的表现进行反思和总结,从而更好地发现自己的不足和优点。

5.培养学生的自信心

自信心是学生主动创造美的重要因素之一。教师可以通过肯定和鼓励来培养学生的自信心,让他们更加勇敢地表达自己的想法和创意。

6.培养学生的自主探究能力

自主探究能力是学生主动创造美的重要能力之一。教师可以引导学生自主探究、思考和解决问题,从而培养他们的自主探究能力。

7.培养学生的团队合作能力

在体育教学中,团队合作是必不可少的。教师可以通过引导学生进行小组合作、集体练习等方式来培养学生的团队合作能力,让学生学会如何与他人合作、交流和协调工作,从而更好地创造出更多的美。

8.注重学生个性的发展

每个学生都有自己的特点和优势,教师需要注重学生的个性化发展,让学生通过个性化的方式来创造美。

9.激发学生的创造欲望

教师可以通过一些教学方法激发学生的创造欲望。例如,组织一些创意比赛或让学生自主编排一些动作和技巧,从而让他们更加积极地参与到创造美的过程中来。

10.培养学生的创美能力

让学生通过实践来创造出更加完美的动作和表现。例如,在体操、啦啦操、球类等项目中,教师可以引导学生自主编排动作,或者让学生思考如何改进某个动作或战术等,从而让他们在实践中创造出更加完美的美。

下面以一节七年级《活力健美操》教学课为例,进一步说明如何在课堂中融入创美体育的教学理念。

本课以七年级的女生为教学主体,该年龄段的学生活泼好动,兴趣爱好广泛,对流行音乐及舞蹈有着浓厚的兴趣,且具备较强的模仿能力和探究协作能力。多数学生熟知舞蹈,但对健美操了解甚少,大多数学生都是初次接触此项目,所以健美操独特的操舞魅力能让学生持有较高兴趣。为此,教师根据学生特点,选择了欧美流行动感音乐 *What Makes You Beautiful* 创编了此套健美操,让学生在学习动作之前就因为喜欢这首曲子而对体育课充满期待。在教学中,教师又应用言语激励和自身热情、优美的示范激发学生的学习热情,同时也鼓励学生大胆展现自我、提高动作表现力,并尝试创编动作和队形。通过对该项目的学习,激发学生对健身操运动的兴趣,学会创编队形,对提高学生的心肺耐力和发展学生的灵敏、协调素质有着积极的作用。教师在各教学环节中加强美育与体育的融合,将"美"贯穿于全课始终,提升学生认识美、展现美、欣赏美、创造美的能力,全面实现体美互育目标。本课的教学重点是让学生熟练掌握活力健美操组合的动作,并通过小组合作探究,学会队形和动作的创编;本课的教学难点是小组配合默契及创新式创编。基于此,在教学实践中探索体美融合的途径。

1. 以美激趣,增强学练意识——认识美

美的教育不仅能培养学生兴趣,还能优化课堂教学结构,丰富教学内容,发展学生个性。本课在开始导入部分就运用室外智教一体机播放国际、国内健美操比赛的视频,提问:"同学们在观看比赛时要注意观察,然后回答你们看到了什么觉得很美。"学生在观赏的同时,教师再进行适时的讲解,引导她们更好地观赏比赛。看完视频,学生都非常踊跃地回答问题,她们说:"运动员的身材很健美。""运动员在做托举和支撑时体现了力量美。""他们配合特别默契、队形变换得很美。""他们跳起来的动作很美。""运动员表演时的笑容很美。""运动员的服装也很美。"……短短几分钟的视频,学生就看到了那么多不同的美,教师抓住这个机会顺势引导她们:"非常好,同学们都观察到了健美操运动不同的美,前几节课我们在学练动作的时候,有的同学不敢表现自己,跳的动作没有力度、幅度,姿态不好看,更没有表现力,体现不出健美操的美。今天你们看到了优秀健美操运动员的动作是不是有所启发?想不想跳得跟他们一样美?"学生都大声地回答:"想!"教师接着说:"那好,我们今天就来学习组合三的动作,并复习前两组的动作,希望同学们能熟练掌握,并尝试进行小组合作创编出场动作和队形。你们要发挥集体的智慧,老师要看哪一组同学的动作和队形最有创意。"宣布完本课的任务之后,教师就带领学生进行热身活动,先沿着足球场中线跑至足球场中圈进行"圆"形花样跑,热身操采用的是"品"字形的练习队形,体现"队形美"。教师用简洁有力、激励性的语言和优美的示范让学生感受教师的语言美、示范美。主教材的学习采用分小组合作练习和体能练习中的双人合作练习,体现了合作美。放松活动中的华尔兹舞又体现了舞蹈美、姿态美。让学生在学练过程中能够充分地认识美,以美来激发学习兴趣,促使学生更好地进行学练。

2.以美展学,提升运动能力——展现美

《2022年版体育课程标准》提到运动能力是学生在参与体育运动过程中所表现出来的综合能力,体现在基本运动技能、体能、专项运动技能的掌握与运用。在体育课堂上让学生充分地展现自我是突出学生主体性地位、激发学生运动兴趣、使学生习得良好体育技能的有效手段,学生通过展示自我在体育课堂学习和技能训练过程中形成的良好运动能力而获得满足。而健美操作为有氧运动,其独特的动作特点、锻炼方法能发展学生的心肺耐力、肌肉力量、协调性、灵敏性等体能素质,经常练习能达到强身健体、健美体魄的目的。在学完动作组合之后,教师鼓励学生大胆、主动地展现自己所学的动作,并指导其提升动作的力度、节奏感、姿态和表现力等技能水平;在分小组合作探究学习后,激励他们积极展现小组的探究成果——根据音乐和动作特点创编的出场造型、动作和变换队形,通过这样的展示能进一步反映学生的练习状态,便于教师把控学生学习的进展,改进和提高技术动作,从而提升运动能力,将体育与美育有机地融合在一起,达成教学目标。

3.以美促评,提高学习效果——欣赏美

体育运动以身体练习为手段,以本体感受为主,其动作特点是能从直观中体现美、感受美,能培养学生良好的审美观。《2022年版体育课程标准》中提到要重视综合性学习评价,重视学习评价的激励与反馈功能,在本课的教学中,学生通过观摩教师的动作示范,直观地感受动作,能促进学生提高自身对动作掌握的熟练度和规范性并改进动作,进而通过观摩同学的动作示范学会欣赏与评价他人的动作。例如,在学生小组展示环节,将各个小组展示的动作录制下来,然后投放到智教一体机上,让学生能更直观地观摩自己、本组同学和其他组同学的动作,能进行客观的点评,说出各自的优点和不足。在授课结束前给学生发放学习评价卡,让她们根据各组同学的实际表现评出最佳创意小组、最佳表现力小组、最默契配合小组以及最佳表现奖个人等。评选过程积极活跃,掌声、笑声不绝于耳,课堂气氛温馨融洽,学生的审美素养不仅得到了提升,也让学生在评价他人的过程中看到了自己的不足,从而提高学习效果。

4.以美启智,培养创新精神——创造美

《2022年版体育课程标准》强调"以知识与技能为本"向"以学生发展为本"转变,时代的发展需要不断创新,同样,学生的全面发展也需要他们具备独立思考、合作探究、解决问题的能力,进而强化和发展创新精神与实践能力。本课在学习完健身操组合动作之后,让学生知道在健身操的表演中正确地运用队形和图形变化,能增加表演的艺术性和节奏感。因此,在每个小组中发一台平板,让学生观看事先录好的健身操表演视频,引导学生观看变换队形的方法,教会学生根据动作的特点和方向进行动作和队形的创编。各个小组的同学通过热烈讨论、反复练习、积极创编,都能发挥自己的作用,创编出全组同学都能够接受的动作和适合易变的队形,体现了良好的团队协作精神。最后通过同学之间的评价,评出了第二小组为最佳创意小组,6名同学采用了后踢腿接击掌跑进场的方法,进场从一路纵队变成1、2、3人依次站位的三角形,再变成一边3人的两路纵队,然后根据动作进行变化方向的左右穿插,最后再变成圆形。全组同学配合默契,图形变换清晰,动作的规范性、准确性和表现力都不错,使得其他观摩的同学都报以热烈的掌声。学生在学练过程中合作探究,学以致用,最大限度地发挥教材的潜能,促进了创新思维的发展,这就是"创美体育"教学主张最终所要达到的教学目标。

以上《活力健身操》案例从认识美、展现美、欣赏美、创造美四个方面进一步就健身操项目的课程设计、视觉效果、情感体验、动作技术、个人表现、集体合作和创新元素等方面探索实现体美融合的途径,展现"创美体育"教学主张在教学实践和美学上的综合价值。

第二节 创美体育的美学素养发展价值

创美体育的美学素养发展价值不仅有助于学生在体育领域取得更好的成绩,也能为他们的全面发展提供有力的支持。本节主要从体育的美学价值、体育中融入美育的美学价值、体育教学中融入美育的美学价值、体育课堂教学美的美学价值、创美体育的学生美学素养发展价值和创美体育的教师美学素养发展价值来阐述创美体育的美学素养发展价值。

一、创美体育的美学价值

美与价值紧密相连。美学家帕克说:"美对价值的贡献正和科学对智慧的贡献一样,正像科学使思想普遍化一样,美也使感情普遍化。"美在学生全面发展中是不可缺少的"营养元素"。教育家斯宾塞认为:"没有审美价值,教育过程就失去一半的美好意义。"教学美的核心价值应致力于让学生"美学",即"美美地"学习。[1]创美体育的美学价值主要体现在对人体美、心灵美、自然美、技术美、艺术创造美等的综合表现上,这些元素构成了美育的主要内容。通过创美体育直观美的感受和运动实践中体育动作美的创造,可以激发人们对体育运动的热情,培养他们对体育美的鉴赏能力和创造能力。

(一)体育的美学价值

创美体育首先体现的是体育本身的美学价值,它通过独特的表现形式和内在的本质展现出美的元素。主要体现在以下几个方面。

1.体育中的美育

美育是培养学生审美情趣和创美能力的重要途径,而体育则是美育教育的重要组成部分。体育中的美育主要体现在身体美、运动美、精神美等方面。身

---

[1] 李如密.教学美对学生发展的价值探析[J].教育研究与实验,2009(4):58.

体美包括人体美、形态美、健康美等,运动美包括技术美、战术美、协调美等,而精神美则表现为勇气、毅力、团队精神、规则意识、责任意识等。通过体育活动,有效开展美育教育,引导学生提高审美的能力、趣味、水平和情操。

2.体育中的艺术美

体育与艺术是相互关联的两个领域,体育中蕴含着丰富的艺术美的元素。例如,体育舞蹈、体操、啦啦操、花样游泳、花样滑冰等项目中,运动员的表演不仅展现出精湛的技术,同时也给观众带来美的享受。此外,建筑、雕塑、绘画等艺术形式也与体育有着紧密的联系,例如,2023年杭州亚运会奥体中心体育馆"大莲花"设计、古希腊著名雕塑《掷铁饼者》、瑞士著名画家汉斯-埃尔尼的体育绘画等,这些艺术作品所展现的建筑美、形态美、力量美、动感美、创造美、精神美等元素,也为体育增添了无限的美学价值。

3.体育中的竞技美

竞技体育是体育的重要组成部分,竞技美也是体育美学价值的重要体现。竞技体育中的美有很多,包括人体美、技术美、公平美、竞争美、精神美、合作美等元素。例如,美国健美运动员凯·格林以充满肌肉的唯美身体线条而被誉为"行走的艺术大师",著名足球明星巴乔和罗西基因球技精湛分别被称为"艺术家"和"球场莫扎特"等;还有国际赛事中,各个国家的运动员在赛场上展现出精湛的技艺、顽强的毅力,运动员和裁判员之间团结协作的精神以及各国运动员场上是对手、场下是朋友,互相尊重、公平竞争,"英雄惜英雄"结下的深厚友谊等,这些元素都展现了竞技体育中的美学价值。

4.体育的积极影响

通过体育运动,可以增强人们的体质和健康水平,提高心理素质和意志品质。同时,体育活动也可以帮助人们释放压力、调节情绪,提高生活质量和幸福感。这些积极的影响也是体育美学价值的重要体现。

(二)体育中融入美育的美学价值

美育在体育中扮演着重要的角色,因此,在体育中融入美育具有很高的美学价值。体育注重外修体魄、内修品格及精神升华,这些特质都与美育有着极其密切的联系。美育涵盖了体格美、姿态美、品格美、思想美、精神美、文化美、艺术美、生活美、自然美等多个方面,这些也都能在体育中有所体现。体育中竞技体育的美是由人体美、技术美和人格美等多种美构成的。在竞技体育的发展长河中,人们越来越重视竞技体育的审美价值,运动员们在竞技体育中展现出的优雅的身姿、协调的动作、高超的技术和坚韧的精神,都是美育在体育中的体现。另外,体育科学也可以通过研究体育运动过程中美的发展和规律,以及人如何表现、认识、反映和掌握这些规律,进一步推动美育在体育中的应用。

体育中融入美育的美学价值是非常重要的,它可以培养健康美、身体美、精神美、运动美、心态美、生活美、自然美、创造美等,使人们在体育运动中感受到美的存在和价值。

1.培养健康美

人们通过体育运动,可以促进身体的血液循环,增强身体的免疫力,提高身体的机能,增强身体的代谢能力,使身体的各个器官系统能够更加协调地运作,从而提高身体的美感。

2.培养身体美

人们通过体育运动,可以使身体的各个部位得到锻炼,使身体形态、骨骼肌肉发育更加匀称、和谐、健康、优美,展现出身体之美。

3.培养精神美

在体育运动中,人们可以培养拼搏精神、团队合作精神等良好的精神品质,展现出精神之美。

4.培养运动美

体育运动本身就是一种运动美的表现,体育中融入美育的元素,可以更好地培养运动美,使人们在运动中获得美的感受。

5.培养心态美

体育运动可以促进心理健康,让人保持良好的心态,减轻心理压力,增强自信心和自豪感,提高自我价值感。

6.培养生活美

通过参与体育活动,人们可以养成良好的生活习惯和生活方式,从而展现出生活之美。

7.培养自然美

通过参与一些户外运动,如登山、远足、冲浪、攀岩、定向越野等,在树林、海边、高山等地方与自然接触,人们可以感受到自然之美及人与自然的和谐相处,从而培养对自然的热爱和敬畏之情。

8.培养创造美

在体育活动中,需要不断地思考、创新,这可以培养人的创造力,使人主动创造美,提高解决实际问题的能力。

(三)体育教学中融入美育的美学价值

美育是综合的概念,它综合囊括了艺术、自然、人文等美的内涵,从中凝练、培养学生的审美和情感,从而使学生能够感受到美、体验到美,能够自主创造美的事物,提升自我的美的修养。美育作为教育形态的一个种类,在综合教育中占据非常重要的地位。美育是在教师的引导下,学生有目的地积极主动地感知、领悟、评析与操作自然、生活与艺术作品等对象的各种美的形态,通过师生间的互动、交流,掌握和运用有关美的基本知识、技能,以实现情趣的融合、共识与分享,培养感受美、鉴赏美、表现美、创造美的能力,促进个体自由而全面发展的教育。[1]这个说法在体育教学中同样适用。学科教学的美育价值,包括学科美育和教学美育,更包括二者有机统一起来的美育境界。虽然学科教学的育人价值包含很多内容,但美育维度的提出,需要关注和研究的是学科教学活动过程的内容育美和教学育美的课题。[2]教师通过将美育融入体育教学,引导学生培养认识美、展现美、欣赏美、创造美的理念和能力,可以更好地促进学生的身心健康发展,提高体育教学质量,让学生更加健康、自信、有创造力。通过融入美育的元素,可以使体育教学活动更加生动有趣,从而提高学生对体育学习的

---

[1] 王道俊,郭文安.教育学(第七版)[M].北京:人民教育出版社,2016:310.
[2] 黄忠敬,欧阳雪乔,余锦团.聚焦美育——如何在学校中培养学生的审美力[M].上海:华东师范大学出版社,2021:39.

兴趣和热情。美育可以帮助学生更好地理解和欣赏体育运动中的美,从而更好地理解和掌握体育运动中的技巧和要领;还可以帮助学生培养良好的心理品质,如自信、坚韧、拼搏等,从而更好地应对体育活动中的挑战和困难。体育与美育相结合,有助于学生的全面发展,包括身体素质、心理素质、审美素质等的发展。在体育教学中融入美育的美学价值在于通过体育运动中的美育教育,可以让学生感受到体育运动中的美,从而培养学生的审美情趣和创造力,促进学生的身心健康发展,让学生感受到自己的价值和重要性,增强他们的自信心和自尊心,并通过与他人的合作和交流,提高他们的社交能力,同时也能够丰富他们对美的情绪体验,从而调动他们的积极性和主动性,大大提高体育教育的质量和效益。体育教学中融入美育的美学价值是体育教学中不容忽视的一部分,应该引起足够的重视。

体育教学中融入美育的美学价值主要体现在以下几个方面。

1. 丰富体育教学内容美

在体育教学中融入美育的元素,如运动美、竞技美、精神美等,可以丰富体育教学内容,使体育教学更加多样化、生动化。

2. 塑造身体形态美

在体育教学中,可以引导学生塑造优美的身体形态,增强身体的美感。

3. 培养运动姿态美

在体育教学中,需要让学生掌握正确的运动姿态,使学生更加协调、优美地进行运动,从而提高运动的美感。

4. 提升审美素养

在体育教学中,可以引导学生欣赏各个运动项目的美,从而提高学生的审美素养。

5. 培养团队协作美

在体育教学中,很多项目是需要与他人协作完成的,这可以培养学生的团队协作精神,增强学生的集体荣誉感。

6.培养思维创造美

在体育教学中,需要引导学生不断地思辨、思考、创新,这可以培养学生的创造力,提高学生解决问题的能力。

(四)体育课堂教学美的美学价值

学习能否快乐,取决于多种因素,其中最重要的一环就是课堂教学应给人带来美感,就是要将科学的教学内容熔铸于能给学生带来审美的形式之中。[①] 由此可见,课堂教学美具有重大的意义与美学价值。同样的,体育课堂的教学美对教师、学生、学校有着不同的美学价值。

1.对教师而言,体育课堂教学美的美学价值体现

(1)提高教师的美学素养和审美能力

一个深爱教育事业的教师会想方设法激发学生上课的积极性和兴趣,营造轻松活泼的课堂氛围,还能把美引入教学、寻求课堂教学中的美,在教学中融入美育元素。例如,以美的形象、美的姿态、美的语言、美的示范等为手段,引导学生感受和欣赏体育的美学价值并勇于展现美。要想学生学得轻松、教师教得开心,这就要求教师不仅应具备相应的教学水平和能力,熟练掌握各种教学方法和手段,同时又要有相应的美学素养和审美能力,展现出体育课堂的教学美,有效提高课堂教学效率。(图2-24)

图2-24 体育教师展示动作美

---

① 张炳意.美学素养:教师自我修养的应有之义[J].甘肃教育,2019(3):19.

(2)增强教师的职业幸福感和成就感

教师的职业基本上是一种创造性的劳动和奉献精神的体现,一个教师如果能够让自己的课堂教学充满美感,让师生都能在一种美的氛围中学习,找到教与学的乐趣,无疑能够增进教师的职业幸福感。在体育教学中,教师可以帮助学生发现和培养运动兴趣与爱好,提高学生的身体素质和审美能力。当不同层次的学生都取得进步和成就时,教师就会感到无比的幸福,从而增强自己的职业幸福感和成就感。

(3)塑造教师的良好形象和人格魅力

在课堂教学中,教师需要展现出优美的形态、整洁的仪表、良好的精神状态、文明的言行举止等外在形象美和人格美等内在修养美。在体育课上,教师的优美身姿、良好体态、精湛技艺等都会感染学生,对学生产生潜移默化的影响,体现体育教师的良好形象和独特人格魅力。

2.对学生而言,体育课堂教学美的美学价值体现

(1)促进学生的全面发展

体育课堂教学不仅关注学生的身体健康,还注重培养学生的运动技能和积极向上的人生态度,以及提升其审美能力和艺术素养等方面的素质。这些素质的提升可以促进学生的全面发展,提高学生的综合素质水平。

(2)培养学生的审美情趣和艺术素养

通过体育课堂教学,学生可以接触到各种运动项目和技能,从而更加深入地理解和欣赏运动的优美和魅力。例如,在教授体育技能和技巧时,教师可以注重动作技术的规范优美和流畅感,让学生感受到运动的美感;学生通过学习和实践各种运动技能和技巧,可以感受到身体美、运动美、技术美、精神美等不同的美学元素,培养自己对美的敏锐感知力和欣赏能力,从而提高自身的审美能力和艺术素养。

(3)拓宽学生的审美视野

通过体育课堂教学,学生不仅可以学习传统的体育项目,还可以参与一些新兴的、创新型的多元化的运动项目。这样,学生的审美视野也会得到扩展,从而形成开放、多元的审美观念。例如,Keep体能、Tabata间歇训练、啦啦操、街舞、攀岩、定向运动等项目正逐渐成为学生运动训练的重点,这些新颖的运动项目不仅具有丰富的审美价值,而且能让学生感受到健身运动的乐趣,从而增加

学生主动参与体育活动的意愿和信心,拓宽其视野。

(4)塑造学生的健康人格

通过体育课堂教学,学生的团队合作精神、竞争意识和公正竞赛的精神可以得到培养,同时也可以让学生体验到拼搏、坚毅、乐观等积极的人生态度。这些积极的人生态度可以帮助学生塑造健康的人格,从而更好地适应社会的发展和变化。

(5)培养学生的自信心和自尊心

在体育课堂教学中,学生包括一些体育后进生通过参与各种运动项目、活动和比赛,可以感受到自己的能力和价值。例如,一些跑步不太行但是力气却非常大的"壮"同学,在班级拔河比赛、铅球、实心球等比赛项目中展现出独特的魅力,收获成功与赞美,从而增强自信心和自尊心。

(6)增强学生的人文素养

体育是一种文化现象,包含着丰富的文化内涵和人文精神。体育课堂教学可以帮助学生了解和体验不同的文化元素。例如,在教授武术时融入武术的历史、类别、流派、武德、比赛规则等知识,可以提升学生的文化素养,强化其人文精神。

3.对学校而言,体育课堂教学美的美学价值体现

(1)提升学校的整体美学价值

通过体育课堂教学,教师可以引导学生了解和体验不同的文化元素,丰富学生的文化生活,促进校园文化建设,在学校举办的各种校园活动中彰显体育文化。例如,体育节中各种体育知识的普及、活动比赛的宣传等;科技节中科技改变体育的宣传、成果展示等;读书节中了解"金牌背后的故事"、撰写"我与体育的故事"等,提升学校的整体美学价值。

(2)提升学校的整体形象和品牌价值

通过体育课堂教学,教师可以培养学生的运动兴趣和爱好,提高学生的身体素质和审美能力。很多优秀的运动员都是来自基层学校,当学校的学生在各种比赛中获得优异成绩时,这些成绩不仅可以为学校带来荣誉和名声,还可以提升学校的整体形象和品牌价值。例如,我校优秀学子——2023年杭州亚运会女子100米、女子4×100米双料冠军葛曼棋,一直是我们学校的骄傲。2023年10月15日,厦门市政府举办了"亚运冠军进校园活动",葛曼棋、虞琳敏、林文

君、陈梓桓四位从厦门走出去的亚运冠军走进了湖滨中学,他们对学校运动队队员的指导,对学弟学妹们的鼓励,与体育教师的沟通与交流,不仅在一定程度上促进了学校的体育教学,而且提升了学校的整体形象和品牌价值。(图2-25、图2-26)

图2-25　亚运冠军进校园活动

图2-26　亚运冠军葛曼棋回母校指导田径队队员

(3)推动学校体育事业的发展

通过体育课堂教学,教师可以帮助学生发现和培养自己的运动特长,并从中挖掘出一些优秀的学生运动员,输送到省队、国家队,培养大批的高水平运动员走入高等学府,进而为社会培养优秀运动人才,推动学校体育事业的蓬勃发展。

二、创美体育的美学素养发展价值

创美体育在美学素养的发展上扮演着重要的角色,具有很大的价值和实践意义。首先,在创美体育中,审美能力是至关重要的。这包括培养学生对艺术、音乐、文学、历史等美的感受,也包括培养其对体育活动中各种运动美的感受,注重形式美和节奏美等。通过参与创美体育活动,学生能够更好地发现和欣赏生活中的美,从而提升自身的审美能力。其次,创美体育倡导科学的训练方法和优美的运动形式,帮助学生塑造完美的体型,提升学生的身体姿态,助力学生养成健康的生活方式。再次,在创美体育的理念熏陶下,学生可以感受到运动的美妙和挑战自我的乐趣,并在活动和比赛中锻炼自己的团队协作和沟通能力,从而不断提升自我认知、社交能力,培养勇敢、坚韧、积极等健康的精神素质,提升自己的精神境界。最后,创美体育最终是要激发人的创造力和想象力达到创造美的目标,需要通过不同的训练方法和理念,在运动中不断拓展自己的思维边界,激发学生的创造力和想象力,从而不断突破自我,创造更多的价值。

创美体育在体育教学中,对学生和教师的美学素养有着不同的发展价值,具体如下。

(一)创美体育的学生美学素养发展价值

创美体育不仅是一种理念,更是一种全面提升学生美学素养的教育方式,创美体育的美学素养在体育活动中有具体体现,包括动作的优美性、姿势的协调性、空间的美感等,这些因素共同构成了创美体育的美学特征,使学生在运动中培养了对美的敏感性。它对学生的美学素养发展价值具体体现在以下几个方面。

1.提升身体美

创美体育倡导以身体锻炼为核心,教师可以通过各种科学的锻炼方法、运动形式和训练方法,帮助学生塑造优美的体型,提升身体的柔韧性、协调性和力量感。教师还可以与学生分享健身的乐趣,让学生在参与体育运动的过程中,感受到身体的美感和魅力,从而更加关注自己的身体健康和形象。(图2-27、图2-28)

图2-27　师生共享健身美(1)　　图2-28　师生共享健身美(2)

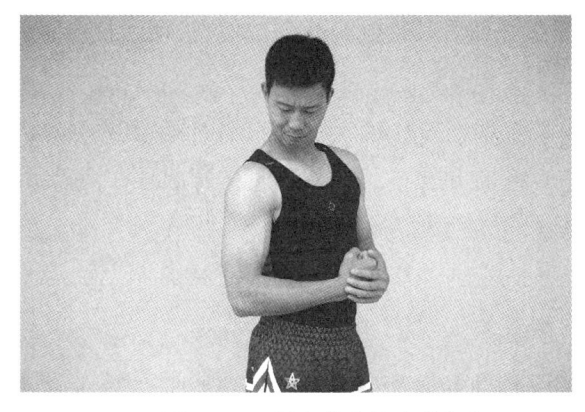

2.激发创造美的意识

创美体育注重学生个性化和创新性的表现,鼓励学生发挥自己的创造力和想象力。学生通过参与创美体育活动,培养自己的思辨能力,学会从不同角度去审视问题,运用所学知识和技能去解决实际问题,主动创造美。

3.培养团队协作美

创美体育不仅需要个人的努力和创意,还需要团队的协作和支持。学生在参与团队活动的过程中,可以学会如何与他人合作、交流和分享经验,培养自己的团队协作精神和集体荣誉感。这种团队协作的能力和意识在学生未来的生活和工作中都将发挥积极的作用。

4.增强自信自尊美

创美体育为学生提供了一个展示自我、实现自我的平台。通过参与创美体育活动,学生可以在比赛中获得胜利和荣誉,从而增强自信心和自尊心。同时,学生在创美体育中还可以学会自我评价和反思,不断发现自己的不足并努力改进,提高自我认识和自我教育的能力。

5.培养良好的道德情操美

创美体育不仅可以锻炼学生的身体,还可以培养学生的道德情操和社会责任感。学生在参与创美体育活动的过程中,可以学会尊重规则、拼搏进取、诚实守信等良好品质,这些品质对学生的成长和社会的发展都具有积极的影响。同时,学生在创美体育中还可以了解并践行社会主义核心价值观,增强社会意识和爱国精神。

综上所述,创美体育对学生美学素养的发展具有重要的价值。教师应在教学中积极推广创美体育教育,为学生提供更多优质的创美体育课程和活动,帮助他们健康成长并为未来的发展打下坚实的基础。

(二)创美体育的教师美学素养发展价值

美学素养涵盖了对美的感知、判断和鉴赏等方面。对教师而言,美学素养是教师综合素质中不可或缺的一部分。在创美体育背景下,教师美学素养的发展具有多方面的价值体现。

1.提升教学质量

随着课程改革的不断深入和学生需求的不断变化,体育教师需要不断提升自己的教学质量,以更好地满足学生的需求。而教师美学素养的提升,能为课堂教学质量的提升带来积极的影响。例如,教师在教学中适时引入美学元素,可以优化体育教学设计,提高体育教学的趣味性和实效性,从而激发学生的学习兴趣和动力,提升教学成效。一个具有高水平的美学素养的教师能够更好地选用教材和教具,让学生更容易接受和理解课程内容。例如,教师在进行"田径——提升跑的能力"这个单元的教学中,先让学生通过多媒体观看各类跑的图片、视频,欣赏优秀运动员精彩的比赛瞬间,加深学生对跑的基本知识、技术的了解,学会欣赏各种奔跑之美,认识到跑的锻炼价值,再通过课堂教学,引导学生体验各种跑,学习各种跑的技术,在奔跑中感受跑的速度、力量之美等。

2.创新教学方式

在创美体育背景下的课堂教学需要注重创新教学方式,以更好地满足学生需求。教师美学素养的发展,可以激发教师的教学灵感和创意,从而更好地实现教学目标。例如,教师可以运用优美的动作示范、富有美感的练习队形、精美的教具和器材、和谐的教学氛围等美学元素,营造富有美感的体育教学环境,引导学生感受体育的美与趣。

3.增强教师团队凝聚力

创美体育背景下的体育教学需要教师加强团队协作,共同关注学生的健康成长,形成协作共同体,通过共同关注美学素养在体育教学中的应用和实践,共同体的教师可以更好地达成教学目标,同时也可以提升职业幸福感。例如,教师可以利用教研活动的时间定期开展美学素养的交流和研讨,分享教学心得和经验,加强团队合作,提高整体教学质量。

4.提升教师自我素养

在创美体育背景下,教师需要注重提升自我素养。这包括不断学习、反思,以及积极参与与创美体育相关的活动和交流。例如,参与相关的课题研究、美育课堂教学公开课、撰写相关论文等,从而让自己更好地适应时代发展的需要。还可以参加专业培训和学术交流,提高自己的专业水平和教学能力,并通过自我反思和总结,不断完善自己的教学方法和手段,实现自我提升和成长。

5.塑造学生的全面素质

在创美体育背景下,教师需要注重塑造学生的全面素质,包括身体素质、美学素养、体育精神等方面。让学生得到更加全面的教育,能够为学生的未来发展打下更加扎实的基础。例如,教师在教学中引导学生感受不同体育运动项目带来的美感和力量,培养学生的审美能力和体育精神,促使学生全面发展。

6.提升体育课程的审美体验

在创美体育背景下,教师需要注重提升体育课程的审美体验,让体育课程更加生动有趣,从而让学生得到更加深刻的体验。例如,利用信息化教学手段带来的强烈的视觉感受与全新理解,让学生在愉悦的氛围中学习体育知识与技能。

7.促进跨学科交流与合作

在创美体育背景下,教师需要注重促进跨学科交流与合作。与其他学科的教师进行交流与合作,能够让体育教师更好地了解其他学科的知识和教学方法,从而更好地提升自己的教学能力。例如,体育教师可以与音乐、物理、思政、美术、历史、地理、生物、数学、语文、信息技术等学科的教师合作,共同开展跨学科的教学活动和课题研究,拓宽教学视野,提高综合素质。

8.推广体育文化

在创美体育背景下,教师需要注重推广体育文化,而体育自身也在创造一种健康文化,推动人类社会进步。[1]组织各种形式的讲座和活动,能够让更多的学生了解和参与到体育活动中来,从而让更多的学生享受到体育带来的健康和快乐。例如,教师可以组织体育知识竞赛、体育文化节等活动,激发学生参与体育活动的积极性和兴趣,同时也可以通过这些活动传播体育文化和精神助力体育事业的发展。

综上所述,创美体育的教师美学素养发展具有多方面的价值体现,教师在创美体育课堂中不仅是知识的传授者,还是美学素养的引导者。通过自身的美学素养提升,教师能够更好地发掘学生的潜力,激发他们的创造力,从而提高教学的质量和效果。只有不断推进教师美学素养的发展,才能够更好地满足学生的需求和发展需要,推动体育教育事业不断向前发展。

---

[1] 刘琦.大学体育与健康教程[M].北京:中国农业出版社,2006:12.

第三节 创美体育的美育能力发展价值

创美教育最初侧重发展学生的审美能力和艺术修养,但随着时间的推移,它的理论体系可以运用到体育领域。这一演变可以反映出,体育不仅是一种锻炼身体的手段,还是一种艺术和美学体验。创美教育的美育价值主要在于通过审美和艺术教育来提升学生的审美能力和人文素养,同时又能培养学生的创新能力和创造力。创美教育和创美体育在美育教育中都具有重要的作用,创美体育的美育价值是在创美教育的基础上进一步升华的,创美教育的美育价值可以通过引导学生欣赏、体验、创造美的过程,培养他们对美的敏感度和鉴赏能力,进而提升他们的审美素养;通过美的熏陶和感染,塑造学生健全的人格,培养他们的道德情操,形成良好的思想品质;通过艺术创作和设计等实践活动,鼓励学生发挥想象力和创造力,激发他们的创新思维和创新能力;通过引导学生参与各种艺术活动和体育活动,促进他们的身心健康,增强身体素质和心理素质等。从创美教育的美育价值中,归纳衍生出创美体育的美育价值,并尝试通过更好的方式体现出来。

一、创美体育的美育价值

(一)创美体育的美育价值体现

1.培养审美能力

创美体育通过塑造人的身体形态、动作技能和情感体验,培养人的审美能力。人们在参与创美体育的过程中,能够感受到人体美、技术美和人格美的和谐统一。例如,教师通过教授学生正确的运动姿势、优美的运动动作,以及富有美感的运动节奏和韵律,培养学生对运动美的感知和创造能力,从而提升他们对美的感知和鉴赏能力。

2.增强身体素质美

创美体育注重通过体育运动来增强学生的身体素质,提高学生的体能水平和抵抗力。例如,在体育课堂教学中,学生需要参与各种体育活动,跑步、跳跃、投掷、球类比赛等,可以锻炼学生的肌肉、骨骼和心血管系统,促进身体的健康和优美体态的养成。

3.塑造健康人格美

创美体育不仅关注身体的锻炼,还注重对心灵的滋养。通过参与各项体育活动,学生在锻炼身体的同时,还可以培养坚韧、勇敢、自信等优秀品质,这些品质对于塑造他们健康的人格具有非常重要的意义。体育运动中的团队合作、意志锻炼、纪律约束等,有助于培养学生的团结协作精神、坚韧不拔的意志品质和遵守规则的道德品质。例如,在班级篮球赛中学生可以学会如何与他人合作、如何克服困难、如何面对失败等,这些都有助于学生塑造健康的人格。

4.促进情感交流美

创美体育也是一种社交活动,学生参与体育活动,可促进与同学之间的沟通与交流,增进彼此的了解和友谊;并培养学生的团队合作意识,提高他们的人际交往能力。创美体育课堂中的许多项目需要团队合作才能完成,如团体操、篮球、乒乓球双打等,这些都有助于培养学生的团队合作意识和协作能力,让他们学会尊重他人、沟通合作、共同进步。

5.提升文化素养美

创美体育还是一种文化活动,通过参与创美体育活动,学生可以了解和学习各种体育运动项目的历史、文化和比赛规则,从而提升自己的文化素养。同时,创美体育理念还可以帮助学生更好地理解和欣赏各种体育赛事,增强他们对体育文化的热爱和认同。

6.促进创新思维美

创美体育注重激发学生的创新思维和创新能力。在体育运动中,创美体育引导学生发挥想象力和创造力,通过动作创新、战术创新、尝试新的运动技巧等方式激发学生的创新思维和创新能力。

7.增强综合素质美

创美体育不仅可以提高学生的身体素质和审美能力,还可以提高他们的心理素质、文化素养等综合素质。这些素质的提高对促进学生的全面发展具有重要的意义。

综上所述,创美体育在美育教育中不仅能提高学生的身体素质和运动能力,还能促进学生的身心健康、道德品质的发展和全面素质的发展,提升文化素养和审美能力,从而更好地适应社会发展的需要。因此,应加强对创美体育的重视和投入,让更多的学生受益于它们的教育价值。

(二)创美体育课堂教学实践的美育价值体现

创美体育课堂教学的美育价值是通过体育课堂教学实践实现的。

1.注重优美姿态的训练

在创美体育课堂教学中,教师注重对学生优美姿态的训练,让学生掌握正确的身体姿态和运动技巧,从而在运动中展现出健康优美的姿态。

2.融合艺术与体育元素

在创美体育的教学过程中,可以在教学内容中增加一些艺术元素或巧妙地融合艺术与体育元素,使学生在锻炼身体的同时,感受到艺术的魅力和美感。例如,可以引入舞蹈、音乐等艺术形式,让学生通过节奏、韵律和动作来表达自己的情感和创意。

3.注重体验与实践

创美体育课堂教学注重的是学生的体验与实践,通过创美体育课堂教学实践,学生可以亲身参与体育活动,尝试多样化的体育活动和项目,感受运动之美。在体育比赛中,学生可以欣赏到运动员的力量、速度、柔韧和耐力等身体素质之美,同时也能领略到团队协作、精神风貌等人文精神之美,感受美的力量和愉悦,从而更好地理解运动美的本质和价值。

4.培养学生的审美思维

创美体育课堂教学不仅需要让学生掌握运动技能,还注重培养他们的审美思维和创造力。通过引导学生观察、欣赏和评价不同类型的体育活动和表演，激发他们的审美想象力和创造力。

5.强调身心健康与和谐发展

创美体育课堂教学的核心价值在于在教学过程中注重学生的身体健康和心理健康，促进学生的身心健康与和谐发展，帮助他们塑造优美的体态和积极向上的心态。例如，舞蹈、健身操、武术、球类比赛等项目的学习，可以帮助学生释放压力，调节情绪，促进身心健康。学生还可以在体育活动中，通过不断地挑战自我、克服困难来获得成功，增强自信心。

6.激发创新思维

创美体育课堂教学实践注重培养学生的创新思维和创造力。在体育活动中，学生需要不断地尝试、探索和挑战自我，这有助于激发他们的创新思维和创造力。

7.培养团队协作精神

创美体育课堂教学实践注重培养学生的团队协作精神。在体育比赛中，团队成员需要相互配合、相互支持，才能取得胜利。这种团队协作的精神可以迁移到日常生活中，帮助学生更好地融入社会。

8.传承文化价值观

创美体育课堂教学实践还承担着传承文化价值观的责任。通过参与体育运动，学生可以了解到不同的文化背景和价值观，从而增强文化自信和认同感。

总之，创美体育课堂教学实践的美育价值体现在多个方面，它需要每一位体育教师不断提升自己的美育能力进而实现它。

二、创美体育的学生美育素养发展价值

美育的对象始终是人，教学的主体是学生，因此，培养学生的美育素养是培养学生全面发展的重要方面之一。学生的美育素养包括美育教育中应该具备的基本素养，即审美能力、美学文化素养、情感素养、创造能力和实践能力等。

美育教育就是通过对学生审美、创造、文化、情感和实践能力的综合培养,提高学生的艺术素养和人文素质,促进学生的全面发展。美学素养是认识美、热爱美、研究美和创造美的能力,是审美思想和道德情操的展现,美学素养的形成是教师的启发教育和学生刻苦努力的结果。教师要提升美学素养,做到知美与懂美的统一,研究美与创造美的结合。[1]提升学生的审美素养具有重要的意义,它是构建和谐社会的基础;有助于学生的可持续发展,并能满足学生健康发展的需求。[2]随着素质教育的不断推进,国家对学校美育教育的重视,美育教育逐渐受到广泛关注。体育教学是实施美育教育的重要途径之一,通过参与创美体育课堂,学生能够培养自身的审美情感,提高对艺术和美学的认识。这有助于他们在体育活动中更好地表现自己,同时也增强了他们对美的欣赏能力,有益于他们的全面成长。因此,在创美体育课堂教学中培养和提升学生的美育素养、实现美育目标具有重要的意义和实践价值。

(一)培养学生的美育素养

1.塑造身体美

通过运动锻炼,学生可以塑造优美的身体形态和优雅的举止。在创美体育课堂教学中,教师可以选择一些具有美体效果的体育运动,如体操、健美操、啦啦操、瑜伽、游泳、Keep体能、Tabata间歇训练等,这些运动有助于锻炼学生的身体柔韧性、力量和耐力,塑造出健美的身材和优雅的体态,展现出身体的美。此外,通过运动锻炼,学生还能提高身体素质,增强免疫力,培养健康的生活方式和良好的生活习惯。

2.培养运动美

在创美体育课堂教学中,教师可以引导学生掌握更多运动技巧,从而培养学生对运动美的追求。例如,通过篮球、武术、排舞等课程,学生可以学习到如何协调肢体动作,掌握运动技巧,并在运动中发现美、感受美,进而展现美、鉴赏美、主动创造美。此外,教师还可以组织各种体育比赛,让学生在比赛中展示自己的运动技能和团队协作能力,培养学生的运动精神美和竞技美。

---

[1] 陈晓晨.浅谈学生美学素养的形成[J].山东青年,2019(9):7+9.
[2] 纪东琪.美育视阈下学生美育素养提升路径探究[J].中国教育学刊,2019(S1):142.

3.提升精神美

在创美体育课堂教学中,教师可以借助各种运动项目,培养学生的勇敢、坚韧、自律等品质,提升学生精神层面的美感。例如,攀岩运动可以锻炼学生的勇气和意志力,足球、篮球等团队运动可以培养学生的团队合作精神和沟通能力。此外,教师还可以通过组织志愿者活动,让学生担任学校田径运动会的学生裁判员和志愿者,让学生在服务运动员的过程中,培养自身的社会责任感、爱心和耐心,提升自身的精神境界和人文素养。

4.提高情感体验

在创美体育课堂教学中,教师还可以帮助学生提高情感表达和情感体验的能力。通过参与各种运动项目的比赛、展示和艺术节、体育节上的表演活动,如武术表演、花式篮球表演、啦啦操表演、体育舞蹈表演等,学生可以感受和理解演出作品所表达的情感和意境,培养情感表达和情感体验能力。

5.强调协调与平衡

在创美体育课堂教学中,教师可以通过一些传统的体育项目,如八段锦、太极拳、瑜伽等,帮助学生掌握身体平衡和协调能力。这些项目注重内外环境的统一和平衡,通过调节呼吸、姿势和意念等方法,达到锻炼身体和陶冶情操相得益彰的效果。通过练习这些项目,学生可以培养身体的协调性和平衡感,并在日常生活中表现出良好的自我调控能力,提高自身修养,体现内外兼修的美。

6.激发创新与探索

在创美体育课堂教学中,教师鼓励学生积极参与各种创新和探索活动,学生可以通过学习和实践各种运动形式与技能,培养创新意识和探索精神。例如,教师可以组织学生参加创新比赛,让学生在比赛中发挥想象力和创造力,探索新的运动技巧和运动项目,创造新的运动方法。此外,教师还可以引导学生参与户外拓展活动,如定向越野、登山、"寻宝活动"等,让学生在大自然中感受挑战和刺激,培养勇于尝试和探索的精神,使其成为具有开拓性的人才。

综上所述,在创美体育课堂教学中培养学生的美育素养具有重要意义,可以全面提升学生的素质和能力。同时,为了更好地实现这一目标,对广大的体育教师也提出了新的要求,需要他们不断充实自己的知识和技能,以便更好地引导学生发现美、感受美、创造美,促进学生的全面发展。

(二)学生美育素养的发展价值

学校是开展美育素养培养的主要场所,学校美育教育主要具有情感性、形象性、渗透性等特点。[①]因此,学校教育是发展学生美育素养的途径,其发展价值体现在综合素质的提升上。体育教育是学校教育的一部分,在创美体育教学中发展学生美育素养的价值体现在以下几个方面。

1.提升审美能力

创美体育强调通过体育活动培养学生的审美能力,让他们在参与体育活动的过程中,学会欣赏美、体验美、创造美;注重通过引导学生欣赏、体验和创作各种形式的体育艺术作品和运动美,让他们学会欣赏和鉴别不同形式的体育艺术美和运动美,增强审美能力;重视通过观察和体验不同的运动项目和活动形式,让他们感受到身体美、运动美和竞技美,从而提升自身的审美能力和艺术修养。

2.塑造健康人格美

学生在参与体育活动的过程中,需要面对挫折和挑战,这将有助于他们培养坚韧不拔、勇敢顽强的意志品质。同时,通过与他人的合作和竞争,学生可以学会尊重他人、遵守规则、公平竞争的道德规范,从而塑造健康人格美。

3.塑造良好身体形态美

创美体育教学注重对学生的形体训练和仪态练习,可以帮助学生塑造出优美的身体形态和优雅的举止,展现出身体的美。

4.培养创新思维美

创美体育教学注重培养学生的创新思维和创造力,教师在教学中引导学生观察、想象和创作,可以激发他们的创新灵感,培养出独特的想象力和创造力。在参与体育活动的过程中,学生需要发挥自己的想象力和创造力,如在比赛中

---

① 李明昱.新媒时代下提升高校学生美育素养的研究[J].吉林广播电视大学学报,2019(2):38.

制定战术、应对对手变化等。这种创造力的激发不仅有助于学生在体育领域的发展,还可以迁移到其他领域的学习和生活中。

5. 促进身心健康美

创美体育教学可以帮助学生放松身心、缓解压力,促进身心健康。同时,参与各种运动项目比赛和展示表演活动,可以增强学生的自信心和自尊心,提高学生的心理韧性和适应能力。

6. 培养团队协作美

创美体育教学中的许多项目需要团队合作才能完成,如排舞、啦啦操、团体操等。参与这些项目,可以培养学生的团队协作能力和集体荣誉感。

7. 体验成功感受美

创美体育教学注重学生的个性发展和特长发挥,通过参与各种体育项目的表演、展示和竞赛活动,学生可以体验到成功的喜悦和成就感,增强自信心和自尊心。

综上所述,创美体育教学中的学生美育素养发展价值对学生的全面发展具有重要意义。学生通过积极参与体育活动,可以在身、心、社三方面都得到全面发展和提升,为未来的学习和生活打下坚实的基础。

三 创美体育的教师美育能力发展价值

美育是一种特殊的教育形态,其具体目标是"提高学生审美和人文素养",也就是促进学生审美发展。美育教师是在教育教学过程中实现上述目标的专业人员,他们的能力和素养如何直接影响到美育目标的实现程度。"学校美育教师"是指在各级各类学校承担美育课程(一般是非专业性的艺术课程)教学和学生艺术活动指导工作的教师,"学校美育教师的基本能力和素养"是指除了教师所应该具备的一般能力和素养之外,美育教师承担美育教学和艺术活动指导所应该具备的专业知识、能力和修养。美育教师应该掌握最基础的美育知识,理解所承担的艺术教育课程的美育目标,确立"以美育人、以美化人、以美培元"的学校美育观念。[①]

美育教师一般讲的是艺术课程的教师,但是在创美体育课堂教学中担任美育教师的是我们广大的一线体育教师。为了实现创美体育课堂的美育目标,需要体育教师具有基本的美育能力和素养——美育能力是体育教师必备的核心能力之一。体育教师的美育能力可以理解为在体育教学过程中,教师运用美的教育内容、手段和方法,培养学生具有正确的美学知识、高尚的审美情趣和积极地创造美的一种特殊能力。它不仅包括体育教师对美的事物的敏感、洞察和鉴赏能力,还包括在体育教学中传递美的能力,以及在体育活动中引导学生认识美、展现美、欣赏美、创造美的能力。因此,体育教师要注重培养和提升自己的美育能力。

(一)体育教师美育能力的体现

1.美学知识和鉴赏能力

体育教师需要具备美学知识和鉴赏能力,了解美的基本原理和表现形式,能够欣赏和评价不同形式的美。这有助于他们在体育教学中发现美、传递美,引导学生形成正确的审美观。

2.教学设计和组织能力

体育教师需要具备教学设计和组织能力,能够将美的教育内容融入体育教学中,制定美育目标,设计美育活动,并有效地组织教学。这有助于确保学生在体育学习中不仅获得身体健康,也能感受到美的力量。例如,《田径——耐久跑》一课以"寻美之旅"开启教学,践行"创美体育"课堂教学模式,以体促美、以美育人,并落实"教会、勤练、常赛"一体化教学模式。在提升学生耐力水平、帮助学生掌握正确锻炼方法的同时,引导学生发现耐久跑的健康美、技术美、节奏美、精神美,在跑步中巧妙地融入自然科学知识和地理常识,让学生在跑步中获得更多的知识和体验,并通过棋神争霸比赛来提升练习的趣味性。男女生分层障碍跑比赛,把课堂气氛推向高潮,学生为了赢得比赛,团结协作,体现了合作美、精神美。一节枯燥单调的耐久跑学生上得兴趣盎然、热火朝天,累并快乐

[①] 杜卫.谈谈学校美育教师的基本能力和素养——兼及加强和改进师范艺术教育[J].美育学刊,2022,13(2):1-2.

着,取得了较好的美育效果。这就是重构课堂教学,创新教学设计。

3.示范和演示能力

体育教师需要具备良好的示范和演示能力,能够准确、优美地展示各种运动技能和动作,让学生感受到运动的美。同时,他们还需要具备纠正错误动作的能力,帮助学生掌握正确的运动技巧,让他们能够展现出美的运动技术。

4.引导和创新能力

体育教师需要具备引导和创新能力,能够在体育教学中引导学生发现美、感受美,培养学生的审美情趣和创造力。同时,他们还需要具备创新思维,能够设计出具有新颖性和趣味性的体育活动,让学生在运动中体验到美的乐趣。例如,《田径——耐久跑》创设了情境"重温长征路",打造"思政+体育"的跨学科主题学习模式,通过模拟长征路的艰辛与困难,让学生体验长征精神的伟大和坚韧。课上,教师创设了不同的情境让学生体验耐久跑的技术特点,其中"四渡赤水"体验呼吸方法,"巧渡金沙江"体会极点的出现,"飞夺泸定桥"克服极点,体现良好意志品质,分别从学习内容、环境、方法以及评价等多方面着手,让耐久跑展现一定的美育价值。全课在竞赛的氛围中培养了学生顽强、积极进取、团结协作的良好体育品德,使学生在心理愉悦的状态下完成学习任务,不仅达到了增强体质的效果,还能让人感受到"思政+体育"跨学科融合育人所带来的运动美,体现美育课堂的创新教学。

5.交流和沟通能力

体育教师需要具备交流和沟通能力,在教学中能够与学生保持良好的沟通,了解他们的需求和意见,及时反馈他们的学习情况和问题。这有助于建立良好的师生关系,促进美育活动的有效开展。

综上所述,体育教师的美育能力是他们在体育教学过程中实现美育价值的关键因素,为了提高自己的美育能力,体育教师需要不断学习和实践,了解最新的美学理念和教育方法,并将其运用到自己的教学中。同时,他们还需要保持对体育教育事业的热情和专注,关注学生的需求和发展,为培养具有健康体魄和审美情趣的全面发展的人做出贡献。因此,提升体育教师的美育能力是创美体育课堂美育目标得以实现的关键。

(二)提升体育教师的美育能力

在创美体育课堂教学中,提升教师的美育能力至关重要。可以通过以下措施提升体育教师的美育能力。

1.完善美学知识结构

完善的美学知识结构是体育教师美育能力和素养的重要支撑。体育教师需要具备广博的知识储备,例如,学习体育学、教育学、心理学等专业知识,掌握教育规律和教学方法;关注体育文化的传承和发展,了解不同体育项目的历史、特点和价值;学习哲学、美学、艺术等跨学科知识,拓宽自己的知识视野和思维空间;关注科技前沿和技术创新,了解现代科技在体育教学中的应用前景和价值等。只有具备完善的美学知识结构,才能更好地履行自己的职责使命。

2.培养审美意识

审美意识是评价教师美育能力和素养的重要方面。审美意识包括对美的感知、认识和理解,以及在实践中运用美学理念的能力。体育教师作为体育文化的传承者和引领者,需要具备高尚的审美意识和正确的美学观念。体育教师要深入学习体育文化知识,了解体育的发展历程、特点和规律,掌握美的本质和表现形式,善于挖掘体育运动项目中美的元素及美育融合点,在教学中巧妙地体现出来。同时,还要注重美学知识和理论的学习与积累,通过阅读美学书籍、参加美学课程和讲座、学习观摩各种艺术表演等形式,提高对美的认识和鉴赏能力;关注时尚、艺术、体育等领域的动态,了解最新的美学理念和潮流,拓宽审美视野。只有这样,才能更好地引导学生发现美、欣赏美和创造美。

3.提高审美能力

审美能力是教师必备的美育能力之一。教师如果想让课堂教学美起来,就要提高自身的审美能力。教师的审美能力对学生具有积极的影响作用,它可以正确分辨善恶美丑,把自然和社会中美的形象展现给学生,把人性中最美的一面展现给学生,学生在美的事物的熏陶下,会进一步追求美、创造美。教师审美能力的提高,会让他们在教学过程中以审美的眼光看待学生,发现学生的闪光点,让学生在教师的鼓励、赏识、宽容中不断进步。[1]体育教师需要具备高水平的审美修养及对美的敏锐感知和理性认识,通过不断学习和实践,提高自己的美学理论水平和审美意识;通过大量的艺术欣赏和实践,提高自己的审美水平,发现、欣赏和评价不同形式运动项目的美。例如,欣赏优秀的艺术作品、参加艺术展览、观摩高水平体育比赛、参加创美体育课堂教学研讨,并撰写以运动美为观察点的观察报告,进行美育课堂的点评等。树立美育观念,把美育观念贯穿到体育课堂教学中,培养学生健康、积极、向上的审美观念。同时,要注意观察和分析身边的事物,发现身边的美,提高对美的敏感度和洞察力。

4.塑造自身形象美

体育教师作为学生的榜样和引领者,需要具备优美的仪表和形象。要注重自己的着装、言行举止和气质修养,做到穿着得体、言行得当、举止文明、气质不凡。同时,要注重塑造良好的体态和姿势,以优美的形态和表现方式展示体育特有的魅力。此外,还要注重培养文明的品质和道德素养,为学生树立良好的榜样。试想一下,一个不注重自己身材管理、言行举止粗俗、技能水平低的体育老师是无法博得学生信服和喜爱的。(图2-29)

图2-29 体育教师形象美

5.展现良好精神美

无论年龄大小,体育教师都要常年坚持锻炼,因为好的身体状态不仅能体现出阳光、积极乐观的精神面貌,而且能激励学生在面对困难和挑战时保持信

---

[1] 罗俊.课堂教学美的价值及其创造[D].武汉:华中师范大学,2010.

心和勇气,不惧失败与磨炼,给学生以正能量的引导。

图2-30 良好精神美

(图片说明:重庆市南开中学正高级教师肖素华老师常年坚持锻炼,花甲之年身体状态与精神状态不亚于年轻人,令人佩服)

6.挖掘教学内容美

挖掘体育中的美育元素和体育课堂教学的内容美,是提升教师美育能力的关键。教师应在体育教学中深入挖掘美的元素,深入分析教材中的美学因素,将美的教育内容融入教学,如技术动作的优美、技艺精湛的技术美、团队协作的精神美等。同时,要注重创新教学设计,根据学生的实际情况和需求,合理安排教学内容和教学方法,通过精心组织,让学生在体育学习中感受到体育中美的力量和魅力,从而培养学生的审美情趣。

7.创新教学方法美

创新教学方法是提升教师美育能力的核心,体育教师需要具备创新教学方法的能力。要根据学生的特点和需求,结合美学理论,采用多样化的教学方法和手段,让学生在体育训练中感受美的力量,培养审美情操。例如,情景教学、游戏教学、合作学习、探究学习、项目化学习等。同时,要注重运用现代科技手段,如运用多媒体技术、网络平台等,将美育内容以更加生动、形象的方式呈现给学生。此外,还要注重与学生的互动和交流,引导学生主动参与课堂活动,激发他们的创造力和想象力,并运用审美教育来促进体育训练,通过体育活动来培养学生的团队协作精神和积极向上的心态等。

8.营造良好的美育环境

体育教师需要营造良好的美育环境。要注重课堂氛围的营造,以积极向上、团结协作的氛围感染学生。同时,要注重校园体育文化的建设和发展,通过组织体育比赛、开展体育活动等形式,营造浓厚的体育文化氛围。此外,还要注重与家长的沟通和交流,争取家长的支持和配合,共同营造良好的美育环境。

总之,提升体育教师的美育能力是实现体育教育美育价值的关键,应通过以上方式进行提升和实践。只有这样,教师才能够更好地履行自己的职责和使命,为培养德智体美劳全面发展的人才做出更大的贡献。

(三)增强体育教师的美育教育实践能力

美育教育实践能力是评价体育教师美育能力和素养的关键因素之一。体育教师只有具备组织美育教育活动、创设美育教育环境等实践能力,才能更好地引导学生感受美、体验美和创造美。增强体育教师的美育教育实践能力,可以从以下几个方面展开。

第一,阅读相关书籍和论文。体育教师通过阅读美学著作、体育训练指南、教育心理学著作等,可以提高自己的美学素养和教学水平。同时,教师还可以了解最新的教学方法和手段,为自己的教学实践提供更多启示。

第二,组织学生参加审美教育活动,如精彩的体育竞赛、文艺演出、美术作品展览等,培养学生的审美情趣和创造力。

第三,创设审美教育环境,如在体育场馆、运动场地等场所布置有关体育的艺术品、体育摄影作品等,营造浓郁的艺术氛围。

第四,与其他学科教师进行合作与交流,开展跨学科的审美教育活动。通过交流,教师可以了解其他学科的教学方法和美育实践,拓宽自己的教学思路和视野。例如,与物理教师合作进行体育速度、力量项目的融合课程;与思政老师合作打造体育思政课程等,体验"体育+X"跨学科主题系列研讨活动,提高学生综合运用多学科知识与技能解决实际问题的能力,促进学生全面发展,实现育人目标。同时,教师还可以借鉴其他学科教师的成功经验,为自己的体育教学提供更多灵感和启示。

第五,积极参加校内外举行的审美教育实践活动和培训课程,观摩优秀教师的美育课堂教学实践,总结积累教学经验,不断完善自己的审美教育实践能力。

第六,体育教师还需要不断学习新的教学技能,如学习制作精美的教学课件和微课视频、设计优美的动作示范等。这些能够让教师在体育教学中更加直观地展现美的元素,提高教学质量和效果。

第七,积极参加各种学术研讨会,特别是美育方面的,有助于体育教师了解美育领域的最新动态和前沿研究成果。在学术研讨会上,教师可以与其他学科教师进行交流,分享教学经验和心得,共同提高美育能力。

第八,参加与美育相关的课程或工作坊,更加深入地了解美育理念和实践方法。例如,参加艺术课程、青少年体育美育综合实践课程或美育工作坊,可以让教师学习到更多的美育知识和教学方法,提升自己的美育实践能力。

总之,需要从多个方面入手提升教师的美育实践能力。教师应积极参与美育培训课程,丰富自身的美学理论,更新教学方法,在探索与实践中不断提升自己,在反思与重构中获得教学经验的积累,从而提高美育教育的质量。

(四)加强体育教师的美育教育研究能力

美育教育研究能力是提升体育教师美育能力和素养的重要保障。体育教师只有具备发现问题、分析问题、解决问题的能力,以及跟踪研究前沿动态的能力,才能更好地开展美育教育工作实践。要想加强体育教师的美育教育研究能力,可以采取以下措施。

第一,深入开展美育教育理论研究,结合实际情况挖掘本土化美育教育理论的精髓与特点,形成具有本地特色的美育教育理论体系、论文或课题,指导美育教学实践开展研究。

第二,探讨不同年龄阶段学生的认知水平、心理特征及成长规律,分析学生在不同阶段对美的感受能力和鉴赏能力的差异,为开展有针对性的美育教育实践活动提供理论依据与指导。

第三,不断探索创新适合不同阶段学生的审美教育方法和模式研究,开发适合不同年级、不同性别学生特点的美育教育教材及美育课程资源。

第四,积极开展国际交流与合作,汲取国外先进的美育教育理念和美育教育资源,推动我国美育教育事业的发展与进步。

第五,加强与相关学科领域的交流与合作,促进跨学科跨领域的研究与实践探索。

第六,推动美育教育的多元化发展,同时注重研究成果的实践运用与推广。

第七,通过示范课、展示课、观摩课等多种形式传播美育教育的先进理念与经验,引导其他学科教师在教学中融入美育元素,共同培养学生的审美情趣与人文素养。

第八,针对实践中出现的新问题、新挑战进行深入研究,调整优化教学策略,提高美育实施效果,增强学生的获得感、幸福感与成就感,进而促进学生的全面发展。

(五)体育教师美育能力发展价值

教师的美育能力不仅对学生的发展至关重要,还会对整个教育体系产生积极影响,具备较高美育能力的教师能够更好地培养学生的综合素养,促进学校教育的全面发展。体育教育作为学校教育的一个重要组成部分,体育教师的美育能力也具有重要的发展价值,具体体现如下。

1.提升教学质量

美育能力有助于体育教师更好地理解和传授体育技能,以更形象、生动的方式展现体育的美。这将增强学生的学习兴趣和动力,提高体育教学的质量。

2.促进学生全面发展

美育能力有助于体育教师发掘体育中的美学元素,引导学生欣赏和体验体育的美,进而培养他们的审美情趣和创造力。这将有助于学生在身心健康、智力发展和社会适应能力等方面实现全面发展。

3.推动体育教学改革

具备美育能力的体育教师更有可能关注学生的个性化需求和兴趣爱好,从而推动体育教学的改革和创新。他们可以尝试新的教学方法和手段,使体育教学更加符合现代教育的理念和要求。

4.增强学生社会竞争力

美育能力不仅有助于学生在学校中获得更好的发展,还可以在他们的未来职业生涯中发挥作用。具备审美能力和创新思维的学生更有可能在职场中脱颖而出,具备更强的社会竞争力。

5.培养良好的师德师风

具备美育能力的体育教师往往具有更高的职业素养和教育情怀。他们更注重以身作则,以良好的师德师风影响和感染学生。这不仅有助于提高体育教学的效果,还有助于培养出更多具备良好道德品质的学生。

总之,提升体育教师的美育能力和素养是实现创美体育教师美育能力发展价值的关键所在,也是当前素质教育改革的重要任务之一。体育教师只有不断提升审美意识和美育能力,增强美育教育实践能力和美育教育研究能力,才能更好地发挥其在培养学生身心健康全面发展中的积极作用,进而为建设社会主义现代化强国贡献力量。

第三章

创美体育课堂教学模式构建

　　教学模式,是指在一定教学思想或教学理论指导下建立起来的较为稳定的教学活动结构框架和活动程序。[1]而关于体育教学模式的定义是指在一定的教学思想或理论指导下,设计和组织体育教学在实践中建立起来的各类体育教学活动的范型,它以简化的形式稳定地表现出来。[2]

　　长期以来,我国有许多专家学者对体育教学模式进行了研究,比较有代表性的观点如下。毛振明认为,体育教学模式是体现某种教学思想的教学程序,它包括相对稳定的教学过程结构和相应的教学方法体系,主要体现在教学单元和教学课的设计上。[3]杨楠认为,体育教学模式是体现某种教学思想或规律的体育教学活动的策略和方式,它包括相对稳定的教学群体和教材、相对独特的教学过程和相应的教学方法体系。[4]肖焕禹等认为,体育教学模式是在一定的教学思想指导下,为完成规定的教学目标和任务而形成的规范化教学程序,包括相对稳定的教学过程结构、相应的教学方

---

[1] 高云.课堂教学微创新[M].天津:天津教育出版社,2018:21.
[2] 冯元喜.现代教育技术下高校体育教学的改革与发展研究[M].长春:吉林出版集团股份有限公司,2023:115.
[3] 毛振明.关于体育教学模式的研究[J].广州体育学院学报,2000(4):43.
[4] 杨楠.体育教学模式与主体教学浅论[J].北京体育师范学院学报,2000(1):3.

法体系。[①]杜江静认为,教学模式是以一定的体育教学思想和教学课堂目标为指导,依据学生的身心特点以及外部教学条件、教学过程的特点而设计、实施的课堂教学的模型程序和结构。[②]这些学者对体育教学模式的概念研究归纳起来有三个较为相近的观点,一是有一定的教学思想,二是有一定的教学对象,三是有较为稳定的结构或模型。黄雅鑫经过深入研究,从教学目的的视角出发将体育教学模式的概念定义为,为提高体育教学质量,按照一定体育教学思想目标,根据体育教学群体及体育教学内容逐渐形成的稳定而具有代表性的教学结构。[③]这个定义与"创美体育课堂教学模式"颇为契合,其是以"创美体育"教学主张为教学指导思想,利用体美融合的切入点,构建创美体育课堂教学模式,其本质是为提高体育课堂教学质量,并兼顾实用性与可操作性。"创美体育"教学主张通过与不同运动项目和跨学科进行教学实践融合,以"技能学习"为主题,以"学科融合"为枢纽,以"文化自信"为突破口,以"精练"为主线,让学生在课堂教学中认识美、欣赏美的同时,提高运动能力、学习健康知识和传承中华传统体育,最后能运用所学的运动知识与技能展现美、创造美,培养审美表现能力、审美欣赏能力、审美创造能力,"以体促美、以美育心",践行"以人为本"的教学理念及"立德树人"的根本任务,全面实现课程的美育目标。

---

① 肖焕禹,周莉,罗海涛.体育教学模式的结构、类型及应用条件[J].上海体育学院学报,2002(2):77.
② 杜江静.关于体育教学模式的研究[J].当代体育科技.2015,5(25):102.
③ 黄雅鑫.基于知识图谱的我国不同教育阶段体育教学模式研究的可视化分析[D].开封:河南大学,2022.

第一节 创美体育课堂教学模式构建的思路与原则

创美体育课堂教学模式是一种融合了创造美学的体育教学理念,代表着对传统体育教学模式的一种重要补充和创新,旨在培养学生的审美素养和运动能力,提高学生的身体素质和心理健康水平。在体育课堂教学中实践创美体育的教学模式,有助于激发学生的学习兴趣,发挥学生的创造力和想象力,促进学生的全面发展。构建"创美体育课堂教学模式"是一种全新的挑战。下面就从创美体育课堂教学模式构建的思路与原则进行阐述。

一 创美体育课堂教学模式构建的思路

创美体育课堂教学模式是一种以创造美为核心,注重学生全面发展的新型教学模式。在构建这种教学模式时,需要从多个方面展开思路,确保模式的科学性和实效性。课堂教学的主体是学生,因此创美体育课堂教学模式以学生为中心,注重培养他们的审美情感和美学素养。同时,教师在教学过程中应充分创造富有美感的教学环境、教学内容、教学手段等,发挥引导和激发学生创造力的作用。

下面就从确定教学目标、选择教学内容、设计教学方法、制订教学计划和实施教学评价等五个方面展开构建思路。

(一)确定教学目标

教学目标是教学模式的核心,它决定了教学内容的选择、教学方法的设计以及教学计划的制订。关于教学目标,崔允漷教授认为,课堂教学的目标是学校教育目的范畴的一个具体概念,它既是教学的出发点,也是归宿,或者说,它是教学的灵魂,支配着教学的全过程,并规定教与学的方向。[1]赵辉等人提出,教学目标是关于教学将使学生发生何种变化的明确表述,是指在教学活动中所期待得到的学生的学习结果。在教学过程中,教学目标起着十分重要的作用。教学活动以教学目标为导向,且始终围绕实现教学目标而进行。[2]可以确定的是,教学目标就是课堂的教学目标,通过教学活动及师生之间的互动学习,所期待得到的学生的学习结果,这种学习结果一般都具有可视化的特点。因此,在创美体育课堂教学中,首先要确定教学目标,这个目标从某种意义上来说就是美育目标。按照体育与健康课程所要培养的核心素养,即学生通过体育与健康课程学习形成的正确价值观、必备品格和关键能力,教学目标应该包括运动能力、健康行为和体育品德三个方面的内容,体现学生的全面发展。同时,教学目标应该具有可操作性,能够在教学过程中进行具体实施和评价。按照《2022年版体育课程标准》课程内容中的体能、健康教育、专项运动技能、跨学科主题学习四大部分,要如何设置美育目标?下面将举例说明。

1.体能

体能教学是提高学生身体素质、增强学生体质的重要途径。在体能教学中,除了要注重运动技能和体能的训练外,还需要注重美育目标的体现。在体能教学中,可以通过运动训练和欣赏各种体能训练美、形体美等来激发学生的审美意识,也可通过一些高强度的运动训练来塑造学生的意志品质。例如,通过长跑、负重越野练习等锻炼学生的耐力和毅力;通过力量训练不断地挑战身体的极限以增强学生的自信心和坚韧不拔的精神;还可以通过一些团体性的拓展活动来增强学生之间的信任和合作意识。在了解了各种体能练习的原理和方法后,还可以让学生自己创编练习内容和方法,体现创造美。

下面以"体能——灵敏性"教学为例,阐述如何从运动能力、健康行为、体育品德三个方面制定美育目标。

①运动能力:了解灵敏性练习的锻炼价值,掌握灵敏性体能练习的正确动作和技巧,包括身体协调、反应速度、平衡能力等方面的训练,感受身体的快速

---

[1] 崔允漷.教学目标——不该被遗忘的教学起点[J].人民教育,2004(Z2):17.
[2] 赵辉,高金霞,高涛.信息技术时代体育教学理论解读与体系建构研究[M].长春:吉林出版集团股份有限公司,2020:157.

反应灵动美。通过练习和比赛,提高学生的灵敏性体能水平,学生能够更好地应对各种运动场景和挑战,展现出身体的动态美。

②健康行为:通过练习,提高身体的适应能力,学生能拥有更好的身体状态和运动表现;促进身体的血液循环、增强心肺功能、改善身体机能,学生能展现出健康美的魅力。同时,了解保持身体健康的重要性,培养健康意识和自我保健能力。

③体育品德:在练习中发挥自己的优势和潜力,体验成功的喜悦和成就感,培养自信心和自尊心;正确对待失败和挫折,培养抗挫能力和积极心态。并通过小组练习和团队比赛学会相互帮助、相互鼓励、共同提高,培养团队合作精神和集体荣誉感。在比赛中培养竞争意识和积极进取的精神,树立正确的竞赛观念和胜负观,体现心态美、精神美。

以上是关于"体能——灵敏性"教学美育目标的一些建议。在体能教学中,教师还需要注重动作的规范与优美,引导学生观察、感受、体验灵敏性练习中的美,如动作的协调、流畅、灵动、优美等,可结合音乐进行练习,让他们能够欣赏到灵敏性练习独特的美,培养他们的审美意识和审美能力。这些措施都可以让学生在运动中感受到美的存在和力量,提高他们的综合素质和社会适应能力。

2.健康教育

健康教育课程在中学的体育与健康课中是不可或缺的一个重要组成部分,包括奥林匹克知识、体育健身知识和体育保健知识等,蕴含着丰富的知识。学习这些知识,学生可以更好地欣赏和理解体育之美,而体育理论知识又是建立在科学基础上的,这种科学之美可以让学生感受到科学的魅力和力量。学习体育历史文化知识,学生可以了解中华体育文化的博大精深,体验文化之美;了解营养、饮食、锻炼、健康的生活方式和良好的生活习惯等,学生可以体会健康之美;学习各种运动的基本原理和运动技能与技巧等知识,了解身体形态、肌肉结构和运动姿势等方面的知识,学生能更好地理解运动形态美的本质,并在运动中注重身体姿态的协调和美观;学习心理健康知识,学生可以更关注自己的心理状况和情绪变化,了解如何调节自己的情绪,保持积极向上的心态,体现心态美。

下面以"合理膳食,促进健康"理论课教学为例,阐述如何从运动能力、健康行为、体育品德三个方面制定美育目标。

①运动能力:了解合理膳食的概念、基本原则和常见误区,认识到合理膳食的重要性,以及如何通过合理的膳食来促进身体健康。通过讲解、实例分析、互动讨论等方式,掌握合理膳食的基本技能和方法,学会自我保健和健康管理,感受合理膳食带来的健康之美。

②健康行为:树立正确的饮食观念和健康意识,摒弃不健康的饮食习惯和生活方式,培养健康的生活方式,促进身体健康和心理健康,更好地享受生活、创造美好未来。

③体育品德:激发学生对自身健康的关注和热爱,认识到健康是一种责任和义务,是一种积极向上的人生追求,树立正确的价值观和人生观,展现积极向上的精神美。并通过推广合理膳食的理念和实践,促进社会公众的健康意识和健康行为,提高整个社会的健康水平,体现社会和谐之美。

以上是关于体育健康教育中的"合理膳食,促进健康"教学美育目标的一些建议。设置具体的运动能力、健康行为和体育品德等方面的美育目标,可以让学生更好地理解合理膳食的概念和意义,掌握合理膳食的技巧和方法,同时培养学生的审美意识、激发学生的审美情感等。例如,在讲解食物的营养成分和作用时,可以引导学生欣赏不同食物的色彩搭配、形态和口味的美感;在制订饮食计划时,可以引导学生体验合理搭配食物的美妙之处;在参与团队活动和比赛时,可以引导学生感受到团队协作和分享的快乐与荣誉感等。这些美育内容的渗透可以更好地促进学生的身心健康和全面发展。

3.专项运动技能项目——以球类、田径类、体操类、水上类或冰雪类、中华传统体育类及新兴体育类各一个项目为例

(1)球类项目

体育课的球类教学是培养学生身体素质和身心健康的重要课程之一,球类运动不仅有技术的学习,还有比赛的技战术及规则的渗透,因此不仅有运动项目本身的美感和表现形式,还有比赛中的团结协作美;有不怕困难、勇于挑战,培养自信心和竞争意识的心态美,也有遵守规则、拥有正确胜负观的精神美等。这些都有助于提高学生的审美能力和情感表达能力,促进学生身心健康发展,实现体育课程的全面教育目标。

下面以"篮球——交叉步持球突破"教学为例,阐述如何从运动能力、健康行为、体育品德三个方面制定美育目标。

①运动能力:了解交叉步持球突破技术在比赛中的运用与价值,掌握正确的交叉步持球突破技术,提高突破的速度和灵敏性,通过练习和比赛中的实践,学会选择合适的突破时机和路线,逐步提高自己的突破能力和竞技水平,展现出篮球运动的竞技之美、智慧之美。

②健康行为:在练习和比赛中,避免运动损伤,展现出对健康的重视和保护之美。调控好情绪,培养积极向上的心态,面对挑战和困难时保持乐观,展现出积极的心态之美。

③体育品德:在练习和比赛中,发扬团结友爱的精神,遵守规则和裁判的判决,尊重对手和裁判,展现出和谐的人际关系之美、公平公正的体育精神之美。在比赛中,面对挫折和失败时勇于面对,敢于挑战,展现出坚韧不拔的意志之美。

以上是关于"篮球——交叉步持球突破"教学美育目标的一些建议。设置具体的运动能力、健康行为和体育品德等方面的美育目标,不仅可以让学生在学习篮球交叉步持球突破技术的训练中提升运动能力,还能养成健康的行为习惯,培养良好的体育品德,体验和欣赏到篮球运动中的"美",更好地体验篮球运动的魅力,激发学生对篮球运动的热爱,实现全面的发展。

(2)田径类项目

田径类项目在体育教学中具有非常重要的地位,是各项体育运动的基础,被誉为"运动之母"。田径类项目是培养学生运动美感的重要途径,通过参加比赛和竞技活动,学生可以体验田径竞技的激情和乐趣,感受田径运动的美感和魅力;田径也是培养学生健康生活方式的重要途径,通过制订科学的锻炼计划,学生可以养成良好的锻炼习惯,保持健康的身体和良好的心理状态,培养健康意识和自我保健能力,体现健康美。通过锻炼和比赛,学生可以释放压力、增强自信心,提高心理适应能力和抗挫折能力,并能学会面对挑战,不怕困难,培养坚韧不拔、勇往直前的品质美。通过学习正确的比赛规则和礼仪知识,学生可以了解体育道德规范,培养公德意识,体现品德美等。

下面以"田径——快速跑"教学为例,阐述如何从运动能力、健康行为、体育品德三个方面制定美育目标。

①运动能力:了解快速跑的锻炼价值,掌握正确的跑步技巧和姿势,包括起跑、起跑后的加速跑、弯道跑、冲刺技术等,使跑步动作流畅、自然,展现出快速跑的美感。培养学生的灵敏性和协调性,使其能够更好地掌握快速跑的技巧,

从而在比赛中获得更好的成绩,同时感受到运动中的节奏感和韵律美。通过快速跑的训练,增强学生的心肺功能、肌肉力量、速度和耐力,提高学生的身体素质,同时让学生感受到运动带来的活力和朝气。

②健康行为:通过跑步,学生养成自觉参加锻炼的习惯及健康的生活方式,学会自律和调控情绪,保持身心健康,感受到健康生活带来的美好。培养学生的自我保护意识,避免运动损伤等,感受到运动中的安全秩序美。

③体育品德:通过快速跑的训练和比赛,学生学会协作互助、共同提高,感受团队协作美,并培养遵守比赛规则、尊重裁判、公平竞争、勇于拼搏的精神,体现精神美。

以上是关于"田径——快速跑"教学美育目标的一些建议。设置具体的运动能力、健康行为和体育品德等方面的美育目标,可以让学生更好地体验田径运动的魅力。同时,在每个教学目标中都要注重美育内容的渗透,培养学生的审美意识、激发学生的审美情感等。例如,在训练跑步姿势时,可以引导学生欣赏优美的跑步动作和节奏感;在比赛中,可以引导学生感受比赛的激情和荣誉感;在团队合作中,可以引导学生体验到团结协作的力量和归属感;在自律精神的培养中,可以引导学生认识到遵守规则的重要性等。

(3)体操类项目

体操类项目教学是体育教育的重要组成部分,通过对体操运动的背景和历史的学习,学生可以了解体操的文化内涵和艺术价值。在教学中,教师可以引导学生欣赏不同类型的体操表演,如竞技体操、艺术体操等,让学生感受体操运动不同风格的美。此外,教师还可以鼓励学生参加各种艺术比赛和活动。动作姿态的优美是体操类项目教学的重要环节之一。在体操类项目教学中,教师要注重动作示范的准确性和优美性,让学生感受到动作的美感和协调性,在实践中提高自己的艺术审美能力。同时,互助合作也是体操类项目教学的重要环节之一。在体操类项目教学中,教师需要特别注重引导学生进行自我保护和互动合作,让学生学会保护自己和他人,培养学生的责任意识、社交能力和团队协作能力。同时,教师还可以通过互动合作的方式,营造出良好的学习氛围,培养团队合作精神,让学生更好地理解和感受体操类项目的内涵和意义。

下面以"体操——技巧运动之侧手翻"教学为例,阐述如何从运动能力、健康行为、体育品德三个方面制定美育目标。

①运动能力:了解体操文化,学会欣赏不同类型的体操表演。了解侧手翻

的锻炼价值和实践意义,掌握侧手翻的基本动作和技巧,学会保护和帮助手法,并引导学生探索新的动作技巧和创新组合动作方式,培养他们的创新精神和实践能力。通过反复练习和逐渐增加训练的难度,提高学生动作的准确性、规范性,培养学生的身体控制力及空中平衡感,发展学生的力量、柔韧性、协调性、灵敏性等体能,并拥有良好的表现能力,姿态优美。

②健康行为:通过侧手翻的学练,培养健康意识、自我保护意识和运动能力,养成终身锻炼的习惯,学会自律和情绪调控,拥有更好的身体状态和运动表现,为未来的健康生活打下坚实的基础。

③体育品德:在练习中克服心理障碍,提升自信心,并培养相互帮助的责任感和合作精神,在比赛中遵守比赛规则、尊重裁判,培养礼仪意识、集体荣誉感和社会适应能力。

以上是关于"体操——技巧运动之侧手翻"教学美育目标的一些建议。设置具体的运动能力、健康行为和体育品德等方面的美育目标,可以让学生更好地感受体操之美,提高他们的学习兴趣和积极性,培养审美能力、表现美的能力。还能将所学知识应用到实际生活中,提高实践能力。例如,可以引导学生将侧手翻的动作应用到舞蹈表演、健身锻炼等场合,这样不仅能让学生更好地掌握侧手翻的动作技巧,还能提高他们的实践能力和创新思维,增强综合素质和社会适应能力。

(4)水上类或冰雪类项目

水上类或冰雪类项目有明显的季节和地域特点,也是体育教学中一项不可或缺的教学内容。特别是冰雪类项目,随着第24届冬季奥林匹克运动会在我国的成功举办,人们感受到冰雪运动的雪舞之美、独特魅力,点燃了人们对冰雪运动的激情,带动了冰雪运动的空前发展。在学校体育教学中,能够普遍开展教学的水上项目为游泳项目,游泳项目本身及其锻炼价值所带来的各种运动美感,如技术美、速度美、体态美、健康美本身就具备美育元素。教师在教学中引导学生欣赏优美动作,提升审美能力的同时,可以促使其掌握正确的游泳技术动作,发展速度、耐力、协调性等体能,并在比赛中培养竞争意识、协作精神、遵守比赛的规则意识,有正确的胜负观等品德美,让学生更好地感受游泳运动的美。

下面以"游泳——自由游"教学为例,阐述如何从运动能力、健康行为、体育品德三个方面制定美育目标。

①运动能力：了解自由泳的技术特点、锻炼价值和比赛规则，感受自由泳的技术之美、速度之美。掌握自由泳的基本动作和技巧，提高动作姿态美。通过反复练习、逐渐增加难度的训练及比赛，学生的速度、耐力、力量、协调等体能之美得到提高，感受自由泳的竞技之美。

②健康行为：通过练习自由泳，学生能拥有良好的身体健康状态和运动表现，培养健康意识，学会用游泳来调控情绪、健身娱乐，养成终身锻炼的习惯，体现健康美。

③体育品德：在各种学练中培养坚强乐观、积极向上的良好心态，及合作意识和集体荣誉感，并能在比赛中遵守比赛规则、尊重裁判，正确对待失败和挫折，体现精神美、品德美。

以上是关于游泳项目之"游泳——自由游"教学美育目标的一些建议。设置具体的运动能力、健康行为和体育品德等方面的美育目标，可以让学生更好地感受游泳之美，提高他们的学习积极性和兴趣。如此，学生不仅能掌握技能、发展体能，还能培养健康意识，在实践中提高自己的心理素质。

(5)中华传统体育类项目

中华传统体育类项目是体育教学中的一个重要组成部分，体现了中华优秀传统文化的博大精深，项目本身就蕴含着丰富的审美元素，除了动作本身的行云流水、刚柔并济以外，像太极扇、武术器械、舞龙舞狮等都有着精美的道具，展现中华传统体育的魅力。在教学中，教师可以引导学生欣赏这些项目的舞姿美、动作美、姿态美、节奏美、韵律美等，培养其审美能力和艺术修养；引导学生在各种学练中掌握技术，提高身体的力量、协调性和平衡感等，塑造出优美的动作和体态。

下面以"武术——太极拳"教学为例，阐述如何从运动能力、健康行为、体育品德三个方面制定美育目标。

①运动能力：了解太极拳的历史文化和养身价值、锻炼价值、比赛规则等，感受太极拳的文化美；掌握太极拳的基本动作和技巧，通过反复学练，熟练地掌握太极拳的招式和要领，体验太极拳动作的流畅美、姿态美，并提高身体协调性和灵敏性等体能。在太极拳的教学中，教师可以示范标准、优美的太极拳动作，让学生感受到太极拳动作的流畅、协调、优美。同时，也可以引导学生欣赏优秀的太极拳表演，提高他们的审美能力。

②健康行为：太极拳注重呼吸和意念的集中，内外兼修，学生可以在太极拳

的学练中增强健康意识,养生之道,感受身心的和谐统一美。并养成用太极拳进行锻炼的习惯,提高自我保健能力。

③体育品德:学练太极拳,可以培养学生的武术礼仪,体现武德美。学生在展示与比赛中互相鼓励,彼此欣赏,可以提升审美鉴赏能力,并能遵守规则,尊重对手,心态积极,有抗挫能力,体现精神美。

以上是关于"武术——太极拳"教学美育目标的一些建议。设置具体的运动能力、健康行为和体育品德等方面的美育目标,可以让学生更好地感受太极拳的文化之美、动作之美;还可以开展多种形式的太极拳活动,如组织太极拳团体赛、太极拳表演、交流等活动,让学生有机会展示自己的技能和成果,增强他们的自信心和自尊心,培养他们的审美意识和审美能力。

(6)新兴体育类项目

新兴体育类项目是体育课程中不可或缺的一部分,是随着社会的发展和人们对健康生活需求的提高而不断涌现出来的,例如,攀岩、滑板、极限飞盘、定向运动等。这些项目不仅具有时尚性和挑战性,而且有很高的娱乐性和实用性,很多学校都有条件开展这些新兴运动项目,因此能满足不同学生的兴趣和需求。新兴体育类项目通常都具有挑战性和艺术性,富有美感,不仅可以提高学生的审美能力,还可以激发学生不怕困难、不断挑战自我的积极向上的良好心态,在团体项目中培养协作能力等,体现精神美。新兴体育类项目一般都是在户外进行的,可以让学生感受自然之美。新兴体育类项目也注重学生的个性发展和创新精神的培养,能激发学生的运动兴趣和创造力,体现创造美。

下面以"新兴体育类运动——攀岩"教学为例,阐述如何从运动能力、健康行为、体育品德三个方面制定美育目标。

①运动能力:了解攀岩的背景文化、规则知识、技术原理、锻炼价值等,掌握攀岩的基本技能和技巧,包括正确的攀爬姿势、手部和脚部的抓握和支撑等。通过各种专项训练和体能训练,提高学生的攀爬水平,使其能熟练地进行攀岩活动。提升身体的力量、协调性、灵敏性、柔韧性和耐力性等体能水平,体现较强的运动能力美。

②健康行为:通过攀岩的练习,学生能拥有良好的身心状态和强壮的体格;学会做好防护,树立安全意识,预防运动损伤,促进健康美;能将攀岩的技巧运用于生活中,提升实践能力。

③体育品德:在攀岩训练中鼓励学生勇于挑战自己,不断攻克难关,攀登顶

峰,体验成功之美;能正确对待失败和挫折,培养抗挫能力和积极心态;在练习和比赛中严格遵守纪律和规则,自律自信,体现品德美。

以上是关于"新兴体育类运动——攀岩"教学美育目标的一些建议。设置具体的运动能力、健康行为和体育品德等方面的美育目标,可以让学生更好地感受攀岩运动带来的技巧之美、不断超越自我的成功之美、塑造良好体型之美、力量之美,以及不断探索新的动作技巧和创新动作方式的探索创新之美,更好地培养他们的综合素质和社会适应能力。

4.跨学科主题学习

《2022年版体育课程标准》指出:"跨学科融合一直是学生提高运动能力、学习健康知识和传承中华优秀传统体育的重要方式和途径。体育与健康课程应融合多门课程,充分发挥育人功能,促进学生全面发展。体育与健康课程的跨学科主题学习部分主要立足于核心素养,结合课程的目标体系,设置有助于实现体育与德育、智育、美育、劳动教育和国防教育相结合的多学科交叉融合的教学内容。"[①]因此,跨学科融合已经成为当今社会教育发展的重要趋势,也为美育教育提供了更广阔的空间。体育与多学科的融合,能更好地发掘和实现体育的美育价值。例如,体育+物理,用力学原理来解析投掷项目的发力顺序、出手角度,体现力与健之美;体育+音乐,在优美的音乐旋律中进行练习,渲染课堂气氛,激发学生练习的兴趣,让学生在美的氛围中掌握技能,体现音美体育课堂;体育+思政,在体育课堂对学生进行爱国主义教育、弘扬体育精神、培养坚韧不拔的品质,培养精神美、品德美等,都能取得很好的美育效果;体育+生物,为体育学科的美育教育提供了新的途径和视角,如,通过学习生物学中动物的运动原理,延伸至了解人体结构在运动中的适应性,从而更好地进行科学锻炼,预防运动损伤,体现了生命科学之美;体育+国防教育,以"解放军战士"为人物设置,以同学之间的合作学习为主线,以探索美为支线,遵循循序渐进的原则,帮助学生逐步掌握捕俘拳技术,将体育教学与国防教育有机地结合在一起,展示训练有素、军容整肃的精兵操练课,全面落实国防教育,培养学生知行合一的军魂之美意识和爱国主义精神。(图3-1～图3-4)

[①] 中华人民共和国教育部.义务教育体育与健康课程标准(2022年版)[S].北京:北京师范大学出版社,2022:101.

图3-1　体育+音乐跨学科主题研讨活动

图3-2　体育+物理跨学科主题研讨活动

图3-3　体育+思政跨学科主题研讨活动

图3-4 体育+国防教育跨学科主题研讨活动

下面以体育+思政跨学科融合进行"田径——耐久跑"教学为例,阐述如何从运动能力、健康行为、体育品德三个方面制定美育目标。

①运动能力:了解耐久跑的发展历程、优秀运动员故事等,知道这项运动的背景和意义,从而增强对运动的认同感和兴趣。掌握耐久跑的正确呼吸方法和跑步姿势,以及正确的体力分配和节奏掌控,增强体能和耐力,更好地适应耐久跑运动对身体的要求,体现运动能力美,在练习中保持呼吸顺畅、动作自然优美。

②健康行为:通过耐久跑的训练,引导学生积极调整生活节奏,养成健康的生活习惯。学会根据跑步时自我监控的心率状态和跑步数据,及时调整跑步速度和节奏,提高跑步效果和自我管理能力。培养科学锻炼的习惯和健康生活的理念,实现健康美。

③体育品德:在学练中践行爱国主义、社会主义核心价值观等,培养不怕困难、积极进取、勇于拼搏的精神美,树立正确的竞赛观念和胜负观,促进体育品德美的养成。

以上是关于"田径——耐久跑"与思政学科融合教学美育目标的一些建议。设置融合思政元素的运动能力、健康行为和体育品德等方面的美育目标,学生可以体验耐久跑本身带来的历史沉淀的美感和家国情怀的力量。例如,教师讲述马拉松的故事、"东方神鹿"王军霞的故事等,可以在教学中培养学生的坚韧、毅力、和谐、协作、道德感、责任感等品质及感受美、欣赏美等美学价值。

(二)选择教学内容

教学内容是实现教学目标的基础,而关于体育教学内容,董翠香等给出了定义:"体育教学内容是指为了实现体育教学目标,根据学生发展需要和教学条件而选择的体育教学素材和信息内容,一般包括体育与健康知识、运动技能、体能和各种身体练习等。体育教学内容要服从于现代社会和人才培养对学校体育教育的总体要求,不同时期体育教育的目的不同、侧重点不同,体育教学内容的分类和功能也不同。"[1] 在创美体育课堂教学中,教学内容能够在正确价值观、关键能力、必备品格方面给学生以潜移默化的改变,这样的教学内容应该是具有趣味性、挑战性且富有美感和审美性的教学内容。

1.具有趣味性的教学内容

所谓趣味性的教学内容,顾名思义就是能够引起学生的学习兴趣、激发学生学习热情的教学内容。这些教学内容通常具有趣味性和互动性,能够让学生在轻松愉快的氛围中学习运动技能和增强身体素质。

(1)体育游戏化教学

游戏化教学是指以游戏为基础模式的教育方法,这是一种创新性的教学模式,能为课堂教学效果的提升带来重要辅助作用。"所谓'教育游戏化',是指教师将教学内容与游戏融合到一起,让学生通过游戏完成知识内容的感知与探究,从中获得良好的感知体验。"[2] 将游戏元素融入教学,不仅可以实现教学内容的趣味化,还能确定学生的主体地位,让更多的学生乐于参与其中,增强参与意识。例如,可以根据教学内容设计一些趣味游戏,上足球脚背内侧踢球技术可以设计"足球九宫格"的射门游戏,让学生运用所学的脚背内侧踢球技术来射门,按照学生所踢到的1—9的数字得相应的分数,还可以进行小组间的竞赛,这样不仅可以让学生在愉快的氛围中掌握运动技能,还能培养学生的竞争意识、团队合作精神和集体荣誉感。

(2)多样化的运动项目

传统的体育课教学内容往往只注重一些常见的运动项目,如足球、篮球、排

---

[1] 董翠香,田来,杨清风.核心素养导向的体育与健康教学设计[M].上海:上海教育出版社,2020:46.
[2] 余晓宏.初中体育游戏化教学的实践探索[J].甘肃教育,2022(2):111.

球和田径的跑、跳、投等，容易使学生产生审美疲劳。为了让体育课更具有趣味性，教师可以引入一些非传统的运动项目，如橄榄球、飞盘、软式垒球、定向运动等，这样不仅可以让学生接触到新的运动项目，还能调动他们的学习热情，激发他们对运动的兴趣。

2.具有挑战性的教学内容

体育课上具有挑战性的教学内容是指那些能够让学生通过努力和挑战，达到进阶的更高层次的运动技能和体能水平的教学内容。这些教学内容通常具有一定的难度和挑战性，需要学生付出更多的努力和时间来学习与掌握；能够激发学生的竞争意识，培养学生良好的意志品质和团队合作精神，让学生在挑战中感受到运动的魅力和乐趣。

（1）高难度的运动技能

高难度的运动技能是体育教学中最具挑战性的教学内容之一。学生通过学习和掌握高难度的运动技能，如学习体操、武术、攀岩等高难度的运动项目，不仅可以锻炼自己的力量、协调性、灵敏性等方面的能力，还可以拥有克服困难取得成功的成就感，同时也可以提高自己的自信心，感受到运动特有的美感和魅力。

（2）持续性的运动

要掌握一门技能是需要进行持续性的运动训练的，这也是掌握运动技能和提升身体素质的重要途径。例如，体育中考的必考项目800米（女生）、1000米（男生）和200米游泳，要想得到满分，是需要长期进行持续性的运动训练，提高学生的心肺耐力水平才能够达到的，往往要付出很多的努力。让学生感受到运动的艰辛和挑战，能培养他们的毅力和坚持精神，体现精神美。

（3）团队活动和比赛

体育教学中的很多项目都是需要团队合作才能顺利实施的，而团队活动和比赛往往是很具挑战性和趣味性的，通过参与团队活动和比赛，学生可以培养自己的团队合作精神和竞争意识，同时也可以感受团队项目的美。例如，参加班级足球、篮球等团体比赛，其中的战术配合、同伴协作都可以让学生感受到团队合作的力量和胜利的喜悦，体现协作美、品德美。

3.富有美感和审美性的教学内容

体育课中富有美感和审美性的教学内容是指那些能够让学生感受到运动的美感和独特魅力的教学内容。这些内容通常具有很强的视觉冲击力和艺术性,能让学生在学习运动技能的同时,也感受到运动的美。学生还可以通过各种运动实践,体验运动中的动作美、姿态美、技术美、环境美、合作美,并学会评判自己和他人的动作,尝试创新练习方法、动作组合等提高审美能力和创造力。

(1)优美的技术动作

体育项目的技术动作是体育教学中最直接的表现形式之一。在体育课上,教师优美准确的动作示范,带领学生一起练习动作,都能让学生感受到运动的美感和力量。例如,武术、体操、健美操、跆拳道等,这些运动项目的动作不仅具有很强的视觉冲击力,还能够培养学生的节奏感、力量感、身体协调性和柔韧性,不仅能让学生认识美、体验美,还能让学生学会欣赏美,进而创造美。

(2)精美的场地和设施

装修精美的运动场地和设施也是体育课中富有美感的教学内容之一。在体育课上,教师可以选择一些具有艺术性和美观性的运动场地和设施。例如,在音响设备齐全、四面都有镜子和干净木地板的舞蹈室上健美操课,在铺着厚厚的海绵垫和地毯的充满安全感的体操房上体操课,在室内光线充足、设备先进的室内篮球馆上篮球课等,都能让学生在练习中心情舒畅、愉悦舒适,更能积极投入,展现出运动美的真谛。

(3)有艺术美感的课堂

音乐及教具是体育课中不可或缺的一部分。在体育课上,教师可以选择一些富有节奏感的音乐来配合运动动作的练习。例如,在进行耐久跑教学时,可以选择不同速度的音乐让学生练习,让学生感受到音乐的韵律美和节奏感,在不知不觉中完成较为枯燥的跑;也可以选择适合的教具来辅助教学,例如,用绳梯、不同颜色的标志地垫来训练学生的步频、反应力、灵敏性等,这种音乐与运动的结合、教具与技术的精巧搭配,都可以让学生更好地感受到运动的美感和力量。

总之,体育教师要善于甄选出能够融合美育教育的内容再进行重构,为创美体育课堂教学提供保障。

(三)设计教学方法

关于教学方法,《教育大辞典 第1卷》给出的定义有两个:一是某种教学理论、原则和方法及其实践的统称,可运用于一切学科和年级。二是师生为完成一定教学任务在共同活动中所采用的教学方式、途径和手段。[1]王道俊等提出,教学方法是为完成教学任务而采用的方法,包括教师教的方法和学生学的方法,是教师引导学生探讨与掌握知识技能、获得身心发展而共同活动的方法,有着目的性和双边性的特性。[2]因此,教学方法也是实现教学目标的重要手段,在创美体育课堂教学中,为了实现创美体育课堂的美育目标,其选择的教学方法应该是具有创新性、多元化和互动性的。

1.创新性教学方法

创新性教学方法能够培养学生的创新思维和实践能力,教师可以通过创新性教学方法来增加体育课的趣味性。例如,采用情境模拟、角色扮演等方式来教授运动技能,让学生更好地理解和掌握。同时,教师还可以运用多媒体技术、网络教学资源等现代化的教学手段,为学生提供更加生动、形象的运动美的体验。

(1)体验式教学法

体验式教学法是指通过亲身参与、亲身体验来感受和掌握知识、技能的方法。它强调学生在教育过程中通过实际体验、探索和反思来建构知识和技能。体验式教学法鼓励学生主动参与,并提供创造性和情感上的学习机会,以促进深层次的理解和学习动机的增强。体育是一种以身体练习为主要手段的育人方式,在体育课堂中,让学生在亲身参与运动的过程中感受运动的美和力量,就是体验式教学法。例如,学生在学习完篮球技术之后,教师可以组织学生进行篮球比赛,让学生在比赛中体验到团队合作的力量和篮球运动的激情。

(2)情境模拟教学法

关于情境教学,《教育大辞典 第1卷》给的定义是:"运用具体生动的场景以激起学生主动学习兴趣,提高学习效率的一种教学方法。"[3]著名儿童教育家、

---

[1] 教育大辞典编纂委员会.教育大辞典 第1卷[M].上海:上海教育出版社,1990:199.
[2] 王道俊,郭文安.教育学(第七版)[M].北京:人民教育出版社,2016:215.
[3] 教育大辞典编纂委员会.教育大辞典 第1卷[M].上海:上海教育出版社,1990:189.

情境教育创始人李吉林认为,情境教学就是教师为了激起儿童热烈的情绪,从"情"与"境"、"情"与"辞"、"情"与"理"、"情"与"全面发展"的辩证关系出发,创设典型的场景,把情感活动和认知活动结合起来创建的一种教学模式。[1]而对于情境教学模式,学者刘琼秀等是这样界定的,情境教学模式是以学生的认知水平为起点,借助于事物的想象,通过形象化的影响或富有故事化的情节,有情、有理地引导学生积极参与在入景动情的环境中,使学生产生兴趣,提高学生主动锻炼的积极性,充分体验到学习过程的成功乐趣,获得知识和技能,加深对所学技术的记忆,使身心得到和谐发展。[2]体育课的情境模拟教学法主要有以下几种:背景情境教学法、故事情境教学法、角色情境教学法和竞技情境教学法。[3]在创美体育课堂中,可以运用情境模拟教学法,让学生在模拟的各种运动情境中感受运动的美和力量。例如,教师可以模拟奥运会比赛场景,让学生扮演运动员、裁判员等角色,让他们在模拟比赛中感受到运动的美和荣誉;将障碍跑模拟为消防员的救火场景,并将心肺复苏等生命教育的场景融入其中,让学生在练习中发展体能、在实践中掌握急救知识和技能,体验生命之美;将耐久跑模拟为红军长征的情境,在催人奋进的爱国主义歌曲的伴奏下以及鼓舞人心的口号声中,在"飞夺泸定桥""爬雪山""过草地""四渡赤水"四个场景中分别设置不同的练习内容,不仅能让学生掌握耐久跑的知识与技能、发展体能,还能培养学生的爱国主义精神、坚韧顽强的良好意志品质和集体荣誉感,将运动美、健康美、精神美、情怀美巧妙地融入其中,突出故事情境教学法的美育功用。

(3)合作学习教学法

合作学习教学法是指通过小组合作、互动学习帮助学生理解和掌握知识、技能的方法。在体育课堂中,可以运用合作学习教学法,让学生在小组合作中感受到运动的美和力量。例如,教师可以组织学生进行团队项目的比赛,如接力赛、拔河比赛等,让学生在小组合作中体验到团队合作的力量和运动的激情,体验运动美、团队合作美。

---

[1] 李吉林,田本娜,张定璋.李吉林小学语文"情境教学—情境教育"[M].济南:山东教育出版社,2000:13-14.
[2] 刘琼秀,周金,张政敏.情境教学模式在体育教学中的应用研究[J].贵州体育科技,2007(3):76.
[3] 张年雷.基于情境教学的高中耐久跑教学方法研究[J].田径,2023(8):16-17.

2. 多元化教学方法

多元化教学方法能够满足不同学生的需求，激发学生的学习兴趣和主动性。在创美体育课堂中，采用多元化教学方法，既能让学生全面感受运动的魅力，又能引导学生发散思维，培养创造力。

（1）引入艺术美的元素

在创美体育课堂教学中，通过引入艺术美的元素，如音乐、舞蹈、动作要领绘画图片等，让学生在运动中感受到艺术的魅力。例如，在健美操的教学中，可以配上动听的音乐，让学生跟着音乐节奏进行练习，感受到音乐和舞蹈的美。

（2）融入科技手段美

现代科技手段的运用可以提升创美体育课堂教学的效果。可以利用多媒体设备播放音乐或视频展示运动技巧的分解、慢动作回放等，让学生更深入地了解运动的技术和美感；也可以在课上通过科技手段适时监测学生的心率，控制运动负荷，促进学生健康美；还可通过互联网，让学生更广泛地接触到各种运动项目和比赛，拓宽他们的视野，更好地了解运动的美。（图3-5、图3-6）

图3-5　科技手段美(1)

图3-6　科技手段美(2)

(3)创新运动项目

可以创新运动项目,将传统运动项目进行改编或组合,增加运动的趣味性和艺术性。例如,在篮球运动中融入橄榄球的规则,将两个运动项目进行组合,形成一种新的运动项目,让学生乐在其中,在运动中感受到不同运动项目带来的美。

(4)鼓励自主创新

鼓励学生自主创新,让他们在运动中发挥自己的想象力和创造力,创造出独特的运动方式、练习方法或动作组合,这种自主创新的过程可以培养学生的审美能力和创造力。

3.互动性教学方法

课堂教学中的师生、生生互动,对教学效果以及效率的影响非常明显,教师在具体教学活动中,应该注意落实互动促进工作,以课堂教学为契机,借助相应方法有效地调动学生的学习情绪,促使其能够充分融入课堂学习环境,对待学习的态度发生转变,能够由被动转为主动,逐步促使教学活动效果提升。[1]互动性的教学方法能够提高学生的参与度和兴趣,带来的是一个和谐友爱、气氛活跃的课堂,往往能够起到不一样的课堂效果。

(1)师生互动美

在体育课堂中,师生之间的互动是非常重要的。教师可以通过与学生互动,了解学生的需求和问题,并给予及时的反馈和指导。例如,在篮球教学中,针对学生"走步"的问题,教师与学生进行一对一的指导和交流,纠正学生的错误动作,不仅能让学生体验到成功的喜悦,也能让学生感受到教师的关爱,体现师生和谐互动美。

(2)生生互动美

生生互动也是体育课堂中实现美育教育的重要方式。学生可以通过小组合作、团队比赛等方式,相互协作、互相学习。例如,在小组进行"三人五足"(即三人中间的同学将其中一只腿挂在左右两边的同学互拉起来的手上,并将双臂搭在左右两边同学的肩上进行的合作跑)接力比赛中,教师组织学生进行讨论:

---

[1] 向书国.摘"互动"之花,结"有效"之果——新课改理念下的高中政治互动性教学研究[J].中国科技期刊数据库 科研,2023(5):138.

谁出"一足"？谁在两边？三人之间的接力怎么样才会快？有的小组的学生认为要身高差不多的搭配最省力,有的小组的学生认为中间的同学要体重小的,在各种讨论中,又通过实践出真知,场面热烈,学生也在比赛中感受到团队合作的力量和运动的乐趣,体验合作美、运动美。(图3-7)

图3-7 "三人五足"跑

（3）情感互动美

情感互动是创美体育课堂中实现美育目标的一种方式。教师可以通过关注学生的情感状态,给予其及时的鼓励和支持,让学生感受到教师的关爱和信任。例如,在耐久跑练习中,当有学生跑不下去时,教师可以陪跑,用语言、掌声鼓励学生克服困难、坚持下去,也可以让同学帮忙加油、鼓劲儿,让学生感受到教师和同学的支持与鼓励,咬牙坚持下去,跑完全程,得到赞许,体现情感美。

总之,体育课堂中实现美育教育教学的方法有很多,需要根据具体的教学内容和学生的实际情况来选择合适的方法,让学生在锻炼身体的同时提高审美能力和创造力。

（四）制订教学计划

关于教学计划,《教育大辞典 第1卷》给的定义为:一是学校和教师对教学工作的设想和安排。二是国家教育行政部门根据一定的教育目的和培养目标制定的各级各类学校教学和教育工作的指导性文件。[1]因此,可以认为教学计划是课程实现教学目标的具体的教学内容、步骤、组织和时间安排。而按照学

---

[1] 教育大辞典编纂委员会.教育大辞典 第1卷[M].上海:上海教育出版社,1990:282.

校体育教学计划的安排,教学计划又可以分为水平教学计划、学年教学计划、学期教学计划、单元教学计划和课时教学计划。在创美体育课堂教学中,制订的美育课程教学计划应该具有科学性、系统性和可操作性的特点。

1.科学性

在制订体育教学计划时,科学性是首要考虑的因素。科学性意味着教学计划应该基于对学生的全面了解,包括他们的身体状况、心理特点、兴趣爱好、技能水平等。只有充分了解学生的情况,才能制订出符合他们实际的教学计划。创美体育课堂教学中,科学性还要求教学计划要体现美育的理念。美育教育强调的是培养学生的审美能力、创造力和艺术素养,因此,在制订教学计划时,应该充分考虑如何将美育元素融入教学中,让学生在体育学习中感受美、欣赏美、创造美。科学性是确保教学计划有效性的关键,这要求我们在制订教学计划时,必须遵循教育规律和学生的身心发展规律,确保教学计划的有效性和针对性。只有科学地制订教学计划,才能更好地指导教学实践,提高教学质量和效果。

(1)符合学生身心发展规律

教学计划应基于学生的年龄、性别、身体状况、心理特点等因素制订,确保教学内容和强度适合学生的发展需求。在符合学生身心发展规律的体育教学计划中,美育教育是不可或缺的一部分,是促进学生全面发展的重要途径之一。例如,教师根据学生对健康的认知,通过讲解身体形态和健康的重要性,让学生了解身体的美感和健康的重要性,从而更好地关注自己的身体健康。因此,在教学计划中可以设计体现和应用各种运动之美的活动和环节,让学生在锻炼身体的同时培养审美能力和创造力,为学生的全面发展做贡献。

(2)遵循教育规律

《教育大辞典 第1卷》中指出,教育规律即教育发展过程中的本质联系和必然趋势。[①]体育教学计划也应遵循教育的基本规律,注重学生的全面发展,培养学生的体育兴趣、技能和习惯,提高其身体素质和健康水平。在创美体育课堂教学中遵循教育规律,激发运动本身之美,即通过优美的运动动作和流畅的节奏来展现运动的美感是创美体育教学的核心目标之一。例如,教师可以通过讲解运动技巧和要领,让学生了解运动的原理和技巧,从而更好掌握运动动

---

① 教育大辞典编纂委员会.教育大辞典 第1卷[M].上海:上海教育出版社,1990:17.

作,提高动作的准确性和美感等。

(3)科学安排教学内容

教学内容应具有科学性、系统性和连贯性,注重理论与实践相结合。同时,应结合学校实际和学生需求,能灵活调整教学内容和进度。在创美体育课堂教学中,要注重教学内容的美育价值,例如,在讲解动作节奏感时,单纯从理论上进行解释是远远不够的,还可以通过教授不同的节奏变化,让学生感受运动的节奏变化带来的美感。同时,教师还可以通过组织各种运动项目和活动,如武术的动作节奏,排球传球、篮球运球等的不同节奏来让学生体验不同的节奏变化,从而更好地掌握运动的节奏感。

2.系统性

系统性是制订体育教学计划的关键,它要求体育教师在制定计划时,形成一个完整的系统,实现知识与技能的全覆盖,以帮助学生掌握全面的体育知识和技能,提高其身体素质和健康水平。制订系统性的教学计划,应该全面考虑教学目标、教学内容、教学流程、教学策略和学生学习评价等方面。在创美体育课堂教学中,从美育的角度上来看,系统性要求教学计划能将美育元素贯穿始终;从教学目标上来看,应明确美育的目标,如培养学生的审美能力、创造力和艺术素养;从教学内容上来看,应选择具有审美价值的体育项目和活动;从教学流程上来看,应以"美"贯穿全课始终,主题结构具有连贯性和完整性;从教学策略上来看,应采用能激发学生学习兴趣和热情,能让学生识美、展美、赏美、创美的策略;从学生的学习评价上来看,应采用多元化的评价体系,多方面进行评价与反馈,提升学生的审美鉴赏能力。

(1)全面规划

创美体育的课堂教学计划应具有系统性,从总体目标到具体的美育目标,从单元计划到课时计划,都应全面考虑,确保计划的完整性和系统性。例如,在制订体育教学计划时,应充分挖掘体育教学中的美育元素,如运动动作的优美、团队协作的美妙等。将这些美育元素融入教学,可以帮助学生更好地感受体育的魅力,提高其审美能力和体育素养。

(2)层次分明

创美体育的课堂教学计划应具有清晰的层次结构,按照年级、单元等不同层次进行规划,确保创美体育课堂教学的美育练习内容得到层层分解和落实。

(3)相互衔接

不同年级、不同学期的教学计划应相互衔接,确保美育教学内容的连贯性和递进性,避免出现重复或脱节的现象。

3.可操作性

可操作性是制订体育教学计划的必要条件,它能够保证教学计划的实施和评价。可操作性意味着教学计划应明确具体,在美育教育的角度下,可操作性要求制订教学计划时要考虑学校的实际情况和学生的实际情况,确保教学计划的可行性和实用性,便于教师和学生实际执行和调整,提高教学效率和质量。例如,根据学校的场地设施、师资力量等实际情况来选择适合的体育项目和体能练习内容;根据学生的兴趣爱好、身体状况等实际情况来调整教学计划和美育内容。

(1)明确具体

围绕美育目标展开的教学计划应明确具体,包括教学目标、教学内容、教学流程、教学策略、教学评价等方面都应有明确的说明和要求,要方便教师和学生理解与执行。

(2)切实可行

创美体育的课堂教学计划应具有可行性,应根据学校的实际情况和学生的实际情况制订,确保教学计划的顺利实施。同时,应充分考虑教师的美育能力和学生的美育素养能力,避免计划过于理想化或难以实现。

(3)灵活调整

创美体育的课堂教学计划应具有一定的灵活性,应结合美育目标调整教学内容和方法。例如,可以通过增加具有审美价值的运动项目或活动,如舞蹈、健美操等,来提高学生的审美能力和创造力。同时,也可以通过采用一些具有创新性的教学方法和手段,如多媒体教学、合作学习等,来激发学生的学习兴趣和热情。

总之,将科学性、系统性、可操作性的体育教学计划与美育教育融合是提高教学质量和效果的重要途径。通过具体明确的策略实施,可以更好地促进学生的全面发展,培养其良好的体育素养和审美能力。

(五)实施教学评价

王道俊等认为,教学评价是对教学工作质量所做的测量、分析和评定。它以参与教学活动的教师、学生、教学目标、内容、方法、教学设备、场地和时间等因素的优化组合的过程和效果为评价对象,是对教学活动的整体功能的评价。[1]教学评价是检验教学目标是否实现的重要手段。在创美体育课堂教学中,教学评价应该具有全面性、客观性和激励性。同时,教学评价应该注重学生的个体差异和个性发展,注重培养学生的自我评价能力和自我反思能力。

1.全面性

全面性能够评价学生的知识与技能、情感态度和价值观等方面的内容,体育教学是促进学生全面发展的重要途径之一。在创美体育课堂教学中,坚持教学评价的全面性对提高教学质量、促进学生全面发展具有重要意义。美育教育是体育教学中的重要组成部分,通过评价学生的体能水平、运动技术、健康意识、团队协作、体育精神、身体形态、动作技巧、竞技能力、文明礼仪等,可以更好地体现美育在体育教学中的作用。

(1)体能水平

体能是以人体三大供能系统的能量代谢活动为基础,通过骨骼肌系统表现出来的基本运动能力,[2]是个体在运动过程中的各项身体素质和能力的展现。因此,体能水平是评价学生运动能力的重要指标。在创美体育课堂教学中,通过相关的评价表评价学生的力量、速度、耐力、灵敏和柔韧性等体能水平指标,可以了解学生的身体状况和运动能力,从而有针对性地制订教学计划和训练方案,体现良好的身体能力美。

(2)运动技术

运动技术是为了达到某种具体的体育目的而完成身体运动的合理有效的方法。[3]在创美体育课堂教学中,通过相关评价表评价学生的技术动作、战术运用、比赛表现等技能掌握情况,可以了解学生的运动技能水平,从而有针对性地指导他们进行训练和提高。同时,通过引导学生关注自己的运动技术的掌握情

---

[1] 王道俊,郭文安.教育学(第七版)[M].北京:人民教育出版社,2016:244.
[2] 田麦久.运动训练学(第二版)[M].北京:高等教育出版社,2017:78.
[3] 杨文轩,陈琦.体育概论(第二版)[M].北京:高等教育出版社,2013:113.

况,可以培养他们的运动兴趣和爱好,提高他们的运动技能水平,体现技术美。

(3)健康意识

健康意识是评价学生的健康观念和行为的有效指标。在创美体育课堂教学中,通过相关评价表评价学生的饮食、作息、锻炼等方面的健康行为,可以了解他们的健康观念和行为习惯,从而有针对性地引导他们建立良好的健康生活方式,并引导他们关注自己的健康状况,培养他们的健康意识和自我保健能力,体现健康美。

(4)团队协作

团队协作是评价学生团队合作和沟通能力的重要指标。在创美体育课堂教学中,通过相关评价表评价学生的团队配合、协作精神、沟通能力等方面的表现,可以了解他们的团队协作能力和团队合作精神状况,从而有针对性地指导他们提高团队协作能力,并引导学生评价自己在学练中的团队协作表现,培养团队合作精神和协作能力,体现合作美。

(5)体育精神

学生在体育运动中体现出来的体育精神能有效评价学生的体育道德和价值观。在创美体育课堂教学中,通过相关评价表评价学生的体育道德、公平竞争意识、尊重裁判等方面的表现,可以了解他们的体育精神状况,从而有针对性地引导他们树立正确的体育道德和价值观,并引导学生关注自己的体育精神表现,培养他们的体育道德和价值观,体现精神美。

(6)身体形态

身体形态通常指的是"身体的形状和特征",包括体形、身体姿态等。在创美体育课堂教学中,通过相关评价表评价学生的身体形态、肌肉线条、姿势优美等方面的表现,可以了解他们的身体形态和姿态状况,从而有针对性地指导他们塑造优美的身体形态和姿态,并引导他们关注自己的身体形态和姿态表现,培养他们的审美能力和创造力。

(7)动作技巧

动作技巧是评价学生运动动作和技巧的主要指标。在创美体育课堂教学中,通过相关评价表评价学生的运动动作规范、流畅、优美等方面的表现,可以了解他们的运动动作和技巧水平,从而有针对性地指导他们提高运动动作和技巧水平,并引导他们关注自己的运动动作和技巧表现,培养他们的审美能力和创造力。

(8)竞技能力

竞技能力是指运动员参加训练和比赛的本领,由体能、技术能力、战术能力、心理能力以及知识能力所构成。[①]因此,竞技能力是评价学生在比赛中表现出的竞技精神和竞技水平的主要指标。在创美体育课堂教学中,通过相关评价表评价学生在比赛中的竞技精神、体能水平、技战术运用、心理素质等方面的表现,可以了解他们的竞技水平和竞技精神状况,从而有针对性地指导他们提高竞技水平和培养竞技精神,并引导他们关注自己的竞技表现,培养他们的竞技精神、兴趣和爱好,体现竞技美。

(9)文明礼仪

文明礼仪是评价学生在体育运动中表现出的遵守规则、尊重对手、尊重裁判、文明学练等礼仪规范性的重要指标。在创美体育课堂教学中,通过相关评价表评价学生在运动中对文明礼仪的遵守情况以及他们在运动中是否有遵守规则、尊重对手等方面的表现,了解他们是否具备礼仪规范意识和尊重他人的品质,从而有针对性地引导他们遵守礼仪规范并养成尊重他人的行为习惯,体现礼仪美。

2.客观性

在创美体育课堂教学中,坚持教学评价的客观性对提高教学质量、促进学生全面发展,更好地体现美育教育的价值和作用具有重要意义。客观性主要表现在评价标准明确、评价方法科学、评价结果公正三个方面。

(1)评价标准明确

在创美体育课堂教学中,坚持教学评价的客观性首先要明确评价标准,评价标准要具有明确性和可操作性,能够客观地反映学生的实际情况和表现。通过明确的评价标准,引导学生了解自己的学习目标和努力方向,从而培养他们的学习主动性和积极性,体现上进美。

(2)评价方法科学

评价方法的科学性是保证教学评价客观性的关键因素之一。在创美体育课堂教学中,应该采用多种评价方法相结合的方式,如定量评价和定性评价相结合、形成性评价和终结性评价相结合等。定量评价和定性评价相结合可以更

[①] 田麦久.运动训练学(第二版)[M].北京:高等教育出版社,2017:77.

好地反映学生的综合表现和个性特征,形成性评价和终结性评价相结合可以更好地关注学生的学习过程和个人发展过程。此外,评价方法应具有可操作性和可信度,能够真实地反映学生的实际情况和表现,体现科学美。

(3)评价结果公正

评价结果的公正性是实现教学评价客观性的重要保障。在体育教学中,应建立完善的评价机制和监督机制,确保评价结果的公正性和合理性。评价结果应及时反馈给学生和教师,以便学生了解自己的学习情况和不足之处,同时也便于教师根据评价结果及时调整教学方法和策略。此外,对评价过程和结果中存在的不合理现象应及时纠正和解决,确保评价结果的公正性和可信度,体现公正美。

3.激励性

在创美体育课堂教学中,坚持激励性评价能够激发学生的积极性和创造力,对提高学生的学习动力、促进学生的全面发展具有重要意义,也能更好地体现美育教育的价值和作用。以下从激励性评价提升美、多样化评价展现美、正面评价激发美、反馈评价促进美等方面探讨体育教学中实施教学评价的激励性如何体现美育教育。

(1)激励性评价提升美

在体育教学中,激励性评价可以提升学生的学习动力,激发他们的学习兴趣和积极性。教师对学生进行积极的评价和鼓励,可以让他们感受到自己的努力得到了认可和肯定,从而增强他们的自信心和自尊心。同时,激励性评价也可以引导学生明确自己的学习目标和努力方向,激发他们的学习动力和求知欲。这种激励性的评价方式可以更好地体现美育教育的价值和作用,促使学生全面发展和提高综合素质。

(2)多样化评价展现美

在体育教学中,应采用多种评价相结合的方式展现美育的多样性和丰富性。除了传统的定量评价和终结性评价外,还可以采用定性评价、形成性评价等多样化的评价方式。通过多样化的评价方式,可以更加全面地了解学生的学习情况和表现,同时也能够更好地展现美育的多样性和丰富性。例如,可以采用观察法、访谈法、作品分析法等多样化的评价方法评价学生在运动技能、身体素质、健康意识等方面的表现。

（3）正面评价激发美

在体育教学中，应注重正确评价，以培养学生的审美意识。教师对学生进行积极的评价和鼓励，可以让他们感受到运动的美感和力量，从而培养他们的审美意识和创造力。同时，正面评价也可以引导学生关注自己的进步和成长，激发他们的学习热情和自信心。这种正面评价的方式可以更好地体现美育教育的价值和作用，促使学生全面发展和提高综合素质。

（4）反馈评价促进美

在体育教学中，反馈评价可以促进美的创造。教师及时反馈学生的学习情况和表现，可以让学生了解自己的不足之处和需要改进的地方，从而激发他们的创造力和求知欲。同时，反馈评价也可以引导学生关注自己的进步和成长，不断追求更高的目标和更好的表现。这种反馈评价的方式可以更好地体现美育教育的价值和作用，促使学生全面发展和提高综合素质。

二、创美体育课堂教学模式构建的原则

《教育大辞典 第1卷》对教学原则的定义是："指导教学工作的基本准则。在总结教学实践经验基础上根据一定的教育目的和对教学过程规律的认识而制定""教学原则贯穿于各项教学工作之中。它的正确和灵活运用，是提高教学质量和教学效率的重要保证"。[1]王道俊等人认为，教学原则是有效进行教学必须遵循的基本要求。它既指导教师的教，也指导学生的学，应贯彻于教学过程的各个方面和始终。[2]公认的基本的教学原则有启发性原则、理论与实践相结合原则、科学性与思想性统一原则、直观性原则、循序渐进原则、因材施教原则等。张萍等人认为，体育教学原则是实施体育教学最基本的要求，是保证体育教学过程不脱离体育教学目标的最基本因素。在进行教学内容和教学方法的选择时，体育教学方法也受到体育教学原则的约束。因此，体育教学原则也是保证体育教学方法和教学内容科学性和实用性的基础。[3]关于体育教学原则，

---

[1] 教育大辞典编纂委员会.教育大辞典 第1卷[M].上海：上海教育出版社，1990：194-195.
[2] 王道俊，郭文安.教育学（第七版）[M].北京：人民教育出版社，2016：196.
[3] 张萍，朱洋志，张磊.学校体育教学理论与实践训练研究[M].延吉：延边大学出版社，2023：34.

毛振明教授主编的《体育教学论》中也提到体育教学原则是教学要求的明确化和具体化,是体育教学工作最核心的要求。他提出了体育教学中常用的基本体育教学原则有:合理安排运动量原则、因材施教原则、促进运动技能不断提高原则、注重体验运动乐趣原则、安全教育原则等。尽管这些体育教学原则是毛振明教授在2005年提出的,但对今天的体育教学仍然具有借鉴意义。之后又有许多研究者通过对体育教学原则的重构和优化,推出了诸如教育整体性原则、适宜负荷与间歇相统一原则、实效性与发展性相结合的原则等。随着教育教学改革的深入,时代的发展呼唤构建全新的现代化体育教学原则体系,注重学生整体素质的全面发展,尤其是《2022年版体育课程标准》的推出,给体育教学原则提供了新的思路。从创美体育课堂教学模式的构建思路上看,创美体育课堂作为以美育教育为目的而构建的新型体育教学模式,对其所应遵循的主要的教学原则和体育教学原则的梳理与归纳,具体如下。

(一)启发性原则

关于启发性原则,《教育大辞典 第1卷》的定义是:"指教学中充分调动学生学习的自觉性、积极性,引导他们通过独立思考,获得知识,发展能力。"[1]王道俊等人则提出,启发性原则是指在教学中教师要激发学生的学习主体性,引导他们经过积极思考与探究自觉地掌握科学知识,学会分析问题和解决问题,树立求真意识和人文情怀。[2]创美体育课堂教学模式是以创造美学为核心的教学模式,认识美、展现美、欣赏美、创造美的教学理念中最终所要达成的就是学生能够主动地去创造美,而启发性教学原则可以帮助学生建立对运动美的感知和理解,促进学生进行主动学习,在真实的学练中,引导学生体验美、展现美和创造美,并培养他们的审美能力和创造力。

1.激发学生创造美

在创美体育教学中,教师运用启发性原则创设问题情境和提供开放性的任务,引导学生自主探索和创新,主动欣赏和创造美。例如,引导学生对运动技巧、比赛规则等进行深入思考和分析,并鼓励学生发挥想象力和创造力,尝试不

---

[1] 教育大辞典编纂委员会.教育大辞典 第1卷[M].上海:上海教育出版社,1990:195.
[2] 王道俊,郭文安.教育学(第七版)[M].北京:人民教育出版社,2016:196.

同的动作组合、技巧和表现形式,培养他们的创新思维和创造美的能力。

2.培养审美情感

体育教师可以通过示范优美的动作、展示协调的身体语言等方式,引导学生感受和欣赏身体运动的美;鼓励学生对动作的技巧、姿态和表现力进行鉴赏和评价,培养他们的审美情感和审美意识。

3.激发潜能美

体育教师可以根据学生的兴趣和特点,设计生动有趣的体育活动和项目,激发学生的兴趣和积极性;关注学生的个性发展,提供个性化的指导和支持,充分挖掘和发挥学生的潜能。

4.提高解决问题能力美

通过启发式的问题和挑战,让学生学会分析体育运动中的问题,提出解决方案并付诸实践。在体育活动中培养学生解决问题的能力以及应对困难和挫折的意志品质,体现能力美。

(二)整体性原则

要实现教育整体性教学原则的基本要求,需要将传授知识与发展智能及培养非智力因素相统一。[①]也就是说,我们在抓知识、技术、技能教学的同时,也要注重非智力因素的培养。而在创美体育教学中,学生审美能力的培养和美学素养的提升,很大程度上体现的是非智力因素。

1.整合美的教学内容

在体育技能的教学中融入美学知识,使学生在学习体育技能的同时,也能够了解和欣赏相关的美学知识。例如,在教授体操、武术、健美操等技能时,可以融入对动作美、姿态美的讲解和欣赏。

---

① 胡沛永.体育教学原则体系的重构与优化[J].教学与管理,2010(8):102.

2.创设审美情境

在教学中创设审美情境,让学生身临其境地感受美的存在。例如,教师可以通过布置标准规范的练习场地、设计富有美感的道具和服装等,让学生在体育活动中感受到美的氛围。

3.激发审美情感

在创美体育教学中,引导学生感受和体验美的情感,培养他们的审美意识和能力。例如,在教授太极拳等传统体育项目时,可以引导学生感受动作的流畅与和谐,体验内在的平静与美感。

4.多样化教学手段美

一般认为,手段是为达到某种目的而采取的具体方法。可以将教学手段概括为:为了达到教学目的而借助的载体、媒介及其各种活动形式和方法等。因此,多样化的教学手段和方法的运用,不仅可以使学生在体育活动中获得技能的提升,还能拓宽视野、增长知识。例如,可以采用媒体展示、实践操作、小组探究等形式,使学生在体育活动中得到全面发展,体现多样化的教学手段美。

5.强调实践体验美

整体性原则强调的学习不应该仅停留在理论层面,更应该注重实践体验。通过组织各种体育活动和比赛,让学生在实践体验中感受运动美的存在和价值。同时,教师还应鼓励学生积极参与各种体育社团和兴趣小组,让他们在实践中不断探索和创新。

(三)直观性原则

体育是一门以身体练习为主要手段的学科,动作示范在体育教学中的运用最为广泛,教师的动作示范能给予学生最直观、最具体的运动姿态和形态展现。随着数字技术的发展和多媒体技术的应用,直观性教学显示了它更加先进的作用。

1.动作示范美

在体育教学中,教师的动作示范是最直观的教学方式之一。教师标准规范、准确优美的动作示范及动作细节的展示,可以让学生观察到动作的每个步骤和细节,直接感受到运动的美感,培养他们的审美意识和能力。同时,教师引导学生观察、分析和模仿教师的示范动作,可以让学生更好地理解动作的要领和技巧,让他们在实践中更加深入地感受和理解运动的美感。(图3-8、图3-9)

图3-8　体育教师动作示范美(1)　　图3-9　体育教师动作示范美(2)

2.多媒体应用美

随着科技的发展,多媒体在教学中的应用越来越广泛。在体育教学中,教师可以利用视频、图片等资源,来辅助示范和讲解,通过向学生展示优美的动作、战术和比赛场面等,让学生更加直观地感受运动的美感。这种教学方式可以更加生动、形象地展现运动的美,加深学生对动作的理解和感受,激发学生的学习兴趣和积极性。(图3-10)

图3-10　多媒体应用美

3.实地教学美

实地教学是体育教学中常见的教学方式之一。通过实地教学,可以让学生身临其境地感受运动的美感。例如,在研学期间的户外运动课程中,教师可以带领学生走进大自然,感受山川、河流的自然之美;在体育场馆中,可以让学生观看高水平比赛或表演,感受竞技之美和艺术之美。图3-11、图3-12为教师组织学生前往美观庄重、大气磅礴的厦门白鹭体育场,亲临世界男联钻石联赛(厦门站)的比赛现场观看我国选手的精彩比赛,真实体验竞技之美。

图3-11　美观大气的厦门白鹭体育场(1)　图3-12　美观大气的厦门白鹭体育场(2)

4.语言描述美

除了示范和多媒体应用外,教师的语言描述或者是让学生复述技术动作要领、动作名称等也是体现直观性原则的重要方式之一。通过生动、形象的语言描述,让学生在脑海中形成技术动作的画面,可以让他们更加深入地理解动作的细节和技巧,同时也能激发他们的想象力和创造力,从而更好地感受和理解运动的美感。

(四)循序渐进原则

循序渐进原则,是指教学要按照学科的逻辑系统和学生认识的顺序逐步进行,使学生系统地掌握基础知识、基本技能,形成严密的逻辑思维能力。[①]只有遵循了循序渐进原则,才能使学生有效地掌握有用的知识和技能,发展逻辑思维能力。

1.教学内容安排美

循序渐进原则要求教学内容的安排要由易到难、由简到繁,逐步增加难度和挑战性,避免过于简单或过于复杂的内容。在创美体育教学中,教学内容的

---

① 王道俊,郭文安.教育学(第七版)[M].北京:人民教育出版社,2016:205.

选择应根据学生的年龄和身心发展特点,逐步提高动作的难度和技巧性,让学生在掌握基本技能的同时,逐渐感受到运动的美感,逐步提高技能技巧和审美水平。例如,在啦啦操教学中,可以从基本的步伐和手位开始,逐渐增加难度和复杂性,让学生逐步提高自己的动作技艺和艺术美的修养。

2.教学过程引导美

教师需要在教学过程中注意引导学生逐步深入地理解和掌握知识。在创美体育教学中,体育教师可以采用启发式的教学方法,引导学生自主探索和思考,让他们在实践中感受和理解运动的美感。例如,在体操鱼跃前滚翻的教学中,教师可以先让学生尝试从最简单的前滚翻动作过渡到远撑前滚翻的动作,然后引导他们思考如何才能做出"鱼跃"的动作形态,提高动作的技巧性和美感,激发他们的创造力和想象力。

3.学生能力提升美

循序渐进原则要求的是教学要符合学生的认知规律和能力水平,逐步提高学生的能力。在创美体育教学中,体育教师可以根据学生的实际情况和能力水平,制订个性化的教学计划和方案,帮助他们逐步增强自己的审美意识和能力。例如,对于身体素质较弱的学生,教师可以注重培养他们的自信心和意志品质;对于身体素质好、有一定技能基础的学生,教师可以提供更高层次的技能训练和挑战,帮助他们进一步提升自己的运动技艺和审美能力。

4.教学评价促进美

循序渐进原则要求教学评价要客观、科学、全面,能够促进学生能力的提升。在创美体育教学中,体育教师可以通过多样化的评价方式,如观察、口头表达、技能展示、纸笔测试等,全面了解学生的审美意识和能力水平,并对他们进行有针对性的指导和建议。通过评价,学生可以更加清晰地认识自己的不足和进步,从而进一步增强自己的审美意识和能力。

(五)注重体验运动乐趣原则

注重体验运动乐趣原则是由毛振明教授提出来的,他主张让学生在掌握运动技能和进行身体锻炼的同时,体验运动的乐趣,以使学生喜爱运动并养成参加运动的习惯。[1]也就是在体育教学中,教师除了要注重对学生运动技能的传授和身体的锻炼外,还要注重学生在运动中的主观体验,要让学生在运动中获得乐趣,提高运动的积极性。创美体育教学模式遵循这个原则,让学生在运动中体验各种运动项目所带来的不同的美,感受运动的独特魅力,激发学习热情,培养审美意识。

1.创造愉悦氛围美

为了让学生更好地体验运动的乐趣,在创美体育课堂中,教师要给学生营造一个愉悦、轻松的学习氛围。在这样的氛围中,学生可以更加自由地发挥自己的想象力和创造力,感受运动的美感。例如,在篮球教学中,教师可以在课堂上组织"耍猫"游戏,这类集运球、传球、防守技术于一体的游戏,既能让学生在游戏中感受到运动的快乐和美感,还能让他们在游戏中掌握篮球技术。

2.引导积极参与美

体验运动乐趣的关键是要积极参与其中。在创美体育教学中,教师要引导学生积极参与各种体育活动和比赛,让他们可以更加深入地了解不同运动项目的特点和技巧,同时也能更加深入地感受到运动的美感,在运动中接受美的熏陶。例如,在富有节奏感的音乐中体验健美操项目带来的律动美、舒展美,让学生在锻炼的同时感受到操舞项目的美。

3.培养学生自信美

让学生能够体验到运动乐趣的一个关键因素是自信心。在创美体育教学中,教师要注重培养学生的自信心,让他们相信自己能够完成各种体育动作和挑战。通过培养自信心,学生可以更加自信地展现自己的运动技艺和美感,同时也能更加自信地面对生活中的挑战和困难。例如,学生在练习"体操单杠项目——一足蹬地翻身上"时,从最初的恐惧不敢做,到能够在老师和同学的保护与帮助下完成,再到自己能够独立完成,这是一个不断挑战自我、提高自信心的过程,这个过程既有美的体验,也有自信美的体现。

---

[1] 毛振明.体育教学论[M].北京:高等教育出版社,2005:92.

4.激发学生创造美

激发学生的创造力是体验运动乐趣的重要方式之一。在创美体育教学中,在教师的启发和引导下,学生可以尝试自主探索和创造新的动作和技巧。通过激发学生的创造力,他们可以更加深入地感受到运动的美,同时也能增强他们的审美意识和能力。例如,在进行健美操表演时,学生可以为自己设计一个很飒的出场动作和结束动作,为自己的精彩亮相加分。

5.教学方法运用美

创美体育课堂教学,不仅能锻炼学生的体魄,而且能让学生懂得什么是美的动作、美的姿态、美的仪表、美的心灵、美的表现,并提高学生对美的感受、鉴赏、表达和创造能力。例如,教师可以向学生传授与运动美相关的知识,引导他们在运动中提高审美能力、享受运动乐趣。

6.评价奖励机制美

创美体育课堂,注重评价学生的运动体验和乐趣,既注重评价他们对运动技能的掌握程度,还注重对他们学练过程的态度和进步幅度等的评价。例如,可以设立奖励机制,鼓励学生积极参与运动,只要有进步就能得到老师的奖励和表扬,从而提高学生的运动兴趣,让他们能大胆地展现出运动的美,体现出评价奖励的机制美。

7.多样教学评价美

为了更好地体现美育教育,体育教师需要采用多样化的教学评价方式。除了传统的技能评价外,教师还应注重对学生的参与度、自信心、创造力等方面的评价。通过多样化的评价方式,教师可以更加全面地了解学生的运动情况和审美意识,并给予他们更加有针对性的指导和建议。

(六)因材施教原则

因材施教原则是指教师要从学生的实际情况与个性特点出发,有的放矢地进行有区别的教学,使每个学生都能扬长避短、长善救失,获得最佳发展。[1]早

---

[1] 王道俊,郭文安.教育学(第七版)[M].北京:人民教育出版社,2016:212.

在两千多年前,儒家学派创始人孔子就认识到要针对学生的不同特点,发展他们各自的专长,南宋著名理学家朱熹将其概括为"孔子施教,各因其才",这应该是最早的因材施教理论的由来。《2022年版体育课程标准》在基本理念中也提到了要关注学生个体差异,针对不同身体条件、运动基础和兴趣爱好的学生因材施教。[①]创美体育教学模式遵循因材施教原则,让不同层次的学生都能体验到运动的美。

1.关注个体差异美

每个学生都有自己的特点和优势,教师需要了解每个学生的个性特点、兴趣爱好和运动技能水平,根据学生的不同需求和特点,制订个性化的教学计划和方案。例如,采用分层教学,对不同层次的学生提出所要达成的目标,让每个学生都能在运动中找到适合自己的位置,最大限度地发挥他们的潜力,让每一层次的学生都能体验到成功的乐趣,使学生乐于参与、热爱运动,真正体验到运动美带来的良好心理体验,增强自信心,体现心态美。

2.优化教学策略美

为了更好地体现因材施教,还需优化教学策略。例如,教师可以创设多样化的体育活动情境,让不同类型的学生接受不同的学习训练,促使学生更好地掌握体育技能;根据体育项目的特点和学生的身体素质、运动能力、心理与生理素质等,制定学生发展的分层次教学目标,激发不同学生的学习兴趣,让学生通过自己的努力掌握相应的体育运动知识,训练体育运动技能,从而使学生现有的体育技能水平更上一个台阶,体现优化教学策略美。

综上所述,应遵循各种教学原则,设计美的教学内容和方法,使教学更加科学、规范、有序,为创美体育教学实践提供指导,增强教学效果,提高学生的学习效果和技能水平,促进体育教学理论和实践的发展与完善。

---

① 中华人民共和国教育部.义务教育体育与健康课程标准(2022年版)[S].北京:北京师范大学出版社,2022:4.

第二节 构建创美体育课堂教学模式

创美体育课堂教学模式是一种新型教学模式,认识美、展现美、欣赏美、创造美,分别对应审美发现能力、审美展示能力、审美鉴赏能力、审美创造能力,还包括美育元素的引入、学生参与的互动环节、反思和创造性实践等组成部分,这些元素共同构成了一个有机的创美体育课堂教学模式。

一、创美体育课堂教学模式结构设计

从认识美、展现美、欣赏美、创造美四个方面对创美体育课堂教学模式的结构进行全面设计。

(一)媒体辅助,强化直观,引导审美发现——认识美

在创美体育课堂教学中,教师从引导学生认识美入手,通过讲解示范、多媒体导入、启发思维等主要的教学策略与方法展开教学。例如,通过教师的亲身示范或者优秀学生的示范,或是利用多媒体演示图片、视频、动画等,展现标准的体育动作、技巧和战术,让学生更加直观地理解学习内容、了解动作技巧和要领,同时也能增强学生的学习热情和参与度。让学生知道体育不仅是一种技能的学习,更是一种美的追求,引导学生发现体育中的美。例如,让学生观察运动员的流畅动作、团队的默契配合等,从审美的视角去感受和学习体育,提高学生的兴趣和投入度。教师还可以通过启发思维、问题导入、组织研讨、小组探究等方式,让学生认识到体育中的美不仅体现在动作技巧上,还体现在运动员的精神风貌、团队协作、公平竞赛等方面,培养学生的综合素质和社会责任感。

(二)实践掌握,优化策略,促进审美展示——展现美

在创美体育课堂教学中,教师要设计各种实践活动,优化教学策略,让学生在不断地实践中完善对体育技能的掌握。例如,指导纠错、分层教学和循环练

习等,帮助学生更好地掌握技能。在掌握了体育技能之后,教师可以引导学生将所学技能以美的形式通过小组合作或个人演练展示出来。例如,在健美操教学中,教师可以引导学生通过优美的动作和配合来展示健美操的律动美;在篮球教学中,教师可以引导学生通过流畅的动作和默契的配合来展示篮球运动的美,让学生在实践中学习和掌握体育技能。这样的展示活动,让学生有机会将自己的成果展示给更多的人,不仅可以增强学生的自信心,还可以激发学生的学习热情和积极性。

(三)多元评价,检测能力,提高审美鉴赏——欣赏美

欣赏美是审美教育的核心环节。通过观看高水平体育比赛、参与体育表演等活动,学生可以感受到体育的魅力,提高对美的敏感度和鉴赏力,并进行深入分析和讨论,提升审美鉴赏能力。教师可以通过多元评价的方式引导学生欣赏体育的美,评价的方式包括但不局限于技能测试、体能评估、战术理解、理论考试、小组合作评价、自我评价等。还可以让学生尝试去分析这些美是如何产生的,如何与他们的日常生活经验相结合,如何提升他们的生活品质等。评价的目的是更好地指导教学,帮助学生了解自己的优势和不足,这样可以更有效地完成体育教学的目标,提高学生的综合素质和审美鉴赏能力。

(四)尊重个性,鼓励创新,实现审美创造——创造美

审美创造能力是创美体育教学模式中的最高层次,要创造美,就要学会创新,学会学以致用。通过学练,学生已经掌握了基本的技能和知识,懂得欣赏体育的美,能将所学的体育知识融入自己的运动,这时候就可以鼓励他们深入挖掘体育的内涵,激发他们的创造力,创造出属于自己的美。例如,教师可以通过组织创意活动、引导创作等方式,鼓励学生进行创意舞蹈、自编操、组合技术、体能训练方法等创作活动,激发学生的创造力,让学生将自己的想法和创意融入体育运动作品,创造出独特的体育美,并给予学生充分的肯定和支持,让他们在创造美的过程中获得成就感和自信心。

基于以上思路,设计出创美体育课堂教学模式结构图,如图3-13所示。

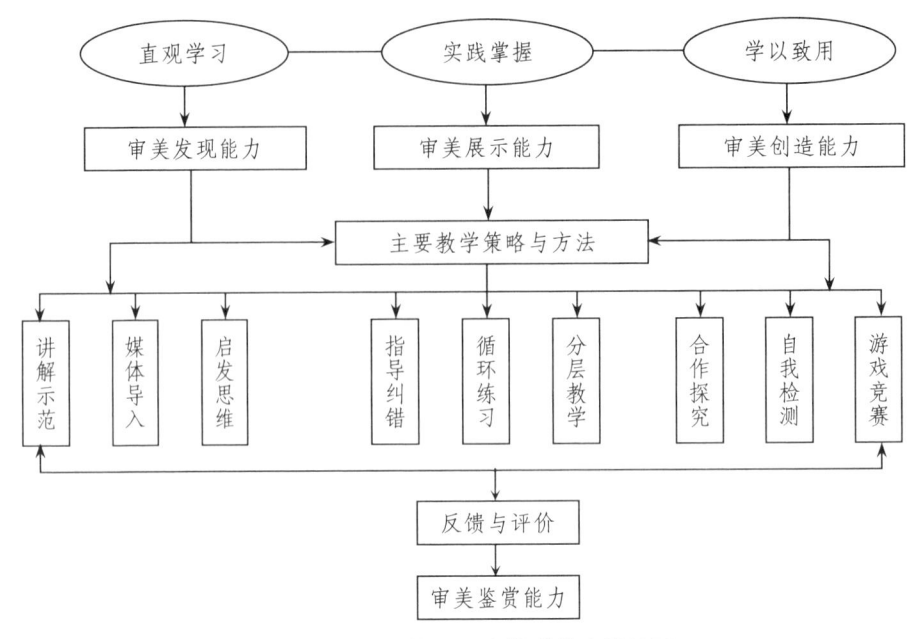

```
    直观学习          实践掌握          学以致用
       │                │                │
   审美发现能力      审美展示能力      审美创造能力
       │                │                │
       └────────→ 主要教学策略与方法 ←────────┘
                         │
   ┌───┬───┬───┬───┬───┬───┬───┬───┬───┐
  讲  媒  启  指  循  分  合  自  游
  解  体  发  导  环  层  作  我  戏
  示  导  思  纠  练  教  探  检  竞
  范  入  维  错  习  学  究  测  赛
                         │
                     反馈与评价
                         │
                     审美鉴赏能力
```

图3-13 创美体育课堂教学模式结构图

创美体育课堂教学模式结构图清晰地呈现了创美体育教学的整体框架和流程及所要达成的审美目标，起到一个导向的作用，有助于教师更好地组织教学内容和活动，提高教学效率。创美体育课堂教学模式结构图中所列举的教学策略与方法仅是范例，需要教师根据不同运动项目的教学内容、所要达成的目标进行灵活调整。同时，教师也可以根据评价结果及时调整教学模式结构图，不断优化教学内容，改进和完善教学方法与策略，让创美教育在体育课堂教学中发挥出重要的作用。

二 构建创美体育课堂的多元教学模式

在创美体育课堂教学模式中，构建多元化、开放性的教学模式是实现认识美、展现美、欣赏美、创造美的教学目标的关键。多元教学模式包括多种教学方法和资源的综合应用，这些方法和资源的综合应用有助于满足不同学生的个性化需求，激发他们的学习兴趣，培养他们的审美发现能力、审美展示能力、审美鉴赏能力和审美创造能力，提供更丰富的教育体验，实现"以体促美、以美育心、全面育人"的目标。

（一）实现创美体育课堂多元教学模式的条件

随着教育教学改革的不断深入，多元化教学模式逐渐成为教育领域关注的焦点，为了实现创美体育多元化教学模式的有效构建，需要满足下列条件。

1.准备阶段

（1）教学设施准备

在准备阶段，首先要确保教学设施的完备。创美体育教学需要标准规范的练习场地，如标准的田径场、篮球场、足球场、室内体育馆、健身房、游泳池等，还要配备先进的多媒体设备，如室内智教屏、室外智教一体机、音响等，以提供更加生动形象的美的教学内容。（图3-14～图3-16）

图3-14　多功能实用的学校体育馆（1）

图3-15　多功能实用的学校体育馆（2）

图 3-16　智慧便携的室外智教一体机

（2）师资培训准备

创美体育教学模式需要教师具备专业的体育技能和美学知识。因此，在准备阶段，需要对教师进行培训，提高教师的专业素养和教学能力。教师需要掌握各种运动技能和美学知识，并能灵活运用不同的教学方法和手段，创造美的体育课堂，以满足学生的学习需求。

2.课堂教学实践阶段

（1）制定教学策略

创美体育教学模式可以采用多种教学策略，如情境创设、问题链导入、项目式学习、合作探究学习等。通过不同策略的组合运用，可以更好地激发学生的学习兴趣，提升学生的审美创造能力，提高课堂教学质量和学习效果。

（2）进行教学设计

教学设计是实施创美体育教学模式的关键环节。在进行教学设计时，要注重学生的个体差异和兴趣爱好，根据不同的教学内容和美育目标，选择合适的教学方法和手段。同时，还要注重培养学生的审美素养和运动能力，提高学生的综合素质。

（3）课堂实践研讨

在课堂实践中，教师根据精心准备的教学设计进行授课。在授课过程中，教师通过营造美好和谐的课堂氛围，引导学生积极参与运动美的体验。同时，还要注重观察学生的表现和反馈，及时调整教学策略和方法，以满足不同层次的学生对运动美的追求。

3.评价阶段

(1)评价内容的设计

评价阶段是实施创美体育教学模式的重要环节之一。在评价内容的设计上,要注重全面性和针对性。评价内容不仅要包括学生的身体素质和运动能力,还要包括学生的审美素养和创新思维等方面。同时,还要针对不同的教学内容和目标,设计不同的评价标准和方法。

(2)评价方法的选择

在评价方法上,可以采用多种评价方式相结合的方法。例如,可以采用技能考核、纸笔测试、教学比赛、观察等多种方式进行评价。通过多种评价方法的组合使用,可以更加全面地了解学生的学习情况和表现,提高评价的准确性和可靠性。

(3)评价主体的确定

体育教学的评价主体应该多元化,包括教师、学生、家长、学校等多个方面。通过多个主体的参与,可以更全面地了解学生的学习情况和进步情况,促进学生的全面发展。

4.反馈与改进阶段

评价结果要及时反馈给学生和教师,以便学生和教师了解学习情况和教学效果。同时,要根据评价结果及时调整教学策略和方法,以提高教学质量和学生的学习效果。要对实践创美体育教学模式的过程和结果进行总结和反思,通过总结,可以不断完善教学模式和提高教学质量;要反思存在的问题和不足之处,以便今后进一步改进和完善教学模式。

(二)创建多元化的创美体育课堂教学模式

创美体育课堂教学模式的多元化能更好地适应教育改革的需求,培养学生的综合素质和创新能力,为他们未来的发展打下坚实的基础,具体的多元化体现如下。

1.多元学习需求美

每个学生都是独一无二的个体,有不同的兴趣、才能和需求,教师在教学中要打破传统的单一教学模式,关注学生的个体差异和兴趣需求、发展需求、心理健康需求、社交需求等多元需求,促进学生的健康成长及良性发展。例如,学生可能会在体育活动或者竞赛中遇到挫折、失败和竞争压力等问题,作为体育教师要及时关注学生的心理变化,向学生提供必要的支持和引导,帮助学生树立正确的价值观和健康心态美。

案例3-1:一次失误的接力赛

在一次市级田径4×100米接力比赛中,小林同学所在的队伍因为接力棒传递失误而未能取得好成绩。小林感到非常沮丧,认为自己责任重大,影响了整个团队的成绩,一时间情绪低落,影响了后续的训练和学习。针对这种情况,首先,体育教师给予了小林情感上的支持,安慰他并让他知道每个人都可能犯错误,关键是如何从错误中学习和成长。其次,帮助他分析失败的原因,并找到改进的方法。同时,鼓励小林保持积极的心态,相信自己和团队有能力在下次比赛中取得好成绩。再次,对其进行有针对性的技术指导,使他能更好地控制接力棒、提高传递速度等,再通过反复练习和磨合,提高他和整个团队的配合能力。最后,强调团队合作的重要性,让小林明白每个队员都是团队的一部分,每个人都能为团队的成功做出贡献,通过团队合作和互相鼓励,帮助小林重建信心。

通过以上措施,不仅可以满足小林在接力比赛中的挫折处理需求,还可以促进他的健康成长和良性发展。同时,这种关注多元学习需求的教学方法也有助于帮助其他学生树立团结协作美和健康心态美的意识。

2. 多元教学内容美

教学内容是教学模式的重要组成部分。在创美体育课堂教学中,教师应根据学生的兴趣和能力,增加教学内容的趣味性和互动性,设计多样化的、美的教学内容。例如,教师除了向学生教授传统的体育技能和知识外,还可以引入新兴的体育项目,如飞盘、街舞;民族传统体育项目,如太极扇、八段锦等,让学生体验到更多运动项目的独特魅力,满足学生的多元化需求。

案例3-2:有趣的极限飞盘运动

极限飞盘,作为一种新兴且具有高度挑战性的体育项目,为体育课带来了多元教学内容美的新体验。它结合了速度、技巧、策略和团队合作,为学生提供了全新的运动挑战和学习机会。

在极限飞盘教学中,教师首先介绍这项运动的规则、基本技巧和战术,让学生认识极限飞盘的技战术美、规则美等。然后,教师进行实际操作和演示,让学生掌握正确的投掷和接盘技巧并在比赛中灵活运用。极限飞盘注重公平竞争和团队合作,教师组织学生进行小组对抗赛或团队合作练习,在比赛与练习中学习如何与队友合作与沟通、如何制定和执行战术,在实践中体验运动的乐趣和团队合作的重要性。这样的教学方式不仅能激发学生的学习兴趣,还能提高他们的身体协调性和反应能力。

此外,极限飞盘作为一种新兴的体育项目,具有很高的塑形性和创新性,可以根据学生的兴趣和需求,引入更高级的技巧和战术,或者组织校际极限飞盘比赛和展示活动,让学生有机会展示自己的才华和实力,以满足学生的多元化需求。这种教学方式充分体现了体育教学中的"多元美",让学生在挑战中不断成长和进步。

3.多元教学方法美

教学方法的多元化也是构建多元教学模式的重要方面。教师应根据学生的特点和教学内容采用多种教学方法,如问题链导向、情景模拟、小组合作、探究学习等。这些教学方法可以让学生对学习内容保持新鲜感和好奇心,不仅能够促进师生之间的交流和合作,激发学生的积极性和创造力,也能让每个学生都能在适合自己的教学方法中找到乐趣,提高他们的学习积极性和主动性。

案例3-3:以问题链为导向的篮球运球技术教学

在篮球运球教学中,教师可设计一系列问题链,引导学生思考和实践。问题如下:

(1)应该使用哪个部位触球?为什么在运球时要保持低重心?

(2)如何在运球时快速改变方向?

(3)运球时如何观察队友和对手的位置?

(4)在面对不同防守策略时,如何调整自己的运球方式?

(5)在哪种情况下选择使用左手或右手运球?

(6)在比赛中,如何将运球技术与传球、投篮等其他技术相结合?

学生根据问题链进行自主学习和实践,尝试找到答案。也可以进行小组合作,相互观摩和交流运球技巧,通过小组讨论和分享,从不同的角度理解运球技巧,进一步提高自己的运球水平。再通过教师适当的指导和建议,帮助学生解决问题。

这种以问题链为导向的教学方法在体育教学中具有独特的优势和价值。学生不仅能掌握正确的篮球运球技巧,还能培养自己的解决问题的能力和创新思维,在自主学习和实践中感受到篮球运动的乐趣,提高学习积极性和主动性。同时,通过小组合作和交流,学生之间的合作精神和团队协作能力得到提升,体现多元教学方法美的良好效果。

4.多元评价体系美

在多元教学模式中,评价体系也应当是多元化的,体现在评价目的、评价内容、评价方法、评价主体等方面。评价不是目的,而是手段。评价是为了教师更好地指导教学和学生更好地学习,提高教学质量和学习效果。

(1)评价目的多元

评价既要关注学生的知识技能掌握情况,也要注重学生的非技能方面的发展,如合作精神、沟通能力、意志品质等。

(2)评价内容多元

评价内容应包括学生的技能掌握程度、体能水平、参与态度、团队合作意识等,可根据学生的个体差异和个性化需求,制定个性化的评价内容,以满足不同学生的发展需求。

(3)评价方法多元

评价方法包括传统的笔试、技能考核、实践评价、口头表达、自我评价、同伴评价、教师评价等。同时,还要注重过程性评价和终结性评价相结合,全面了解学生的学习情况和发展状况;定性评价和定量评价相结合,能更准确地反映学生的学习成果。

(4)评价主体多元

评价主体可以包括教师、小组、学生、家长、学校等多个方面。家长也可以参与学生课后学练过程和成果的评价,学校可以对学生进行评价和管理。通过多个主体的参与,可以更全面地了解学生的学习情况和进步情况,促进学生的全面发展。

案例3-4:创设体操技巧侧手翻技术课堂教学的多元评价体系

以体操技巧侧手翻技术学习为例,体育课堂的多元评价体系可以通过以下几个方面来体现。

(1)评价目的多元

在学习侧手翻技术时,评价的目的不仅仅是检验学生是否掌握了该技术动作,更重要的是关注学生是否得到全面发展。例如,除了要对侧手翻动作的规范性进行评价外,还要观察学生在练习过程中是否展现出良好的合作精神、沟通能力、帮保能力和坚持不懈的意志品质。这样多元的评价目的,有助于教师更全面地了解学生的学习状况,从而有针对性地指导教学。

(2)评价内容多元

评价内容方面,不仅注重技能掌握程度,也关注学生在体能水平、参与态度和团队合作意识等方面的表现。侧手翻技术的掌握,评价的是学生动作的规范性、连贯性和稳定性,同时关注学生的体能是否得到了提升,是否能积极参与练习,以及在与同伴合作完成动作时是否能相互帮助、共同进步。这样的评价内容既全面又个性化,满足了不同学生的发展需求。

(3)评价方法多元

在评价方法上,采用了多种评价方式相结合的做法。首先,通过传统的技能考核来检验学生对侧手翻技术的掌握程度;其次,通过实践评价和口头表达来观察学生在实际运用中的表现以及他们的沟通能力和理解能力;再次,鼓励学生进行自我评价和同伴评价,让他们从不同的角度审视自己的学习效果;最后,根据观察记录对学生进行过程性评价,并结合终结性评价给出综合反馈。这样的评价方法既科学又灵活,有助于更准确地评估学生的学习成果。

(4)评价主体多元

在评价主体方面,教师作为专业指导者,对学生的技术动作和学习态度进行评价;学生之间可以进行互评,也可以相互学习、相互激励;家长通过观摩学生的练习和比赛,对孩子的进步和不足之处提出宝贵意见;学校则通过组织体操比赛、技能展示等活动,为学生提供展示自我交流学习的平台,并根据学生的表现给予相应的评价和奖励。这种多元的评价主体有助于形成家校共育、师生互促的良好氛围,共同推动学生的全面发展。

总之,体育课堂的多元评价体系美在学习体操技巧侧手翻技术的过程中得到了充分展现。通过评价目的、内容、方法和主体的多元化评价,不仅能全面、客观地评价学生的学习情况,还能激发学生的学习兴趣和动力,提高他们的自信心和学习效果。

5.多元实践教学美

多元实践教学是培养学生创造美的重要途径。在创美体育课堂教学中,教师应当加强多元实践教学,创设多样化的体验场景,让学生在实践中学习和掌握知识技能。例如,组织各种竞技比赛、户外拓展、趣味运动等活动,让学生在实践中身临其境地感受体育的魅力,体验运动的乐趣,发挥他们创造美的能力,引导学生在实践中思考,培养思维能力和解决问题的能力。

案例3-5:体验不一样的户外拓展运动

户外拓展运动是一种非常适合实施多元实践教学的体育活动。这类活动通常在自然环境或特定的训练场地中进行,以团队合作为核心,通过一系列的挑战项目来培养参与者的团队协作能力、创新思维、解决问题的能力以及应对挑战的勇气。

(1)实践教学目标多元

在一次户外拓展活动中,教师设定的教学目标不仅包括提高学生的体能和协作能力,还注重培养学生的创新思维和解决问题的能力。例如,在"过河"项目中,学生需要利用有限的资源(如绳子、木板等)设计并搭建一座简易的桥梁,以安全通过模拟的河流。这个项目不仅考验了学生的体能和团队合作能力,还激发了他们的创新思维和解决问题的能力。

(2)实践教学内容与方法的多元

在户外拓展活动中,除了传统的体能训练和团队合作项目外,还包括定向越野、攀岩、绳索挑战等多种活动。这些活动不仅能让学生亲身参与,还能通过游戏化的方式激发他们的学习热情。在教学方法上,采用了小组合作、角色扮演、情景模拟等多种形式,让学生在多样化的体验场景中学习和掌握知识与技能。

(3)实践教学评价的多元

在户外拓展活动中,教师采用了多种评价方式来全面评估学生的学习成果。除了观察学生在各个项目中的表现外,还采用了自我评价、同伴评价和教师评价相结合的方式。这些评价方式不仅关注了学生的体能和技能水平,还注重评价他们在团队合作、创新思维和解决问题能力等方面的表现。

(4)实践教学与环境的整合

户外拓展活动充分利用了自然环境和特定场地,让学生在真实的环境中学习和体验。例如,在山地越野项目中,学生需要在复杂的地形中规划路线、团队协作完成任务。这种与环境紧密结合的教学方式不仅增强了学生的实践能力，还让他们在实践中深刻感受到了人与自然的和谐美。

多元实践教学在体育课堂中具有重要价值，这种教学方式不仅有助于提高学生的体能和技能水平，还能培养他们的团队协作能力、创新思维和解决问题的能力。同时，通过多样化的体验场景和环境整合，学生在实践中亲身感受到了体育的魅力和乐趣，从而更加积极地参与体育活动，这种实践教学方式不仅符合现代教育理念，也是培养学生创造美的重要途径之一。

表3-1 创美体育课堂多元化教学模式例表

多元化教学模式	教学过程结构	多元化教学方法
技能掌握式、体能锻炼式、运用现代教学技术、结构化教学、合作式学习、学练赛一体化、大单元教学、项目化学习……	以学生的身心特点为出发点，在课程设计中结合项目的美学特征，采用多元教学模式，融入美育教学目标，教授美育内容；激发学生学习的兴趣、练习的积极性（认识美）；通过循序渐进地教学，增强对美的正确理解和感受，并能表现出来（展现美）；通过师评、自评、互评，学生能从美学的角度更加客观地评价自身和他人在练习过程中存在的问题和美的表现（欣赏美）；在学生拥有欣赏美的能力基础上，合作探究、鼓励创新，培养批判性思维，实现创造美的能力（创造美）	教法： 创设情境（情境美、竞赛美、角色美） 讲解法（语言美） 示范法（动作美、形体美、技术美） 问题链、启发式（智慧美、创造美） 分层教学，小组、个人展示（体验成功、展现美）…… 学法： 小组合作学习（合作美） 探究学习（创造美） 游戏与竞赛（遵守规则品德美、战术配合合作美、战术美）……

无论是何种教学模式，最终都是为提升课堂教学质量服务，以上多元教学模式还需要在日常的教学中加以提炼与实践。对创美体育课堂教学模式的结构设计以及对创美体育课堂多元化教学模式的构建，都是为了进一步适应教育改革的需求，充分发挥其优势和价值，为学生的全面发展提供更好的支持。

(三)多元化创美体育课堂教学模式的价值

1.提高教学质量

多元化的教学模式可以丰富教学内容和形式，增加教学资源和方法的多样性。探索和应用新颖的教学方法与技术,可以使学生的学习过程更加生动、有效、愉悦,从而提高教学效果。

2.激发学习兴趣

体育活动具有很强的参与性和趣味性,通过采用多样化的教学方法,可以激发学生的学习兴趣,提高他们对体育学科的喜爱,增强学生对体育运动的积极态度和参与热情。

3.促进自主创新

传统的体育教学往往以教师为中心,而多元化教学模式强调学生的主体地位和自主学习。这种模式使学生能在实践中主动探索和发现问题,积极参与学习过程,从而培养他们的创新思维和创造能力。

4.促进教学改革

体育教学改革需要具有创新精神和开放思维。采用多元教学模式能够有效推动体育教学的改革,使其更加注重学生的个性发展和实践能力的培养。

综上所述,多元化创美体育课堂教学模式在体育教育中具有不可替代的价值。它不仅提高了教学质量,丰富了学生的学习体验,还激发了学生的学习兴趣,促进了他们的自主创新能力和实践能力的培养。更重要的是,多元化教学模式推动了体育教学改革,为体育教育的未来发展注入了新的活力和动力。因此,应当充分认识到多元化创美体育课堂教学模式的价值,并在实际教学中加以应用和推广,为学生的全面发展和社会的发展做出更大的贡献。

第四章

创美体育课堂教学模式的变式发展

　　由于各运动项目的差异性,在体育教学中进行美育渗透的切入点及模式也将有所不同,本章将按照义务教育阶段水平四体育与健康课程的内容进行归类,尝试讲述体育课堂的美育教学,以探讨创美体育课堂教学模式的变式发展的可能性。本章共设四节,第一节为体能教学设计及案例举要,第二节为健康教育教学设计及案例举要,第三节为专项运动技能教学设计及案例举要,第四节为跨学科主题学习教学设计及案例举要。

第一节 体能教学设计及案例举要

体能包含身体成分、心肺耐力、肌肉力量、肌肉耐力、柔韧性、反应能力、位移速度、协调性、灵敏性、爆发力、平衡能力等,本节主要以上下肢核心肌群的区分及各肌肉群体的力量提升为重点,搭配灵敏性与协调性、心肺耐力的练习,进行体能项目的教学设计及案例举要。

一、体能项目的美育要素及目标

体能项目的每种体能练习内容都有其独特的特点、锻炼价值、练习方法及练习者所要达成的目标,并分别体现了不同的美,有耐力美、速度美、灵动美、柔韧美、平衡美、技巧美、精神美等。这些美不仅能让人感受到人类身体的潜力和无限可能性,还能激发人们追求卓越和超越自我的精神。下面按照发展上下肢核心肌群力量各体能要素的内容要求,挖掘其中的美育要素及可实现的美育目标。(表4-1)

表4-1 体能项目美育融合目标体现

体能要素	内容要求(参考《2022年版体育课程标准》内容)[1]	美育要素	美育目标
心肺耐力	理解并运用发展心肺耐力的基本原理和多种练习方法,如耐力跑、跳绳、游泳、长距离骑行、有氧健身操、校外定向运动、登山和长途行军等	一种超生理、超负荷的练习,在完成了几乎是超生理的负荷中,显示出一种感人的悲壮、豪迈之美	在各种耐力训练中磨炼意志,体现不怕困难、坚韧、刚强、不屈不挠的精神美

---

[1] 中华人民共和国教育部.义务教育体育与健康课程标准(2022年版)[S].北京:北京师范大学出版社,2022:18.

续表

体能要素	内容要求（参考《2022版体育课程标准》内容）	美育要素	美育目标
肌肉力量	理解并运用发展肌肉力量的基本原理和多种练习方法，如蛙跳、前抛实心球、哑铃负重深蹲、攀登、翻越、角力等	体现挺拔粗壮、比例匀称的骨骼，丰满凸显、刚劲有力的肌肉，身体各部分比例协调的体型美	通过各种力量训练发展肌肉力量，形成良好的形体美、肌肉线条美、力量美
灵敏性	理解并运用发展灵敏性的基本原理和多种练习方法，如跳越障碍、方格跳、十字象限跳、绳梯练习、"T"形跑、曲线运球、格斗和躲闪等	人体处于紧急情况时的应变能力，给人以惊奇、赞叹和意想不到的美。同时还表现在轻快、协调、灵活、机敏等方面	通过各种灵敏性的练习提高身体的反应能力、协调性和灵活性，使身体更加健康、匀称和优美，培养运动美感
爆发力	理解并运用发展爆发力的基本原理和多种练习方法，如快速俯卧撑、负重加速跑、前抛实心球和蛙跳等	人体内在的力量，在对抗、冲突、征服自然与自身的抗阻时形成的力量美	通过各种发展上下肢爆发力的练习增强肌肉力量和爆发力，使肌肉更加健壮有力，展现力量美并增强自信心，体现良好心态美

二、体能大单元的教学设计

体能大单元以《2022年版体育课程标准》为依据，践行"健康第一"指导思想和"以学生发展为本"基本理念，基于初中阶段学生身心发展特征，以上下肢核心肌群的区分及各肌肉群体的力量提升为重点，搭配灵敏性与协调性、心肺耐力的练习，充分利用教材内容特点，巧妙设计教学环节，引导学生在认识美、展现美、欣赏美、创造美的过程中，提高神经协调反应能力，提升动作完成质量和躯干稳定性，对其他专项的体能训练起到正向作用。从学生自身出发，引导学生根据自身情况设计个性化的运动计划，能做到"举一反三"关注学生的差异性,在实践过程中达成健康美、形体美、技术美、力量美、精神美等。与此同时,培养学生勇敢果断、顽强拼搏、互帮互助的意志品质和团队协作精神,养成积极思考、主动锻炼的习惯。教学对象为水平四的学生,这个阶段的男、女生正处于青春发育期和个性发展的关键时期,对美的理解逐渐深入,审美能力逐步提升,创美意识逐渐加强,具备一定的探究和协作能力。在小学阶段各个项目的学习中都有一般体能或专项体能的练习,他们对体能有一定的了解,因此,在本单元的教学中应强调各项体能的概念、原理、练习方法,通过任务驱动,引导学生积极思考、体验探究、获得发展,在健康美、形体美、力量美等各种体能之美的引领下,掌握各项体能的要点和锻炼方法,提升学生身体素质,并发展学生知识整合、迁移、应用的能力,为运动技能的发展奠定扎实基础。

(一)体能大单元的美育目标设计

根据体能项目的特点、学生的认知能力和技能水平,制定以下美育目标。

①运动能力:了解体能发展的基本知识、原理和概念,明确国家学生体质健康标准的测试与评价方法;能运用科学方法评价体能锻炼效果,改进体能锻炼计划,掌握有效控制体重和改善体型的方法,塑造形体美;发展心肺耐力、肌肉力量、柔韧性、协调性、灵敏性等体能之美。

②健康行为:在各种学、练、赛情境中,能在创美体育理念导向下,在认识美、展现美、欣赏美的过程中,了解各项体能的锻炼价值,掌握各种体能发展的基本原理与科学方法,能根据自身的情况调整适合的体能锻炼计划,形成健康的锻炼习惯,体现健康美。

③体育品德:培养学生乐学善思、挑战自我、勇敢顽强、坚持不懈的良好学习习惯,在学习与实践中培育和践行社会主义核心价值观,体现团结协作、诚信友善、遵守规则的良好社会行为,体现精神美、品德美。

(二)体能大单元教学内容的整体设计

按照《2022年版体育课程标准》对大单元教学的要求,对体能项目进行18课时的相对系统和完整的教学设计如下。(表4-2)

表4-2 "体能:发展灵敏与协调能力"大单元教学设计(18课时)

课次	学习主题	技能学习目标	基本部分			
^	^	^	学习活动	练习活动	比赛活动
1	1.认识体能美 2.体能前测:了解自己的身体	1.了解运动计划的设计原则与实施方法 2.知道健康体能的测试内容、方法与标准 3.发展认知、思考与合作能力,认识体能之美	1.学习健康体能的自测方法 2.学习运动计划的设计原则与实施方法	1.观看《国民体质监测:如果多给你5年时间》视频,并回答"体质美、健康美"等相关问题 2.小组活动:观看《健康体能自测》视频,进行自主检测,并记录数据 3.通过PPT学习设计运动计划的原则与方法 4.自主设计具有针对性的运动计划,并进行小组讨论与交流	1.相关体质监测知识问答竞赛 2.运动计划设计完整性竞赛
2	体验动作美:"校园寻宝"定向跑	1.掌握定向跑的练习方法,感受跑的动作美 2.能够在30分钟内完成4000—4500米定向跑 3.发展下肢力量与一般耐力	1.学习一般耐力定向跑的练习方法 2.学习体育与健康相关理论知识	1.了解一般耐力的锻炼价值、练习方法及体质之美 2.动态柔韧性练习 3.跑的专门练习 4.学练"校园寻宝"定向跑规则	"校园寻宝"定向跑比赛
3	感受精神美:循环练习+弹力带阻力跑	1.掌握循环练习的方法 2.能够在保证质量的基础上,完成规定组数、次数的训练 3.提升上下肢力量、核心力量、心肺耐力等身体素质,感受精神美	1.学习循环练习的方法 2.学习心肺耐力的练习方法	1.通过PPT了解心肺耐力的锻炼价值与练习方法 2.循环练习:跳台阶、波比跳、深蹲、深蹲跳、快速跳绳、交替侧弓步 3.弹力带阻力跑 4.静态拉伸练习	"阻力跑"对抗赛

续表

课次	学习主题	技能学习目标	基本部分		
			学习活动	练习活动	比赛活动
4	欣赏肌肉线条美：臀腿肌群知识与动作体验	1.掌握体能臀腿力量训练的正确动作 2.体验不同部位、不同器材的练习与使用方法，练习时发力部位准确，肌肉感受明显 3.发展臀腿肌肉群的肌耐力及爆发力	1.学习臀腿肌肉群知识 2.学习臀腿肌肉练习方法 3.学习臀腿肌肉牵拉方法	1.通过PPT认识臀腿肌肉，了解其运动功能 2.2人一组功能测试：过顶深蹲，拍照打分，了解自己的薄弱点，制订针对性练习计划 3.臀腿肌肉群与爆发力练习方法体验：激活练习、臀部肌肉群练习、腿部肌肉群练习 4.HIIT（高强度间歇训练）练习 5.针对不同臀腿部肌肉的静态牵拉	深蹲累计赛 大绳接力赛
5	感受力量美：臀腿力量练习	1.掌握体能臀腿力量训练的正确动作及方法 2.练习时发力部位准确，肌肉感受明显 3.发展臀腿力量，感受力量美	1.学习臀腿肌肉群动态热身方法 2.学习臀腿力量进阶练习方法	1.动态拉伸练习 2.徒手无负荷练习 3.臀腿力量进阶循环练习：弹力圈练习、波速球练习、杠铃负重练习、小栏架练习	抱团蹲跳比赛
6	体验创新美：姿态诊断与臀腿力量动作创编	1.掌握体能臀腿力量训练的正确动作及方法，以及下交叉综合征诊断与练习方法 2.可以根据不同部位和器材设计出有针对性的臀腿力量训练方法 3.发展臀腿力量	1.学习下交叉综合征诊断与练习、拉伸方法 2.学习爆发力与臀腿力量练习的创编方法	1.常见错误姿势纠正：下交叉综合征诊断与练习、拉伸方法 2.以小组为单位进行诊断，针对问题设计方法并练习 3.自选器材进行臀腿部肌肉的创编动作练习 4.2人一组功能测试：过顶深蹲，拍照打分与第一次做对比 5.针对自身情况制订臀腿力量锻炼计划	小栏架穿梭比赛

续表

课次	学习主题	技能学习目标	基本部分		
			学习活动	练习活动	比赛活动
7	感受运动美：灵敏、协调基础练习	1.掌握封闭式与半开放式灵敏、协调的基础练习方法 2.练习时移动步伐准确、有提前变向意识，能在20秒内完成"T"形变向检测 3.发展协调、灵敏能力及腿部肌肉力量	1.学习封闭式与半开放式灵敏、协调的基础练习方法 2.学习利用圆点、锥桶等器材进行灵敏、协调素质练习	1.封闭式灵敏、协调练习：圆点跳动练习、锥桶练习、"一"形练习、"L"形练习、"T"形练习 2.半开放式灵敏、协调练习：直线折返练习、锥桶练习、"一"形追逐、"L"形追逐、"T"形变向	"翻翻乐"比赛
8	感受运动美：灵敏、协调进阶练习	1.掌握灵敏、协调素质的进阶练习方法 2.合拍进行节奏跳动，重心转换迅速，给出随机信号能够做出快速反应 3.发展下肢肌肉力量	1.学习灵敏、协调素质的进阶练习方法 2.学习利用敏捷圈进行灵敏、协调的练习方法	1.思考哪些运动素质较为重要 2.灵敏步伐练习（十字跳、上下里外） 3.手球大作战 4.体能自选超市 5.静态牵拉	卡位赛（2人卡位赛、4人卡位赛）
9	感受展现美：灵敏、协调综合自测	1.掌握灵敏、协调动作的自测方法 2.能够结合自身情况设计运动计划，在实际练习中反应快、步法移动迅速，身体在方向变换中能够协调配合，全场达到36分以上 3.发展全身协调能力和灵敏、速度等素质	1.学习灵敏、协调动作的自测方法 2.学习根据自测情况制订灵敏、协调锻炼计划	1.封闭式灵敏、协调自测：30秒前后交叉摸脚 2.半开放式灵敏、协调自测： （1）闻声即动：三角灵敏、协调练习；锥桶排序跑游戏 （2）视物即动：反应抓沙包、旋转锥桶 3.开放式灵敏、协调自测：根据自测结果设计灵敏、协调锻炼计划	三角灵敏追逐赛

续表

课次	学习主题	技能学习目标	基本部分		
			学习活动	练习活动	比赛活动
10	欣赏肌肉线条美：核心肌肉群知识与动作体验	1.掌握体能核心力量训练的正确动作 2.体验不同部位、不同器材的练习与使用方法 3.发展核心力量	1.学习核心肌肉群相关知识 2.学习核心力量练习方法 3.学习核心肌肉群牵拉方法	1.通过PPT认识核心肌肉群，了解其运动功能 2.2人一组功能测试：（1）单腿蹲，拍照打分，了解自己的薄弱点；做针对性练习计划 （2）核心肌肉群练习方法体验：激活练习、腹部肌群练习、下背部肌群练习 3.HIIT（高强度间歇训练）练习 4.针对核心区不同肌肉群的静态牵拉	平板支撑穿越赛
11	感受力量美：核心力量练习	1.掌握体能核心力量训练的正确动作及方法 2.练习时发力部位准确，肌肉感受明显 3.发展核心力量以及灵敏、协调素质	1.学习核心肌肉群动态热身方法 2.学习核心力量进阶练习方法	1.动态拉伸练习 2.稳定状态下的无负荷练习 3.核心力量进阶循环练习：波速球练习、瑞士球练习、弹力带练习、药球练习	侧向爬行接力赛
12	体验创新美：姿势诊断与核心力量动作创编	1.掌握体能核心力量训练的正确动作及方法，以及跪卧撑的正确动作与练习方法，并可以根据不同部位和器材设计出有针对性的核心力量训练方法 2.练习时发力部位准确，肌肉感受明显 3.发展核心力量以及心肺功能	1.学习跪卧撑动作与纠正方法 2.学习核心力量练习的创编方法	1.常见错误姿势纠正：跪卧撑动作代偿诊断与练习、拉伸方法 2.以小组为单位诊断，针对问题设计方法并练习自选器材针对核心区不同肌肉群创编动作练习 3.2人一组功能测试：单腿蹲，拍照打分与第一次做对比 4.针对自身情况制订核心力量锻炼计划	双人"虫爬""螃蟹爬"竞速赛

续表

课次	学习主题	技能学习目标	基本部分		
			学习活动	练习活动	比赛活动
13	欣赏肌肉线条美：肩、胸、上背部肌肉群知识与动作体验	1.掌握体能肩、胸、上背部力量训练的正确动作 2.体验不同部位、不同器材的使用方法，练习时发力部位准确，肌肉感受明显 3.发展肩、胸、上背部力量以及心肺耐力	1.学习肩、胸、上背部肌肉群知识 2.学习肩、胸、上背部力量练习方法 3.学习肩、胸、上背部肌肉牵拉方法	1.通过PPT认识肩、胸、上背部肌肉群，了解其运动功能 2.2人一组功能测试：站立哑铃过头举，拍照打分，了解自己的薄弱点，做针对性练习计划 3.肩、胸、上背部肌肉群练习方法体验：激活练习、肩部肌群练习、胸部肌群练习、上背部肌群练习 4.HIIT（高强度间歇训练）练习 5.针对肩、胸、上背部不同肌肉群的静态牵拉	俯撑拨药球接力赛
14	感受力量美：肩、胸、上背部力量练习	1.掌握体能肩、胸、上背部力量训练的正确动作及方法 2.练习时发力部位准确，肌肉感受明显 3.发展肩、胸、上背部力量以及协调素质	1.学习肩、胸、上背部肌肉群动态热身方法 2.学习肩、胸、上背部力量进阶练习方法	1.动态拉伸练习 2.徒手无负荷练习 3.肩、胸、上背部力量进阶循环练习：哑铃练习、弹力带练习、战绳练习、瑞士球练习	战绳拉力竞速赛

续表

课次	学习主题	技能学习目标	基本部分		
			学习活动	练习活动	比赛活动
15	创新美：姿态诊断与肩、胸、上背部力量动作创编	1.掌握体能核心力量训练的正确动作及方法，以及上交叉综合征诊断与练习拉伸方法，并可以根据不同部位和器材设计出有针对性的核心力量训练方法 2.练习时发力部位准确，肌肉感受明显 3.发展肩、胸、上背部力量以及心肺功能	1.学习上交叉综合征诊断与练习、拉伸方法 2.学习肩、胸、上部力量练习的创编方法	1.常见错误姿势纠正：上交叉综合征诊断与练习、拉伸方法 2.小组为单位诊断，针对问题设计方法并练习 3.自选器材针对肩、胸、上背部不同肌肉群创编动作练习 4.2人一组功能测试：站立哑铃过头举，拍照打分与第一次做对比 5.针对自身情况制订肩、胸、上背部力量锻炼计划	药球传递接力赛
16—18	体能运动会	掌握体能比赛规则的制定方法、比赛组织流程与赛程的编排方法，能够共同设计、组织并管理实施体能运动会的相关内容，积极参加比赛，感受比赛的激情与成功的喜悦	1.体能测试挑战赛：健康体能测试赛、校园定向测试赛、单项纪录挑战赛（平板支撑、深蹲、燕式平衡、仰卧成船、俯卧成艇、简易波比、俄罗斯转体）等 2.趣味体能嘉年华：翻牌游戏、平板支撑团体挑战赛、俯撑掷准、同心鼓、争分夺秒等 3.颁奖典礼：全能体能王、最佳进步奖、最佳团队奖、最佳裁判奖、礼仪风采奖等		

（三）体能大单元的教学流程

下面按照创美体育教学理念从认识美、展现美、欣赏美、创造美四个方面对体能大单元进行教学流程设计。（图4-1）

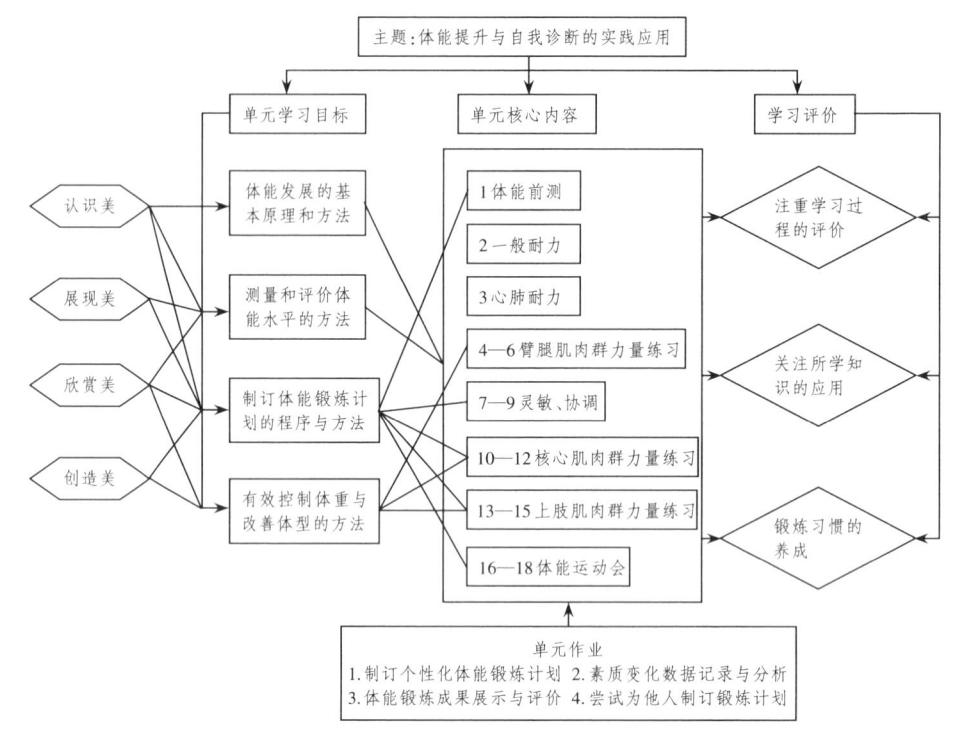

```
                        主题:体能提升与自我诊断的实践应用
        ┌───────────────────────┼───────────────────────┐
   单元学习目标              单元核心内容                学习评价
```

```
认识美 ─── 体能发展的基        1 体能前测
           本原理和方法
                              2 一般耐力              注重学习过
展现美                                                程的评价
           测量和评价体        3 心肺耐力
欣赏美     能水平的方法
                              4—6臂腿肌肉群力量练习    关注所学知
           制订体能锻炼                                识的应用
创造美     计划的程序与        7—9灵敏、协调
           方法
                              10—12核心肌肉群力量练习
           有效控制体重与                              锻炼习惯的
           改善体型的方法      13—15上肢肌肉群力量练习  养成

                              16—18体能运动会
```

单元作业
1.制订个性化体能锻炼计划　2.素质变化数据记录与分析
3.体能锻炼成果展示与评价　4.尝试为他人制订锻炼计划

图4-1　体能大单元教学流程图

(四)体能大单元的学习评价设计

按照运动能力占55%(其中体能占30%、技能占15%、体能认知占10%)、健康行为占20%、体育品德占20%、激励分占5%的体能构成比例,对学生的灵敏性与协调性体能进行评价设计。(表4-3)

表4-3　"体能:发展灵敏与协调能力"大单元学习评价表

年级:　　　　班级:　　　　姓名:　　　　性别:

类别	项目	单元学习初 成绩	单元学习初 分值	单元学习末 成绩	单元学习末 分值	单项得分(80%)	进步幅度(20%)	综合得分
运动能力(55%)	体能(30%)	1000米/800米						
		1分钟平板支撑						
		3米三向折返跑						

续表

类别	维度		自评(25%)	互评(25%)	师评(50%)	综合得分
运动能力（55%）	技能（15%）	3米三向折返跑	在3米三向折返跑测试过程中，既要测量跑的速度能力，也要评价跑的动作。动作协调连贯、重心控制能力好、发力正确为80分及以上，一般为60—79分，不连贯或方法不对为59分及以下			

类别	维度	项目	单元学习初		单元学习末		发展趋势	综合得分
			指数	状态	指数	状态		
运动能力（55%）	体能认知（10%）	BMI指数的应用(5%)					正向为80分及以上；无效为60—79分；负向为59分及以下	
		锻炼计划的制订(5%)	根据学生提交的锻炼计划，从锻炼目标的制定、锻炼内容的选择、锻炼方法的应用、锻炼计划的促进效果等方面进行评价并给出相应的分值					

类别	维度	自评(25%)	互评(25%)	师评(50%)	综合得分
健康行为（20%）	有规律地参与校内外体育锻炼				
	运用健康与安全知识和技能进行健康管理的能力增强				
	情绪调控能力增强，心态良好，充满青春活力				
	善于沟通与合作，适应多种环境				

续表

体育品德 (20%)	积极应对体育活动中遇到的困难,表现出吃苦耐劳、敢于拼搏、勇于争先的精神				
	做到诚信自律、公平公正,规则意识强				
	具有责任意识和集体荣誉感,能正确看待比赛胜负				
激励分(5%)	维度				综合得分
	在小组比赛、班级比赛和校级比赛中取得优异成绩,在课堂教学中有突出的表现				
总分	运动能力(55%)+健康行为(20%)+体育品德(20%)+激励分(5%)				
等级	根据总分,优秀:≥90分 良好:75—89分 及格:60—74分 不及格:≤59分				

三 体能大单元课时案例举要

下面以体能大单元(18课时)中的第8课时"灵敏、协调进阶练习"为例进行课时计划设计。(表4-4)

表4-4 水平四(八年级)"灵敏、协调进阶练习"课时计划

班级:八年级(2)班学生　　人数:44人　　课次:第8次　　授课教师:林树真

教学内容	1.灵敏、协调进阶练习 2.体能自选超市	教学重点	身体协调配合,动作灵活转换
		教学难点	根据外界信号能做出快速反应
教学目标	1.运动能力:能说出灵敏、协调能力的关系与表现形式,知道多种封闭式与半开放式灵敏、协调素质的基础练习方法及实际意义。能完成灵敏、协调性的相关进阶练习,能够合拍进行节奏跳动,重心转换迅速,对给出的随机信号能够做出快速反应。发展协调、灵敏能力及下肢肌肉力量,体现协调美、力量美、敏捷美 2.健康行为:通过灵敏性、协调性的练习提高身体的适应能力,改善身体机能,培养健康意识,体现良好的身体状态和运动表现,展现出健康美的魅力 3.体育品德:培养坚韧不拔、顽强拼搏的意志品质,体验合作练习的乐趣,养成团队协作、自主锻炼的意识,体现良好的精神美、品德美		

第四章 创美体育课堂教学模式的变式发展

续表

课的结构	教学内容	教学活动方式与组织措施	时间、次数、强度
开始热身部分	1.课堂常规 (1)集合整队、检查着装 (2)清点人数、师生问好 (3)宣布本课内容任务 (4)加强安全教育	1.组织队形1:(♂—男生、♀—女生、△—老师,下同) ♂♂♂♂♂♂♂♂ ♂♂♂♂♂♂♂♂ ♀♀♀♀♀♀♀♀ ♀♀♀♀♀♀♀♀ △ 2.教学活动 (1)体育委员整队、检查人数 (2)教师宣布内容与目标 (3)安排见习生,进行安全教育 3.要求:集合快、静、齐	常规时间约2分钟
	2.游戏——停车港 方法:在跑动中寻找停车位(敏捷圈)并放上不同标记	1.组织队形2(⬡—敏捷圈)	游戏时间约8分钟 1次 强度较低
	3.热身操 胯下击掌、跳跃胯下击掌、开合跳、开合向上跳、高抬腿、弓步跳、并步、后踢腿、内踢毽子、交叉跳、后吸腿、呼吸调整	2.教学活动 (1)教师简述学练方法和要求 (2)带领学生在音乐下做热身操 (3)学生跟着练习 3.要求:仔细观察模仿,动作有力、到位	
学习提高部分	1.发现、展现与欣赏美——灵敏与协调素质的进阶练习 展现美:通过灵敏、协调素质的进阶练习,发挥各种身体素质能力,能准确、熟练、协调地完成各项运动 (1)灵敏步伐练习 ①双脚十字跳 方法:利用敏捷圈进行双脚前后左右十字跳,学生根据音乐节奏调节速度	1.组织队形3同组织队形2 2.教学活动 (1)视频呈现,引导学生发现与欣赏灵敏与协调之美 (2)教师讲解双脚十字跳的练习方法和目的 (3)学生明确动作要领,并仔细观察 (4)听不同节奏的音频进行练习,逐渐增加节奏频率,体会音乐节奏美 (5)教师巡回指导	约5分钟 2次 强度较低

171

续表

课的结构	教学内容	教学活动方式与组织措施	时间、次数、强度
学习提高部分	重点:身体重心的变化 难点:节奏感的应用 ②脚步移动 方法:从敏捷圈外,听到口令时做出上下、里外快频步交替动作,节奏和速度快,连续完成20次以上 重点:脚步移动 难点:上下肢协调配合 (2)卡位赛 ①两人卡位 方法:将敏捷圈转起来,与同伴跑起来交换位置 ②四人卡位 方法:前后4个人为一组,将圈转起来后4个同学按逆时针跑位在对角位置扶住敏捷圈 重点:位移反应能力 难点:协调配合 (3)灵敏、协调比赛:手球大作战 方法:将学生按照男女生分成人数相等的两组,两组队员各自站在本半场区内,由攻方在中线的中点处开球。记录进球次数最多的队伍	3.要求:跟着音频踩点,积极学练 1.组织队形4同组织队形3 2.教学活动 (1)集中讲解灵敏步伐的上下、里外练习方法 (2)教师引导学生加快速度再次挑战 3.要求:集中注意力,快速反应 1.组织队形5(○—旋转的敏捷圈) 2.教学活动 (1)教师借助多媒体讲解卡位赛的作用与意义 (2)学生进行分组练习 3.要求:能根据信号快速反应移动 1.组织队形6 女生组　男生组 2.教学活动 (1)教师通过多媒体讲解比赛规则与方法 (2)学生分组进行比赛 3.要求:积极投入,勇于尝试;注意安全,预防运动损伤	约5分钟 2—3次 强度中 约5分钟 1次 强度较高 5—7分钟 1次 强度较高

续表

课的结构	教学内容	教学活动方式与组织措施	时间、次数、强度
学习提高部分	2.创造美——体能自选超市 方法:根据上节课布置的作业,学生以组为单位协商设计体能练习方法	1.组织队形7(○○△☆分别代表各自创造的不同体能练习方法) 2.教学活动 (1)学生说明设计练习的目的及方法 (2)布置练习场地 (3)以循环训练法为主,进行轮转 3.要求:保持间距,认真对待	约10分钟 1次 强度高
恢复整理部分	1.积极休整,相互交流感受 2.播放抒情音乐,整理放松 3.小结本课、布置课后作业、介绍下次课内容 4.安排值日生收拾器材,师生再见	1.组织队形8 2.教学活动 (1)学生相互交流,畅谈感受,教师适当点评,表扬鼓励,激励上进 (2)音乐伴练,适当示范,放松四肢,恢复身心 3.要求:善于畅谈自己的感受;轻松愉快地结束本课	约5分钟 强度较低
场地器材	场地:室内篮球馆 器材:敏捷圈45个、标志碟45个、沙包10个、小足球门4个	预计运动负荷	安静心率:70—80次/分 最高心率:160—170次/分 平均心率:140—160次/分 练习密度:60%以上
安全措施	1.向学生讲解安全注意事项并要求其严格遵守 2.做好充分的准备活动		
课后反思			

以上创美体育课堂体能类教学模式及案例分析，体现了在体能类教学中融入美育教育对学生全面发展的意义。各项体能练习不仅能发展学生的各项体能水平，塑造健康体态，培养顽强、坚韧不拔的优良品质，还能增强自信心、激发运动兴趣、促进身心和谐发展、培养团队协作精神等，以及提升审美能力和表现运动美的能力，帮助学生更好地适应社会发展的需要并实现个人价值。

第二节 健康教育教学设计及案例举要

"健康教育由体育与健康、道德与法治、生物学、科学等多门课程共同承担"[1]，主要包括"健康行为与生活方式、生长发育与青春期保健、心理健康、疾病预防与突发公共卫生事件应对、安全应急与避险五个领域"[2]，本节主要围绕这些内容进行健康教育的教学设计及案例举要。

一 健康教育的美育要素及目标

健康教育的学习内容具有基础性、科学性和实用性等特点，重视将理论与实践应用相结合，在培养学生解决体育与健康实际问题等能力的同时，使学生理解文化之美、健康之美、体育之美。下面按照健康教育课程五个基本健康要素的内容要求，挖掘其中的美育要素及可实现的美育目标。（表4-5）

表4-5 健康教育美育融合目标体现

健康要素	内容要求	美育要素	美育目标
健康行为与生活方式	认同生活方式对健康的影响，逐步养成健康的生活方式，如防控近视保护视力、每天坚持一小时体育锻炼、合理膳食促进健康、善于休息增进健康、了解奥运会与各大赛事、健康生活的运用等	将日常生活与实践应用相结合，树立正确的健康意识和生活方式，合理膳食、善于休息，培养健康的生活方式，学习体育历史文化知识，体会中华体育文化的知识美	通过学习文化知识，主动形成健康意识，科学地认识文化美、健康美

---

[1] 中华人民共和国教育部.义务教育体育与健康课程标准(2022年版)[S].北京：北京师范大学出版社，2022：11.
[2] 中华人民共和国教育部.义务教育体育与健康课程标准(2022年版)[S].北京：北京师范大学出版社，2022：19.

续表

健康要素	内容要求	美育要素	美育目标
生长发育与青春期保健	理解并运用生长发育的规律，认识肌肉运动的基本原理与练习方法，如保护视力、发展体能、发展耐力、发展力量等	体现科学运动的作用，通过探索生理规律、运动原理，形成良好的肌肉力量美、科学形体美	在科学运动的基础上学习青春期知识，在运动中注重身体姿态的协调和美观，让学生感受到科学的魅力和力量，体会科学美
心理健康	掌握良好意志品质的特征，认同体育锻炼对形成意志品质的作用，学会情绪调节的方法，了解人际交往的基本技巧和异性交往的原则，关注自我心理健康，预防发生性侵犯等	学习心理健康知识，培养体育意志品质，关注自己的心理状况和情绪变化，保持积极向上的心态，体现心态美	通过意志品质的培养，主动消除不良情绪，掌握消除误会、化解矛盾的方法，在人际交往中迸发自信美
疾病预防与突发公共卫生事件应对	掌握常见运动损伤的预防和紧急处理，学会运动负荷的自我监测，学会合理安排运动负荷，增强安全意识，提高避险能力	利用心率检测运动负荷，在特殊环境与紧急情况下的应对方法中，学会预防伤害的方法，增强安全意识，保护自我与他人，体现体育品德美	通过自我运动检测，处理运动损伤，掌握心肺复苏的操作方法，保障运动时的安全美，探索运动美
安全应急与避险	了解传染病的危害与传播途径，掌握传染病的预防措施	认识预防传染病对塑造环境美的重要作用，在运动过程中学会塑造环境美	通过了解传染病的特征，掌握预防传染病的方法，塑造环境美

二 健康教育大单元的教学设计

人教版《体育与健康》七至九年级教科书的体育与健康基础知识共有12节内容，通过对教学内容的深度挖掘，可以将这12节内容拓展为18课时的教学内容，七年级、八年级、九年级各6课时，其中八年级可将"科学发展体能"章节作为拓展内容，九年级可将"运动负荷的自我监测"作为拓展内容。单元选择的教学内容符合学生的生理成长规律以及年龄特征,符合《2022年版体育课程标准》的要求,有利于发展学生的核心素养。通过对该单元的学习,学生能逐步掌握个人卫生保健、营养膳食、预防近视、常见疾病和运动伤病预防、勇敢面对挫折等知识,并运用在学习和生活中;通过优化课程内容、改进教学方式,在教学过程中注重学生的自主与探究学习,能让学生掌握健康与安全的知识与技能,形成健康的生活方式,同时提高学生的综合能力水平。在教学过程中渗透美育教育,引导学生正确认识人体的形体美,掌握健康行为与生活方式中的健康美,学会情绪调控的精神美等。

初中阶段的学生正处于生长快速期和青春发育的关键期,该阶段的学生思维活跃,对新鲜事物的求知欲较强,具备一定的探究协作能力。他们对健康知识有一定程度的了解,但是整体的健康意识不够系统和完善。考虑到学生不同发展水平之间的差异,教师在教学过程中应引导学生循序渐进地学习,提高自我欣赏能力和自我调节能力,通过学习相应的健康教育知识,科学提高运动成绩,塑造正确的价值观与审美观。让学生在健康行为的塑造过程中迸发自信美。

(一)健康教育大单元的美育目标设计

根据健康教育知识的特点、学生的认知能力和技能水平,制定以下美育目标。

①运动能力:通过教与学,学生能够了解健康的含义、合理安排膳食、科学运动以及传染病的预防等基本概念,提高对体育锻炼的价值认知,明确体育锻炼和健康生活习惯的重要价值与意义,感受健康之美。

②健康行为:能够基本掌握合理膳食的规划、疾病预防、科学锻炼及如何在运动中处理运动损伤等基础知识和基本技能,并将所学的知识运用到日常生活中,能够真正做到的学以致用,探索科学之美。

③体育品德:树立健康生活的意识,坚持健康美,通过合作学练,培养团结协作的精神美,勇敢面对挫折与困难,培养相互激励、奋勇拼搏的体育精神,迸发自信之美。

(二)健康教育大单元教学内容的整体设计

按照《2022年版体育课程标准》对大单元教学的要求,对健康教育类项目进

行18课时的相对系统和完整的教学设计如下。(表4-6)

表4-6 健康教育大单元教学设计(18课时)

课次	学习主题	学习目标	学习活动	练习活动	比赛活动
1	生活方式与健康	1.掌握健康的概念及组成部分,了解"健康四大基石"及其含义 2.列出不良生活方式对健康的影响 3.认同生活方式对健康的影响,逐步养成健康生活方式	1.观看视频进行概念学习 2.结合案例解读正确的健康生活方式 3.树立"健康四大基石"的信念	1.健康的概念解读 2.身体健康与心理健康的关系 3.知道不良的健康生活方式有哪些 4.怎样才能获得健康,健康美的计划制订	1.知识问答比赛 2.分组进行探究,制订健康计划 3.健康打卡比赛
2	防控近视保护视力	1.了解导致近视发生的因素、主要机理和负面影响 2.学会预防近视的方法 3.学会科学选择与佩戴眼镜	1.观看视频,了解近视的发生与发展过程 2.结合案例讲述近视常见的早期症状 3.区分真性近视与假性近视	1.知道近视的负面影响 2.了解导致近视的因素有哪些 3.结合自身,说出预防近视的措施,认识保护视力的科学美	1.知识问答比赛 2.案例分析,说出人物行为是否正确
3	每天坚持一小时体育锻炼	1.理解体育锻炼的价值与意义 2.提高对体育锻炼的认知与实践 3.在生活中坚持每天一小时的体育锻炼	1.学习体育锻炼对人体的生理效果 2.学习体育锻炼对人体的心理效果 3.调整对体育锻炼的认识,消除误区	1.研讨坚持体育锻炼对身心发展的价值 2.分析每天坚持锻炼一小时对健康美的意义 3.制定每天坚持锻炼一小时体育锻炼的策略	1.坚持每天锻炼一小时运动打卡 2.比一比谁制订的锻炼计划更科学

续表

课次	学习主题	学习目标	学习活动	练习活动	比赛活动
4	合理膳食促进健康	1.了解平衡膳食与健康的关系 2.理解并掌握青少年学生合理膳食的要求 3.初步学会从调整饮食和合理体育锻炼两方面来控制体重	1.学习平衡膳食的知识 2.了解膳食宝塔的结构 3.吃好三餐,控制体重,保持形体美	1.讨论人体必需的营养素包括哪些 2.运用体重指数来判断是否肥胖 3.根据自身的锻炼目标,制订合理的膳食计划	1.知识问答比赛 2.案例讨论比赛
5	常见传染病的预防	1.了解传染病的危害 2.了解传染病的传播途径 3.掌握传染病的预防措施	1.观看视频,了解不同的传染病 2.学习常见传染病的种类以及预防措施 3.学习传染病的传播途径	1.探讨传染病的危害 2.结合案例,分析如何预防呼吸道传染病 3.讨论预防传染病对塑造环境美的重要作用	1.案例分析比赛 2.知识问答比赛
6	勇敢面对挫折和困难	1.掌握良好意志品质的特征并说出锻炼意志品质的方法 2.认同体育锻炼对形成意志品质的作用,并主动发展 3.学会调节情绪的方法	1.学习意志的概念及品质 2.在体育活动中发展良好的意志品质 3.学习控制情绪的方法	1.案例分析,认识意志品质 2.结合自身实例,分享遇到挫折后的解决方法 3.调节情绪对自信美的作用	1.情境问答比赛 2.解决烦恼交流大赛

179

续表

课次	学习主题	学习目标	学习活动	练习活动	比赛活动
7	遵循生理规律科学认识体育	1.引导学生从生理学角度了解体育与健康基础知识以及认识体育运动之美 2.掌握体育生理学中的肌肉工作基础知识和原理,以及部分肌肉练习内容与方法,欣赏肌肉活动之美 3.培养学生互帮互助的良好体育品德,领会展示与评价之美	1.观看视频,了解肌肉运动的基本原理,认识肌肉运动美 2.学习肌肉的伸缩与力量练习方法,了解乳酸的产生与消除方法 3.学习动作分类,掌握准备活动与放松活动的生理作用,领会体育健康之美	1.讨论不同的运动形式对各类身体素质发展的影响 2.感受肱二头肌的向心收缩,并通过加大练习阻力,体会乳酸产生的感觉 3.合作学练,掌握腹直肌的练习,了解肌肉对形体美的作用	1.分类与连线游戏 2.练习动作挑战大赛 3.展示体育运动之美
8	科学发展体能	1.认识不同运动项目对发展不同体能要素的影响 2.学会制订科学的锻炼计划 3.积极投入体育锻炼、享受运动乐趣	1.学习初中阶段身体发育的特点 2.知道体育锻炼对身体形态与体能发展的影响 3.掌握评价体能的方法	1.分享与研讨已知的体能训练方法 2.制订科学发展体能的一周训练计划 3.通过体能发展,认识健康美	1.知识问答比赛 2.体能锻炼计划的制订与执行比赛
9	科学发展肌肉力量	1.了解可以发展肌肉力量的运动项目 2.掌握科学发展肌肉力量的方法 3.学会制定发展肌肉力量的训练方案	1.学习发展肌肉力量的运动项目,掌握项目的特点 2.学习发展肌肉力量对身体的作用 3.以投掷项目为例,制定发展上肢肌肉力量的方案	1.研讨不同练习方法对发展肌肉力量的作用 2.通过案例分析,制定投掷项目的训练方案 3.欣赏力量美	1.案例分析比赛 2.比一比谁制订的训练计划更科学

续表

课次	学习主题	学习目标	学习活动	练习活动	比赛活动
10	科学发展心肺耐力	1.了解可以发展心肺耐力的运动项目 2.掌握发展心肺耐力的方法 3.通过心肺耐力训练培养学生坚持到底的意志品质	1.学习发展心肺耐力的运动项目,掌握项目的特点 2.学习发展心肺耐力对身体的作用 3.以长跑项目为例,制定发展心肺耐力的方法	1.研讨不同练习方法对发展心肺耐力的作用 2.通过案例分析,制定长跑项目的训练方案 3.欣赏坚持到底的体育品德美	1.知识问答比赛 2.比一比谁能坚持到底(耐力训练打卡比赛)
11	常见运动损伤的预防和紧急处理	1.掌握预防运动损伤的要求和方法 2.了解擦伤等开放性损伤、关节扭伤等闭合性损伤的处理方法 3.增强安全运动的意识与能力	1.观看视频,学会判断不同的运动损伤症状 2.掌握出现不同运动损伤时的处理流程 3.学习处理简单运动损伤的方法	1.情景剧排练与展示 2.练习处理运动损伤的流程与方法 3.研讨安全运动,探索运动美	1.情景剧展示比赛 2.运动损伤的实操处理比赛
12	学会与他人交往	1.了解人际交往的基本技巧,尝试化解同学间的矛盾 2.了解异性交往的原则,学习异性交往的技能 3.关注自我心理健康,预防发生性侵犯	1.学习青春期发展的特点与变化规律 2.学习人际交往的意义 3.学习异性交往的原则 4.掌握预防性侵犯的方法	1.小组分享与他人交往的方法 2.探讨在发生矛盾时应该如何解决 3.情境角色扮演,学习消除误会、化解矛盾的方法 4.认识与人交往的自信美	1.化解矛盾比赛 2.展现交友自信美比赛

续表

课次	学习主题	学习目标	学习活动	练习活动	比赛活动
13	运动负荷的自我监测	1.掌握影响运动负荷的主要因素 2.能利用心率监测运动负荷 3.在运动过程中尝试自我监测运动负荷	1.知道影响运动负荷的因素有哪些 2.掌握心率监测的生理意义及方法 3.学习运动时适宜心率的计算以及掌握合理运动负荷的运动感觉	1.研讨运动负荷的影响因素 2.尝试用脉搏法测量自己与同伴的心率 3.相互帮助、观察,共同测量心率,探索合作美	1.心率监测比赛(准确率) 2.自我判断运动负荷大小比赛
14	合理安排运动负荷	1.掌握合理安排运动负荷的原则 2.了解超量恢复现象 3.合理安排运动负荷,安全进行运动	1.学习合理安排运动负荷的原则 2.学习运动强度与负荷量、练习密度的关系 3.积极处理好锻炼与休息的关系	1.分组研讨"面临体育中考,如何科学提高自身的心肺耐力和中长跑成绩" 2.根据学习活动指示表进行运动评价,挖掘运动美	1.结合自身,展示运动负荷练习方案 2.知识问答比赛
15	善于休息增进健康	1.了解睡眠的作用以及初中生合理的睡眠时间 2.掌握不同的休息方式,学会积极休息 3.认同网络的危害,养成正确使用网络的习惯	1.认识睡眠的作用 2.了解不同的休息方式,掌握积极休息的方法 3.学会合理安排休息时间,增进健康美	1.探讨睡眠对健康的作用 2.分组讨论积极休息的方式方法 3.了解互联网对初中生学习与生活的影响	1.睡眠不足的危害,知识问答比赛 2.制定一周的作息时间表

续表

课次	学习主题	学习目标	学习活动	练习活动	比赛活动
16	增强安全意识,提高避险能力	1.掌握应对危机情况的基本原则和程序 2.模拟拨打急救电话,掌握意外伤害的简单应急处理方法 3.增强安全意识,创造环境美	1.学习不同情境下预防意外伤害的基本方法 2.加强安全意识,善于发现并主动消除隐患 3.学习心肺复苏的处理方法	1.案例分析,消除安全隐患 2.情景演练,模拟救援活动 3.学习紧急情况下心肺复苏的处理流程与实操方法	1.情景剧展示 2.急救处理比赛
17	了解奥运会与各大赛事	1.了解奥运会的起源与文化内涵 2.了解我国参与奥运会发展历程 3.认识奥运比赛项目,欣赏赛事美	1.观看视频与图片,了解奥运知识 2.学习中国参加奥运会的历史变化 3.欣赏赛事集锦,点燃运动热情	1.学习奥运知识 2.欣赏运动美,并发表自己的感受 3.分组讨论奥运会对我国发展的影响	1.奥运知识问答 2.知识连线比赛
18	健康生活运动	1.掌握初中阶段健康知识在学习生活中的应用 2.认同体育对健康的促进作用,积极参与锻炼,运用健康美 3.学会紧急情况下的自我保护与急救知识	1.学会在生活场景中运用健康知识 2.学会在锻炼场景中运用健康知识 3.用情景剧展示紧急情况的应急处理	1.分组研讨如何运用健康知识 2.围绕健康美主题设计情景剧 3.结合各小组的展示,归纳出健康生活的思维导图	1.小组问答积分赛 2.情景剧展示比赛

(三)健康教育大单元的教学流程

下面按照创美体育教学理念从认识美、展现美、欣赏美、创造美四个方面对健康教育大单元进行教学流程设计。(图4-2)

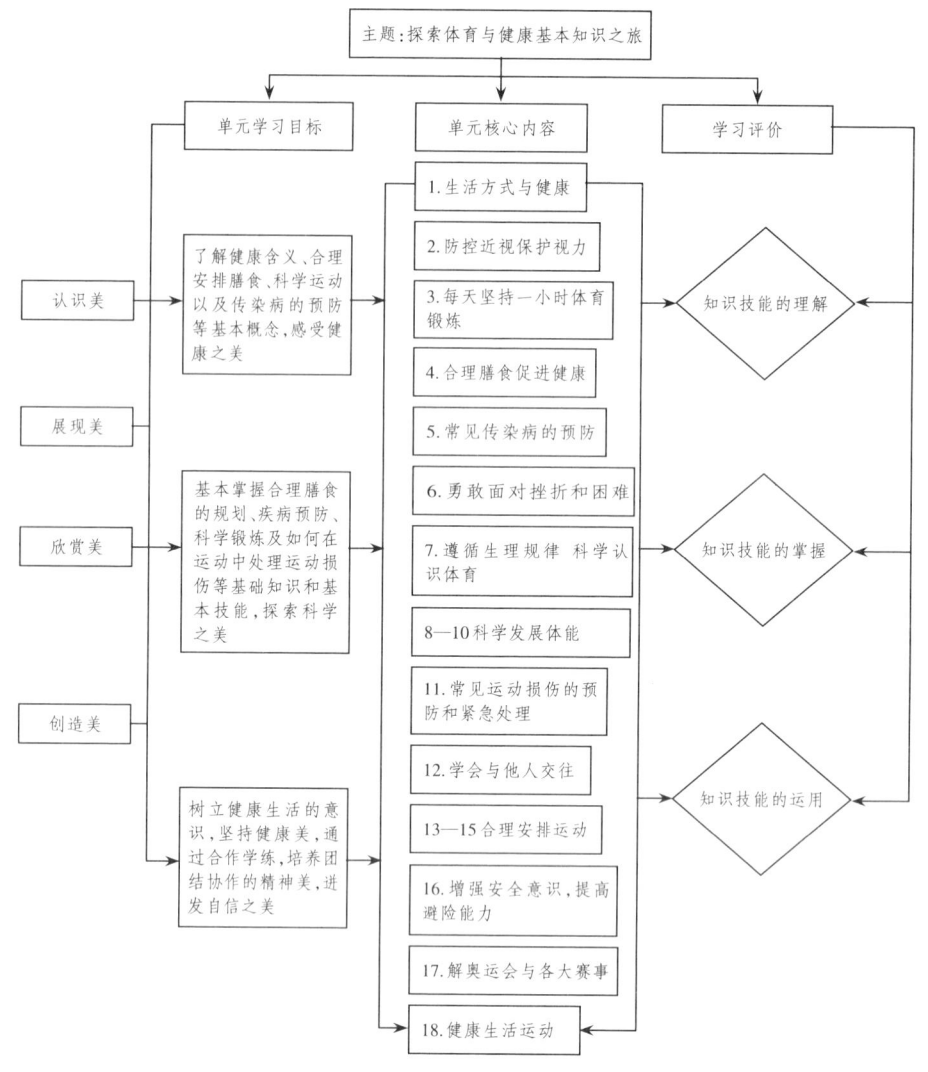

```
                    主题:探索体育与健康基本知识之旅
                         │
        ┌────────────────┼────────────────┐
        ▼                ▼                ▼
   单元学习目标      单元核心内容        学习评价
```

图4-2 健康教育大单元教学流程图

单元学习目标:
- 认识美：了解健康含义、合理安排膳食、科学运动以及传染病的预防等基本概念,感受健康之美
- 展现美
- 欣赏美：基本掌握合理膳食的规划、疾病预防、科学锻炼及如何在运动中处理运动损伤等基础知识和基本技能,探索科学之美
- 创造美：树立健康生活的意识,坚持健康美,通过合作学练,培养团结协作的精神美,迸发自信之美

单元核心内容:
1. 生活方式与健康
2. 防控近视保护视力
3. 每天坚持一小时体育锻炼
4. 合理膳食促进健康
5. 常见传染病的预防
6. 勇敢面对挫折和困难
7. 遵循生理规律 科学认识体育
8—10 科学发展体能
11. 常见运动损伤的预防和紧急处理
12. 学会与他人交往
13—15 合理安排运动
16. 增强安全意识,提高避险能力
17. 解奥运会与各大赛事
18. 健康生活运动

学习评价:
- 知识技能的理解
- 知识技能的掌握
- 知识技能的运用

(四)健康教育大单元的学习评价设计

按照健康知识占45%、健康行为占30%、体育品德占20%、激励分占5%的构成比例,对学生健康教育知识的掌握情况进行评价设计。(表4-7)

表4-7 水平四健康教育大单元学习评价表

评价维度	评价内容与评价标准		等级
	观测点	评价标准	
运动认知（定性评价）	健康生活方式与技能的掌握	优：掌握健康的生活方式，形成健康知识和技能 良：较好地运用健康知识与技能进行健康管理 待提高：未养成健康的生活方式	□优 □良 □待提高
	饮食调整与合理体育锻炼	优：掌握平衡膳食与健康的关系，知道良好的饮食习惯对健康的重要性 良：较好地掌握用饮食和体育锻炼控制体重的方法 待提高：膳食与体育锻炼的关系掌握情况较差	□优 □良 □待提高
	掌握安全运动与避免危险的方法	优：掌握安全运动的知识和方法，主动避免可能存在的安全隐患 良：较好地掌握体育锻炼对健康的益处，学会避免安全隐患 待提高：未掌握安全运动与避险的方法	□优 □良 □待提高
	情绪管理和意志品质在体育锻炼中的运用	优：掌握调节情绪在体育锻炼中的运用，具有良好的意志品质 良：较好地掌握调节情绪的方法，能够将意志品质的特征与体育锻炼相结合 待提高：调节情绪与体育锻炼的方法掌握较差	□优 □良 □待提高
	处理与预防运动损伤	优：掌握运动损伤产生的原因，能准确地判断损伤类型并能正确处理损伤 良：较好地掌握损伤的类型与处理损伤的方法 待提高：未正确地处理损伤	□优 □良 □待提高
	科学地安排运动负荷以及发展各项体能	优：掌握合理安排运动负荷的方法，能制定发展不同体能的策略与方法 良：较好地掌握对运动负荷的认识，明确个人坚持发展体能的意义 待提高：未养成监测运动负荷以及体育锻炼的习惯	□优 □良 □待提高

续表

评价维度	评价内容与评价标准		等级
	观测点	评价标准	
运动认知（定性评价）	适应心理健康与体育锻炼的关系	优:掌握正确的心理健康与社会适应方法,积极地调节心理健康与体育锻炼的关系 良:较好地掌握心理健康与体育锻炼的方法 待提高:未做好心理健康与社会适应	□优 □良 □待提高
	美育观测点	优:在学练过程中能够积极主动地挖掘健康美,展示自信美,欣赏形体美,探索运动美 良:较好地学会欣赏美,理解美育的作用与意义 待提高:未形成对美的欣赏与展示	□优 □良 □待提高
健康知识掌握（定量评价）（45%）	考核内容: 单元理论测试	制订健康计划	得分
	期中		
	期末		
	进步幅度		
健康行为（过程性评价）（30%）	交往与合作 自评 互评 师评	饮食、用眼等生活习惯 自评 互评 师评	情绪调控 自评 互评 师评	得分
体育品德（过程性评价）（20%）	遵守游戏、比赛规则 自评 互评 师评	学练中团结拼搏 自评 互评 师评	具有正确的审美观 自评 互评 师评	得分
激励分（5%）	每次积极参加展示、比赛或回答问题加1分,上限5分		
综合评分			
等级	根据总分,优秀:≥90分　良好:75—89分　及格:60—74分 不及格:≤59分		

三 健康教育大单元课时案例举要

下面以健康教育大单元(18课时)中的第7课时"遵循生理规律 科学认识体育"为例进行课时计划设计。(表4-8)

表4-8 水平四(八年级)"遵循生理规律 科学认识体育"课时计划

班级:八年级(8)班学生　　人数:45人　　课次:第7次　　授课教师:谢兰凤

教学内容	遵循生理规律科学认识体育	教学重点	从生理学角度认识体育运动以及肌肉运动的基本原理
		教学难点	感受正确的肌肉发力感觉,并能运用于实际的体育运动中

教学目标	1.认知目标:建立良好的课堂教学秩序,引导学生从生理学角度了解体育与健康的基础知识以及肌肉运动的基本原理,认识体育健康之美,逐步形成体育锻炼意识和习惯,养成健康良好的生活方式 2.技能目标:通过各种实践练习,90%以上的学生能够基本掌握体育生理学中的肌肉工作基础知识和原理,以及部分肌肉的练习内容与方法,欣赏肌肉运动之美,形成积极的体育运动态度,能够做到学以致用 3.情感目标:培养学生的审美认知,在分组合作中提高学生的协作能力,培养学生互帮互助的良好体育品德,并将体育运动中养成的体育品德之美迁移到日常学习和生活中

教学过程	教师活动	学生活动	设计意图
1.认识体育运动之美 (1)观看视频解析体育运动是什么 (2)体育运动的形式与作用 体育运动具有强健体魄、愉悦身心、增强体质、培养品格等作用 (3)身体素质 速度、耐力、柔韧、灵敏、力量 (4)分类游戏 问题导入(认识美):如果你想提高自己的身体素质,适合采用哪种运动形式?请将不同的运动形式正确归类至不同类别的身体素质中	1.教师引导学生观看视频,通过视频引发学生对体育活动之美的思考,并讲解其形式与作用 2.教师以提问的形式将课堂的知识与内容传授给学生 3.教师讲解分类游戏的规则,引导学生完成分类游戏比赛	1.学生认真听讲、认真观看视频,积极思考 2.学生思维碰撞,积极回答 3.学生在教师的引导下学习知识,并认真参与课堂互动	通过问题导入的形式导出本节课的教学内容,通过问题引发学生思考,提高学生的注意力,通过欣赏美的角度引导学生了解本节课的内容与目标,为进一步掌握本节课的学习做好身体和心理准备

续表

教学过程	教师活动	学生活动	设计意图
2.欣赏肌肉活动之美 (1)观看肌肉介绍视频 按结构和功能的不同,肌肉分为骨骼肌、心肌和平滑肌(欣赏美) (2)了解肌肉的伸缩与力量练习 在神经系统的支配下,骨骼肌收缩,从而产生运动 (3)了解乳酸的产生与消除方法 乳酸是运动过程中,体内的葡萄糖在代谢过程中产生的中间产物。乳酸堆积会引起局部肌肉的酸痛,产生乳酸堆积,可以通过有氧运动、拉伸、按摩、热敷等方式加速乳酸的排泄	1.教师引导学生观看视频,通过视频引发学生对肌肉活动的思考,并讲解其功能与练习方法,让学生能欣赏体育活动之美 2.教师以问答互动的形式将课堂的知识与内容传授给学生 3.教师布置讨论探究环节,引导学生感受肱二头肌的向心收缩	1.学生积极思考,认真参与回答 2.学生在教师的引导下学习知识,与同伴合作完成体会练习 3.学生在教师的引导下感受肱二头肌的向心收缩,并通过加大练习阻力,体会乳酸产生的感觉	运用多媒体教学,通过多维度视频和图片的展示,提高学生对体育运动的认识。结合教师的实际观察,从体育生理学的角度加深学生对体育与健康基础知识的理解,通过梳理知识构架,加深学生对肌肉活动的理解,并认识肌肉形态对形体美的意义。利用小组评价卡,提高学生学习的专注性
3.展现体育运动之美 (1)练习动作分类 准备好40个动作卡片,以部落共同体为分组依据,给各小组5分钟的时间探究,并完成动作分类作业 (2)准备活动的生理作用 可以提高内脏器官的技能水平和机体的有氧工作能力以及调节能力,提高体温和代谢水平,提高肌肉的收缩能力,提高肌肉及韧带的伸展性和弹性;可以减少肌肉黏连,预防运动损伤 (3)腹部肌肉——腹直肌练习 通过腹部练习,加深对肌肉活动的感受。结合中考项目仰卧起坐进行讲解(展现体育美)	1.教师设置分类游戏,提前准备好教具(动作卡片),并介绍动作分类的技巧与方法 2.教师讲解准备活动的生理作用,并带领学生进行简单的腹部激活练习 3.教师观察学生练习,让学生展示体育运动之美,巡回指导并纠正错误	1.学生在教师的引导下进行组内练习与讨论 2.学生各小组积极参与练习与探究活动 3.学生积极参与、相互协作,有秩序、高质量地完成探究活动与练习	采用分组的形式,妙用分类游戏的方法,使学生对肌肉活动有正确的认识,了解不同的动作所对应的练习部位,通过合作探究、游戏等形式不断加强学生的协作能力,鼓励学生合理营造竞赛美,并在实践中探索,学会学以致用。在探究过程中及时记录活动体会,以打分的形式进行评价,实现自我督促的功能

续表

教学过程	教师活动	学生活动	设计意图
4.评价体育健康之美 (1)计算各部落小组的评价卡得分,并选出今日课堂的得分王 (2)各部落各派一名组员上台分享练习过程中的感受 (3)部落共同体茂盛成长树叶子活动	1.教师引导学生上台分享,让学生学会评价体育健康之美 2.教师通过练习和分享活动进行综合评定,根据表现情况奖励成长树叶子 3.教师根据学生的发言回顾课堂教学内容、复习重难点、布置课后作业	1.分组计算评价卡得分 2.学生分享练习感受,对学习过程进行总结评价 3.学生认真听从同伴的分享,并积极思考,完成成长树布置	通过答题引导,促进学生积极思考,回顾整节课的重难点,将所学内容领会吸收;通过课后作业的布置,让学生将所学知识运用于今后的体育运动中,塑造健康美;课后,通过收还器材、整理卫生,培养学生的劳动意识,形成良好的劳动美的观念
场地、器材与教学资源	场地:录播教室 器材:一体机、笔记本、体操垫12块、动作卡片40张、学习评价卡5张 教学资源:视频资源,通过Keep软件、网络检索而自制的教具		
课后反思			

以上创美体育课堂健康教育知识教学模式及案例分析,体现了在健康教育知识教学中融入美育教育对学生全面发展的意义。学习健康教育知识,可以增强学生的健康意识,促进学生选择健康的生活方式,培养学生自我健康管理的技能,塑造健康行为,形成体育之美、健康之美。

第三节 专项运动技能教学设计及案例举要

专项运动技能可分为球类、田径类、体操类、水上类或冰雪类、中华传统体育类及新兴体育类六大运动项目,下面按照这六大类运动项目的课堂教学实践,进一步探讨专项运动技能在实际教学中的美育功能。

一、球类运动教学设计及案例举要

球类运动项目有很多,可分为同场对抗项目,如篮球、足球、橄榄球等;或者隔网对抗项目,如排球、乒乓球、羽毛球、网球等。有集体性项目,也有个体性项目。本部分以教材中最普及的三大球为例进行教学设计及案例举要。

(一)篮球项目

篮球项目的技术主要有移动、传接球、运球、投篮、战术配合等,有竞技性、娱乐性、健身性等特点,深受广大青少年的喜爱,具有很好的美育特性。篮球大单元以篮球组合技术教授为重点,配合体能、技战术和比赛知识点进行篮球项目的教学设计及案例举要。

1.篮球运动的美育要素及目标

篮球运动不仅有技术的学习,还有比赛的技战术以及规则的渗透,因此不仅有篮球项目本身的技战术美和对抗美,还有比赛中的团结协作美;有不怕困难、勇于挑战,培养自信心和竞争意识的精神美,也有遵守规则、拥有正确胜负观的规则美等。这些都有助于提高学生的审美能力和情感表达能力,促进身心健康发展,实现体育课程的全面教育目标。下面按照篮球各项技术的内容要求,挖掘其中的美育要素及可实现的美育目标。(表4-9)

表4-9 篮球项目美育融合目标体现

篮球技术要素	内容要点	美育要素	美育目标
篮球技术	理解并掌握篮球基本技术,如运球、传球和投篮等	技术美:篮球技术通过运球、传球、投篮技术的完美结合表现出来,例如各种运球过人技术、多样传球方式、完美投篮技术,比赛中表现出极高的技术协调性和准确性,给人以美的享受	优化教学的艺术性,练习形式新颖有趣,激发学生的积极主动性。通过各种运球训练、两人或多人传球练习以及反复投篮提高投篮的命中率,来呈现篮球的技术美
篮球战术	理解并运用篮球战术,篮球战术包括进攻战术和防守战术,进攻战术有传切配合、挡拆配合、策应配合等,防守战术有"二一二""一二二""一三一"或全场紧逼、半场人盯人等	战术美:作为集体项目,在复杂多变的球场上,篮球运动可以充分发挥运动员的技术特点和团队战术配合,以及在争取胜利的过程中表现出来的战术美 悬念美:篮球比赛,不战斗到最后一刻,都无法预测结果,充满着许多不确定因素,因此往往充斥着紧张、刺激的悬念气氛 创新美:篮球运动中的创新美体现在运动员的战术和技巧的创新上。例如在篮球运动中,新颖的变幻莫测的战术和创新的运、传、投技术,使得比赛更加多变和有趣,展现出创新美	通过集体组织形式来展示团队战术配合默契,引导学生创编篮球组合动作。例如,传球的隐蔽性、花式运球过人、投篮动作以及比赛的配合等技战术表现美,增强审美创造能力
篮球比赛	1.理解并在比赛中运用所学的基本技战术,运用于比赛 2.学习并运用篮球的基本规则和裁判法,在比赛中自觉遵守规则,具有规则意识	力量美:篮球运动中的力量美体现在运动员的爆发力和对抗性上。运动员的对抗和拼抢使得比赛更加激烈,展现出力量的美 精神美:积极主动、勇敢拼搏、英勇顽强、团队合作的精神	通过篮球比赛,运动员在比赛中展示出身体对抗和爆发力等力量美,通过默契配合,如传球配合赢得比赛,体现了团结协作精神美

续表

篮球技术要素	内容要点	美育要素	美育目标
体能训练	理解并运用体能的基本原理和练习方法,加强各项身体素质能力,包括灵敏、力量、速度、弹跳、耐力等	速度美:篮球运动员的快速反应和灵敏的动作给人以美的享受。例如,在比赛中快速移动和反应使得比赛更加紧张刺激	篮球运动员通过各种体能训练,如快速脚步移动和协调灵敏的动作,呈现出速度美、敏捷美

2.篮球大单元的教学设计

篮球大单元教学设计以"健康第一"为指导思想,以培育学生篮球素养为目标,以生为本,注重以学定教,学科育人。从单一技术教学、组合技能练习、弱对抗练习,再到强对抗练习(课堂比赛),做到学、练、赛、评系统化组织,促进学生学以致用,培养篮球意识和运动能力,实现能力外化于行,品格内化于心,促进核心素养的培养。在学生掌握基本知识、基本技术的基础上,以培养学生认识美、展现美、欣赏美、创造美为出发点,在教学过程中正确引导学生进行探究和思考。篮球大单元的教学设计参考人教版《体育与健康》八年级第四章篮球的教学内容。篮球运动具有竞技性、健身性、团队性的特点,是一项集体对抗球类运动项目。为了更深入地探索篮球技术动作之间的规律,本单元进一步学习和掌握移动、运球、传球、投篮等技术动作,提高学生准确运用技术的能力和发展学生的灵敏、协调素质有着积极的作用,同时培养勇敢拼搏、团队协作配合的精神,加强对学生的美育渗透,激发学生的运动乐趣。让学生通过掌握篮球的基本知识和技术,达成身体美、技术美、节奏美,同时在实践中学会战术美、对抗美、精神美、智慧美,从而达到篮球技术性目标与美育性目标的双重实现,促进学生核心素养的发展。本大单元设计可面向初中年段的全体学生,该年龄段的学生正处于生长快速期,身体素质也处于上升期,他们思维活跃,对新事物接受速度快,模仿能力强。同时考虑到学生的运动水平及男女生学习能力和接受能力之间的差异,在教学过程中根据学生水平,采用分层学习和循序渐进学习法,既有基础动作也有进阶动作,学生可根据自身的运动水平进行选择和练习,让学生在实践中追求自身的身体美、技术美、对抗美、精神美,体验篮球运动的乐趣。

(1)篮球大单元的美育目标设计

根据篮球项目的特点、学生的认知能力和技能水平,制定以下美育目标。

①运动能力:掌握移动与运球突破、传接球、投篮、抢板、移动防守、战术配合的组合技术,且能在比赛中运用;了解篮球比赛规则及常见裁判法,并能完成判罚;提升对抗能力以及身体协调性,强化心肺功能;逐渐提高自己的技术和竞技水平,展现出篮球运动的竞技之美、智慧之美。

②健康行为:了解篮球锻炼的价值,养成篮球锻炼的意识和习惯,学会欣赏篮球运动美;情绪稳定、精神饱满,学会自我调整,养成良好的锻炼意识和习惯;在练习和比赛中,避免运动损伤,展现出对健康的重视和保护之美;调控好情绪,培养积极向上的心态,面对挑战和困难时保持乐观,展现出积极的精神美。

③体育品德:在练习和比赛中,发扬团结友爱的精神,遵守规则和裁判的判决,尊重对手和裁判,展现出和谐的人际关系之美、公平公正的体育精神之美;在比赛中,勇于面对挫折和失败,敢于挑战,展现出坚韧不拔的意志之美。

(2)篮球大单元教学内容的整体设计

按照《2022年版体育课程标准》对大单元教学的要求,对篮球项目进行18课时的相对系统和完整的教学设计如下。(表4-10)

表4-10 篮球大单元教学设计(18课时)

课次	学习主题	技能学习目标	基本部分		
			学习活动	练习活动	比赛活动
1	1. 认识篮球运动之美 2. 脚步起动、急停,运球急起急停+传投	1. 了解篮球运动的起源以及锻炼价值 2. 掌握急起急停的脚步变化和运球急停急起以及结合运、传、投技巧运用节奏 3. 发展学生下肢协调性、灵敏性和爆发力	1. 篮球大单元学习内容介绍 2. 运球急停急起与传球、投篮的组合	1. 观看NBA比赛视频,欣赏篮球的运动美 2. 按全场罚球线、中场线、边线进行无球起动、急停折返及运球急停急起折返 3. 全场定点设标志桶,两人一组运球急停急起后传接球单手肩上投篮 4. 体能:支撑高抬腿等	3分钟计时半场规定路线运、传投比赛

193

续表

课次	学习主题	技能学习目标	基本部分		
			学习活动	练习活动	比赛活动
2	体前变向运球+传投	1.了解体前变向运球的动作要领 2.掌握体前变向换手运球的正确动作,以及在实战中的运用 3.发展身体的协调能力	1.变向运球过防守队员 2.传接球后变向运球过人接投篮	1.原地变向运球 2.变向运球过标志桶 3.一对一变向运球过消极防守队员接单手肩上投篮 4.体能:马克操等	分组计时半场连续变向运球过标志桶接投篮接力比赛
3	脚步转身+单手肩上传球+投篮	1.学习中枢脚的确立方法以及单手肩上传球的动作要领 2.掌握单手肩上传球,结合转身与单手肩上传球技巧的运用 3.发展身体耐力	1.有球转身的运、传、投技术 2.转身后单手肩上传球	1.确立中枢脚的无球转身练习与接球后的转身练习 2.3人一组,一人传球,一人消极防守,一人接球转身练习 3.体能:加速折返跑等	简化规则二对二实战比赛(要求运用转身运、传、投配合进行得分)
4	行进间单手低手投篮	1.在学练中掌握行进间单手低手投篮的步伐与上举挑球动作 2.发展爆发力	学习半场行进间单手低手投篮及抢篮板球	1.原地挑篮练习+上一步挑篮练习+上三步挑篮练习 2.运球与传接球情景下接行进间单手低手投篮 3.体能:支撑转髋等	半场3分钟行进间单手低手投篮接力比赛
5	运传球摆脱消极防守+行进间单手低手投篮	1.运传球摆脱消极防守结合行进间单手低手投篮技术 2.模拟实战场景,提升对技术的认知与运用 3.提高心肺耐力	学习运传球摆脱消极防守+接行进间单手低手投篮	1.运球绕过障碍物接行进间单手低手投篮 2.两人一组传接球绕过障碍物接行进间单手低手投篮 3.体能:单腿硬拉等	简化规则二对二实战比赛

第四章　创美体育课堂教学模式的变式发展

续表

课次	学习主题	技能学习目标	基本部分		
			学习活动	练习活动	比赛活动
6	单手肩上传球+行进间单手低手投篮	1.利用所学单手肩上传球技术越过防守队员，配合队友行进间单手低手投篮，创造得分机会 2.明确两者在实战中的运用价值 3.提高移动速度	学习单手肩上传球越过防守队员将球传给队友，队友行进间单手低手投篮	1.半场两人一组，一人单手肩上传球，一人接球行进间单手低手投篮 2.全场两人一组，行进间传接球接单手低手投篮 3.体能：支撑跨步跳等	简化规则二对二实战比赛（要求两人运、传配合完成行进间单手低手投篮）
7	抢篮板+单手肩上传球+行进间单手低手投篮	1.学习抢板后单手肩上传球给快速推进的队员，队友行进间单手低手投篮 2.建立"快攻"意识，提升组合的运用 3.提高加速跑的能力	学习"快攻"技术，全场一人抢篮板后转身单手肩上传球给快下的队友，队友行进间单手低手投篮	1.学习起跳抢自抛球后转身单手肩上传球 2.两人一组，全场一人抢篮板转身单手肩上传球，一人加速跑快下接球 3.体能：弓箭步跳等	二对二实战比赛（两人一组先完成"快攻"上篮后运球回后场，与两名防守队友进行二对二实战比赛）
8	篮球裁判法与比赛规则介绍+实践	1.初步了解三人制和五人制比赛的规则与区别 2.学习常用篮球裁判法及裁判手势，实践展示案例，了解规则美、秩序美 3.提高身体协调能力	1.观看和学习有关篮球裁判法与比赛规则的视频 2.学习观察判断常见犯规、违例行为，并做出相应裁判手势	1.观看思考并回答视频案例所属行为 2.学习模仿常用裁判手势 3.体能：单腿臀桥等	分小组进行三对三比赛犯规、违例案例展示并给予判罚手势

195

续表

课次	学习主题	技能学习目标	基本部分		
			学习活动	练习活动	比赛活动
9	无球跑动后接球同侧步持球突破	1.确立中枢脚,做出诱导性动作接同侧步持球突破 2.在弱对抗中学会运用 3.提升身体对抗力量,体验篮球的对抗美	1.学习中枢脚的确立,跨步蹬地,转体探肩,同侧步持球突破 2.学习二对一攻防下同侧步持球突破接投篮	1.同侧步持球突破过标志桶 2.一对一攻防接球后做出诱导性动作接同侧步持球突破消极防守 3.体能:俄罗斯转体等	简化规则四对四比赛(运用同侧步持球突破技术投篮得分)
10	同侧步持球突破+行进间单手低手投篮	1.能够做出同侧步持球突破衔接行进间单手低手投篮的组合技术 2.提高实战中的运用能力 3.加强身体协调能力	学习"挡拆"配合下的同侧步持球突破+行进间单手低手投篮	1.复习同侧步持球突破过标志桶 2.一对一同侧步持球突破消极防守 3.一对一攻防同侧步持球突破接行进间单手低手投篮 4.体能:支撑转髋等	二对二比赛("挡拆"配合、同侧步持球突破、行进间单手低手投篮)
11	传切配合+二对二比赛	1.掌握一传一切配合、空切配合战术的布置和分工 2.配合战术运用于比赛中,体会篮球战术美 3.提升临场应变能力,提高身体协调能力	1.学习二对二传切配合下摆脱防守的投篮得分战术 2.学习篮球比赛规则与裁判法	1.一传一切配合过障碍物投篮得分 2.空切配合过障碍物投篮得分 3.3人一组运球,寻找机会传切配合,摆脱消极防守投篮得分 4.体能:保加利亚蹲等	1.半场三攻二守传球游戏 2.二对二比赛

续表

课次	学习主题	技能学习目标	基本部分		
			学习活动	练习活动	比赛活动
12	二攻一配合+三对三比赛	1.提升行进间传接球能力和投篮能力,保证一定的投篮成功率 2.提高身体协调能力	1.学习全场二攻一配合 2.学习三对三比赛规则与裁判法	1.复习篮下投篮,提高投篮命中率 2.练习不同位置的中距离投篮,变化进攻手段 3.两人一组全场行进间传接球后投篮 4.体能:单脚跳等	三对三比赛及裁判判罚手势演示
13	连续运球突破+合作定时投篮	1.提升运球突破技巧的运用能力 2.强化投篮节奏及提高投篮命中率 3.提高下肢爆发力	1.学习连续运球突破,全场两人一组,一人消极防守,一人连续运球突破推进 2.学习合作定时投篮,两人一组,一人传球,一人接球做运、投篮练习	1.复习运球突破技术,运用所学运球突破技术变换过标志桶 2.全场连续运球突破过标志桶,做出速度节奏变化,脚步变换,突破方式变化 3.定点投篮练习 4.体能:支撑拨球等	半场四对四比赛及裁判演示
14	全场一对一攻防+三对三比赛	1.进一步提高运球突破能力以及身体对抗能力 2.增强心肺耐力	1.学习全场一对一攻防技巧,鼓励行进间身体对抗 2.学习三对三比赛规则与裁判法	1.全场连续运球突破过标志桶,做出速度节奏变化,脚步变换,突破方式变化 2.全场按点移动防守,做出脚步变换,重心切换,摆臂切换 3.体能:支撑侧抬腿等	1.两人无球一攻一防触球比赛 2.三对三比赛及裁判演示

续表

课次	学习主题	技能学习目标	基本部分		
			学习活动	练习活动	比赛活动
15—16	篮球三人制挑战赛	1.学会篮球比赛规则与裁判法,并能在比赛中运用 2.将所学的技战术应用于比赛 3.在比赛中学会控制情绪,尊重裁判,团结协作,坚持不懈,展现出精神美	1.在比赛中运用所学技能与战术配合 2.了解篮球三对三比赛规则和裁判法	1.比赛中攻防转换后的角色变化以及位置移动 2.进攻中的运、传、投 3.防守的跟进 4.体能:象形跑等	三人制篮球比赛的得分赛,规定时间内得分多者为胜
17—18	篮球考核	1.能达到一定投篮命中率,强化考试紧张心理的调节能力 2.考试中能控制情绪,稳定发挥 3.勇敢顽强,坚持不懈	1.考核10次定点投篮 2.考核1.5分钟半场传运投篮	1.定点投篮练习 2.半场行进间运球投篮 3.体能:砸地接球、深蹲跳等	最终考核成绩评比

(3)篮球大单元的教学流程

下面按照创美体育教学理念从认识美、展现美、欣赏美、创造美四个方面对篮球大单元进行教学流程设计。(图4-3)

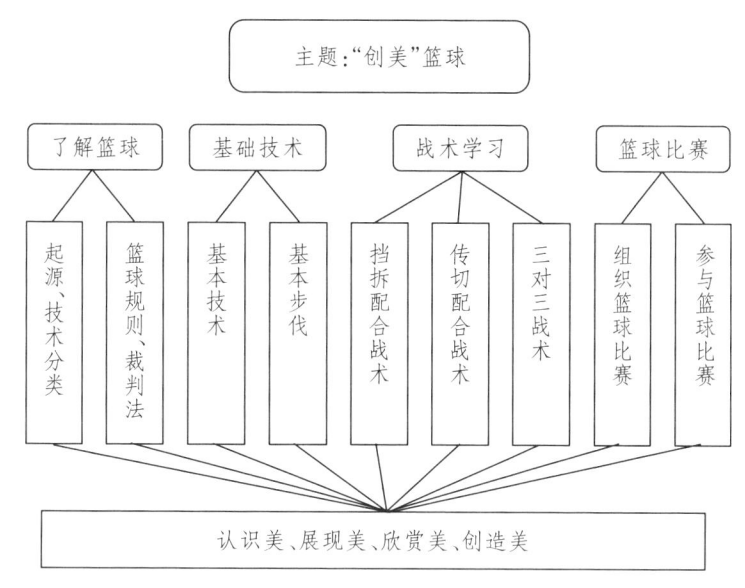

图 4-3 篮球大单元教学流程图

（4）篮球大单元的学习评价设计

按照篮球各项技术的掌握情况，关注学生对各项技术之间的配合度、体能以及比赛的应用能力，按运动能力占65%（其中体能占25%、技战术运用占35%、运动认知占5%）、健康行为占15%、体育品德占15%、激励分占5%的构成比例，对学生的篮球学习水平进行评价设计。（表4-11）

表4-11 水平四篮球大单元学习评价表

类别		项目	单元学习初		单元学习末		单项得分（80%）	进步幅度（20%）	综合得分
			成绩	分值	成绩	分值			
运动能力（65%）	体能（25%）	1000米/800米（10%）							
		莱格尔折返跑（5%）							
		仰卧起坐（5%）							
		助跑纵跳摸高（5%）							

续表

类别		项目	单元学习初		单元学习末		单项得分(80%)	进步幅度(20%)	综合得分
			成绩	分值	成绩	分值			
运动能力65%	技战术运用35%)	半场运球(5%)							
		传球(5%)							
		五点投篮(10颗成功率)(5%)							
		篮球技术评价(5%)							
		比赛应用(15%)	1.篮球基本技术掌握程度 2.能在比赛中运用技能的程度 3.在学习过程中能够认识美、展现美、欣赏美、创造美						
	运动认知(5%)	锻炼计划的制订(2.5%)	根据学生提交的锻炼计划,从锻炼目标的制定、锻炼内容的选择、锻炼方法的应用、锻炼计划的促进效果等方面进行评价并给出相应的分值						
		球队比赛战术分析(2.5%)	学生观看篮球比赛并能说出球员使用的技术动作名称,以及能分析球队在比赛中所运用的基本战术,根据情况给出相应的分数						
健康行为（15%)		维度				自评(25%)	互评(25%)	师评(50%)	综合得分
		有规律地参与校内外体育锻炼							
		运用健康与安全知识和技能进行健康管理的能力增强							
		情绪调控能力增强,心态良好,充满青春活力							
		善于沟通与合作,适应多种环境							

续表

	维度	自评(25%)	互评(25%)	师评(50%)	综合得分
体育品德（15%）	积极应对体育活动中遇到的困难，表现出吃苦耐劳、敢于拼搏、勇于争先的精神				
	做到诚信自律、公平公正，规则意识强				
	具有责任意识和集体荣誉感，能正确看待比赛胜负				
	维度				综合得分
激励分（5%）	在小组赛、班级比赛和校级比赛中取得优异成绩，在课堂教学中有突出的表现				
总分	运动能力（65%）+健康行为（15%）+体育品德（15%）+激励分（5%）				
等级	根据总分，优秀：≥90分　良好：75—89分　及格：60—74分　不及格：≤59分				

3.篮球大单元课时案例举要

下面以篮球大单元（18课时）中的第2课时"体前变向换手运球"为例进行课时计划设计。（表4-12）

表4-12　水平四（八年级）"体前变向换手运球"课时计划

班级：八年级（1）班　　学生人数：40人　　课次：第2次　　授课教师：林清虹

教学内容	1.复习行进间直线运球 2.篮球——体前变向换手运球技术 3.模块体能训练	教学重点	手触球的部位和落点、用力方向和大小
		教学难点	跨步转体探肩、人与球的协调配合

201

续表

教学目标	1.运动能力:了解篮球体前变向换手运球动作要领及欣赏篮球的运动美。通过多种学练,80%左右的学生能初步掌握体前变向换手运球动作,20%左右的学生能较好地掌握体前变向换手运球技术,并能在比赛中学会运用技战术,体现技战术美,全面发展学生的速度、灵敏以及协调等体能素质,展现出身体美、力量美 2.健康行为:在学练中表现出对篮球运动的兴趣与信心,能与同伴一起合作练习,情绪稳定,精神饱满,能学会自我调整,养成良好的锻炼意识和习惯 3.体育品德:培养学生自主学习、合作探究的能力,以及积极进取、团结协作的良好体育精神,体现良好的精神美

课的结构	教学内容	教学活动方式与组织措施	时间、次数、强度
开始热身部分	1.课堂常规 (1)整队集合、检查服装 (2)师生问好 (3)宣布教学内容与任务 (4)安排见习生 (5)强调安全问题 2.热身活动 (1)慢跑+变向跑 方法:男女生各成一路纵队分别围绕两个篮球场慢跑3圈,然后在球场内慢跑,遇到标志碟做变向跑	1.组织队形1 2.教学活动 (1)教师宣布教学内容和任务 (2)组织学生集合整队 3.要求:集合快、静、齐,精神饱满 1.组织队形2:一路纵队围绕球场慢跑	3分钟 1次 强度低 6圈 约3分钟 强度中

续表

课的结构	教学内容	教学活动方式与组织措施	时间、次数、强度
开始热身部分	(2)球操练习 ①指尖拨球 ②颈、腰、膝关节绕环 ③弓步绕腿 ④胯下8字绕环 ⑤原地低运球 ⑥原地体前变向运球 ⑦原地胯下8字运球	2.教学活动 (1)教师讲解跑步线路、变向跑方式等 (2)组织学生进行慢跑和变向跑 3.要求：变向要突然，蹬地、转体、移重心、跨步加速跑要连贯 1.组织队形3：回字形（男生在外圈，女生在内圈） 2.教学活动 (1)教师带领全体学生做球操动作 (2)全体学生跟随老师做动作 3.要求：动作协调到位、紧跟节奏、精神饱满	约3分钟 各4×8拍 强度较低
学习提高部分	1.认识、展现与欣赏美——学习体前变向换手运球技术 动作要领：运球队员欲从左侧突破时，先用右手运球，吸引对手向右边移动，这时运球队员突然用右手按拍球右侧上方向左侧方向运球，同时右脚向左前跨出，用肩、腿护球，接着迅速换左手按拍球的后上方，运球加速超越对手 重点：手触球部位与落球点 难点：转体探肩、上下肢的协调配合	1.组织队形4：学生在篮球场的两边罚球线分别成三路纵队站立（⊗—标志桶） 2.教学活动 (1)教师讲解并示范动作要领和练习内容 (2)教师组织学生进行练习 (3)巡回指导纠正学生错误动作 (4)学生认真听讲解和学习教师的动作示范，并体会篮球运球技术美	约3分钟 50次每组 强度中

203

续表

课的结构	教学内容	教学活动方式与组织措施	时间、次数、强度
学习提高部分	易犯错误： (1)运球变向时幅度较小，手触球的部位错误 (2)运球变向时用力方向错误 (3)运球变向时蹬跨、转体探肩慢、护球不利 纠正方法： (1)先练习原地体前变向运球，注意要拍球的左右侧上方，再过渡到行进间变向运球 (2)原地做运球变向和蹬跨、转体探肩动作 2.展现美、创造美——分层教学 练习一：一对一对抗练习 练习二：行进间体前变向换手运球过3个障碍物(Z字路线) 练习三：行进间体前变向换手运球过2个障碍物 方法：学生可以根据自己掌握的情况选择练习的内容	3.要求 (1)注意手触球的位置、用力方向 (2)利用身体和异侧手臂保护好球，人与球协调配合 1.组织队形5：学生成四路纵队在球场底线站立 2.教学活动 (1)教师讲解并示范动作要领和练习内容 (2)学生积极模仿并练习 (3)教师对学生易犯错误进行指导纠正 (4)练习步骤 ①慢速行进间体前变向运球过2个障碍物 ②行进间体前变向运球过3个障碍物(Z字路线) ③分层练习 (5)教师巡回指导，集体纠错与个别辅导相结合 (6)展示与评价，学会欣赏与评价他人，提升审美素养 (7)教师鼓励、小结	约17分钟 8—12次每组 强度较高

续表

课的结构	教学内容	教学活动方式与组织措施	时间、次数、强度
学习提高部分	3.展现美:模块体能素质训练 练习方法:设置4个模块体能素质练习内容,每个模块训练的内容不同,分别有绳梯脚步练习、核心力量腰腹训练、跳小跨栏架练习、折返跑练习,学生平均分成4个小组,每组10人,选择各小组想要练习的模块,每个练习1分30秒,逆时针旋转,直到所有的模块都完成	3.要求 (1)学生认真听讲,积极思考,反复练习 (2)同学之间相互交流 (3)组长协助老师布置场地 1.组织队形6:学生分4个小组 （图示：篮球场分为四个模块，模块二↔模块一，模块三↔模块四，逆时针旋转） 2.教学活动 (1)教师组织学生进行体能练习 (2)教师巡回指导,鼓励学生 3.要求 (1)服从小组长的指挥,认真练习 (2)注意安全,防止运动损伤	约10分钟 各1次 强度高
恢复整理部分	1.做放松拉伸操(配上舒缓的音乐) 2.点评与小结 (1)优点 (2)不足之处 3.布置课后作业	1.组织队形7:四列横队散开站立 （图示：四列横队站立队形） 2.教学活动 (1)播放音乐,教师带领全体同学进行拉伸放松练习,体现音乐美、舒展美	约3分钟 各4×8拍 强度小

续表

课的结构	教学内容	教学活动方式与组织措施	时间、次数、强度
恢复整理部分	4. 安排值日生归还器材 5. 师生再见	(2)小结评价本次课的学习情况,提出优点与不足之处,以鼓励为主,提高学生的自信心,布置本节课作业以及下节课学习任务 (3)师生再见 3. 要求:调整呼吸、愉悦身心,积极小结,学会梳理	约2分钟
场地器材	场地:室外篮球场、室内篮球馆 器材:篮球41个(6号篮球21个、7号篮球20个)、标志杆12根、小跨栏架10个、绳梯2节、标志碟12个、扩音设备1套	预计运动负荷	安静心率:70—80次/分 最高心率:170—180次/分 平均心率:140—150次/分 练习密度:50%—55%
安全措施	1. 检查场地 2. 准备活动充分 3. 练习时注意前后同学间距,以免发生碰撞 4. 体能训练时,提醒学生注意安全		
课后反思			

　　以上创美体育课堂篮球教学模式及案例分析,体现了在篮球教学中融入美育教育对学生全面发展的意义。进行各项篮球练习,不仅能让学生提升篮球技战术能力和各项体能水平,塑造健康体态,养成顽强、坚韧不拔的优良品质,还能让学生增强自信心、激发运动兴趣、促进身心和谐发展、养成团队协作精神等,以及提升审美能力和表现运动美的能力,帮助学生更好地适应社会发展的需要并实现个人价值。

(二)排球项目

　　排球项目的技术主要有垫球、传球、扣球、发球、拦网等。本节以提升排球技战术分及各肌肉群体的力量,发展灵敏性与协调性、心肺耐力的练习,进行排球项目的教学设计及案例举要。

1.排球运动的美育要素及目标

排球项目的每种技术都有其独特的锻炼价值、练习方法及练习者所要达成的目标,分别体现了不同的美。有技术美、战术美、观赏美、形体美、比赛美、精神美等,这些美不仅能让人感受到排球技术的独特价值,还能激发团结协作和奋勇拼搏的精神。下面按照排球各项技术的内容要求,挖掘其中的美育要素及可实现的美育目标。(表4-13)

表4-13 排球项目美育融合目标体现

排球技术要素	内容要求	美育要素	美育目标
排球技战术	1.掌握排球运动的基本技术与各项技战术 2.了解排球运动的主要技术动作:手臂的闪电般甩动和击打、轻松柔和的传接、强劲的扣球等 3.排球战术主要是:平拉开、短平快、近体快、背快、单脚背飞、时间差、拉三、拉四、前交叉、背交叉等战术	通过技战术的学习,给学生以美的欣赏和感受	通过集体合作组织配合的形式,展示高质量的战术美,激发学生对排球运动的热情
观赏比赛	1.掌握排球的基本规则与发展史 2.掌握排球裁判法 3.观看巴黎奥运会排球比赛,积极运用所学知识,学会观看比赛	在学生的视野内呈现为进攻中的快速多变,防守中的顽强拼搏,攻守交替中的速度,技术动作的流畅、灵巧、协调、自如、舒展、节奏感和引人入胜的各种速度美、腾空美、造型美、形式美、战术组合美,扣球的爆发力和力量美,从而使学生的内心得到升华	通过排球运动速度、高度、难度、技术组合的变化,学生充分体会进攻和防守反击两种状态的相互交替和转换

续表

排球技术要素	内容要求	美育要素	美育目标
体能训练	理解并运用体能的基本原理和练习方法,加强各项身体素质能力和动作强度,包括:灵敏、力量、速度、弹跳、耐力等	提高人体中枢神经系统和内脏器官的功能状况,同时又能燃烧掉身体中多余的脂肪,提高人的力量、速度、弹跳力等,塑造完美体型	以身体练习为基本手段,参与各种活动来发展参与者自身的爆发力、速度、耐力、灵敏、柔韧的美
教学比赛	1.理解并运用所学的基本技战术 2.明确自己的责任和义务,具有规则意识	各种技战术美,更表现在运动员之间相互提醒、战术上的掩护配合、愿意为同伴奉献的无私精神。它是人的意志美、品德美和身体矫健美的结合体	培养学生的审美能力,并积极引导学生参加体育活动,塑造优美的形体、优秀的意志品质和思想品德

2.排球大单元的教学设计

排球大单元的教学设计参考人教版《体育与健康》八年级第五章的排球教学内容。排球是一项极具乐趣且磨炼人意志的项目,需要队友之间的协调配合,更注重意志品质的锻炼,在教学中需要将"祖国至上、团结协作、顽强拼搏、永不言败"的女排精神贯彻于立德树人的课堂教学之中。初中阶段的学生正处于生长快速期,身体素质也处于上升期,他们思维活跃,对新事物接受速度快,模仿能力强。同时学生的运动水平及男女同学之间存在差异,对自身的控制力也层次不一,为了更深入地帮助学生探索排球技术动作之间的规律,本单元以学习排球各项基本技术和比赛为主,旨在提高学生的身体协调能力和发展学生的灵敏、弹跳素质。在提高学生各项身体素质的基础上,让学生学会鉴赏排球,通过观看排球比赛,体验排球运动的快乐,加强对学生的美育渗透,激发学生的运动乐趣。让学生通过掌握排球的基本知识和技术,达成形体美、姿态美、动作美,同时在实践中感知战术美、观赏美、形体美、比赛美,从而达到排球技术性目标与美育性目标的双重实现,促进学生核心素养的发展。

(1)排球大单元的美育目标设计

根据排球项目的特点、学生的认知能力和技能水平,制定以下美育目标。

①运动能力:能正确做出排球的基本技术动作,在观摩他人展示的组合动作时,能准确说出其动作技术的名称;在基本技术的基础上,能将多项技术进行组合与运用;能描述相关比赛规则与裁判知识,能承担班级内展示或者比赛的部分裁判工作,在观摩排球比赛或演练时能进行简单的评价;发展心肺耐力、肌肉力量、柔韧性、协调性、灵敏性等身体素质。

②健康行为:了解排球的锻炼价值,养成排球锻炼的意识和习惯;养成从不同角度思考与分析问题的思维习惯;在情境展示中,自信表现自我,展现形体美;通过学练,对排球运动产生喜爱之情,培养认识美、展现美、欣赏美、创造美的能力;学会在排球运动后放松调整,消除疲劳。

③体育品德:在排球学练中以小组合作形式探究,提高团队协作能力;通过比赛展现自我,逐步养成自尊自信、勇于挑战自我的品质,并能够遵守规则、尊重对手。

(2)排球大单元教学内容的整体设计

按照《2022年版体育课程标准》对大单元教学的要求,对排球项目进行18课时的相对系统和完整的教学设计如下。(表4-14)

表4-14 排球大单元教学设计(18课时)

课次	学习主题	技能学习目标	基本部分		
			学习活动	练习活动	比赛活动
1	排球发展史与基本知识普及	1.了解排球发展史与基本知识 2.学生观看排球比赛,对排球运动有直观的认识 3.发展学生的思维能力,培养学生的自主学习能力	学习排球发展史与基本知识	1.运用多媒体信息技术观看排球发展史 2.教师讲解基本知识,让学生明白排球场地的设计(长18米,宽9米,四周至少有3米宽的无障碍区) 3.学生讨论与交流,了解更多的基本知识 4.通过知识的普及,领略排球运动的优美之处	排球发展史问答竞赛

续表

课次	学习主题	技能学习目标	基本部分		
			学习活动	练习活动	比赛活动
2	排球比赛规则	1.了解排球比赛基本规则 2.掌握排球比赛的基本规则与运用 3.发展学生的思维能力,培养学生的自主学习能力	学习排球比赛规则	1.教师讲解排球比赛规则 2.学生阅读《排球基本规则》,掌握排球比赛规则,了解五局三胜制(前四局每局25分、第五局15分、3次内击球、交换场地时机) 3.学生交流与讨论自己学习的比赛规则,并知道如何运用	排球规则知识问答竞赛
3	排球裁判法(违例)	1.了解排球基本裁判法中出现的违例情况 2.掌握违例的判断方法 3.培养学生面对紧急情况的判断力与临场应变能力	学习排球裁判法	1.教师讲解排球比赛中常见的违例情况 2.运用多媒体信息技术播放比赛视频,让学生从视频中发现是否违例(连击持球违例、发球违例、过网击球违例、触网违例、后排进攻违例等) 3.学生通过讨论,与同学交流自己从比赛中发现的违例情况	裁判法知识竞赛
4	技术美:排球垫球	1.掌握排球垫球技术的动作要点,明白其在比赛中的价值 2.掌握排球垫球技术,并在比赛中熟练运用 3.发展全身肌肉的协调性、反应能力、移动速度	1.掌握垫球的击球部位与手型 2.掌握适宜的垫球时机	1.通过PPT了解排球垫球的技术要点 2.单人移动对墙垫球 3.两人一组连续对垫球 4.6人一组迎面接力对垫球 5.6人一组三角传垫球接力	隔网垫球对抗赛

续表

课次	学习主题	技能学习目标	基本部分		
			学习活动	练习活动	比赛活动
5	技术美:排球传球	1.掌握排球传球技术的动作技术要点,明白其在比赛中的价值 2.掌握排球传球技术,并在比赛中熟练运用 3.发展位移速度,体会全身协调发力、手指力量	1.掌握传球技术的手型与协调用力 2.掌握传球时适宜的击球时机	1.通过PPT了解排球传球的技术要点 2.单人站姿对墙传球 3.两人一组连续6米传球 4.两人一组前后移动传球	传球比准
6	技术美:排球扣球	1.掌握排球扣球技术的动作技术要点,明白其在比赛中的价值 2.掌握排球扣球技术,并在比赛中熟练运用 3.发展上肢力量与弹跳素质、空间感、节奏感	1.扣球技术动作 2.扣球的助跑与起跳和空中击球技术 3.扣球的线路选择	1.通过PPT了解排球扣球的技术要点 2.传手三步助跑与起跳练习 3.自抛自扣 4.两人一组,一人持固定球,一人一步助跑扣球 5.两人一组,一人抛球,一人助跑起跳扣球	扣球打点比赛
7	技术美:排球发球+组合技术	1.掌握排球发球技术的动作技术要点,明白其在比赛中的价值 2.掌握排球发球技术,主要学习跳飘球,并在比赛中熟练运用 3.发展上肢力量与协调性	1.跳飘球技术动作 2.飘球的手型与瞬停技术 3.发球时适宜的击球时机	1.通过PPT了解排球跳飘球的发球技术 2.单人对墙发球 3.两人一组9米线对发球 4.两人一组,隔网发垫球组合练习	发球比准

续表

课次	学习主题	技能学习目标	基本部分		
			学习活动	练习活动	比赛活动
8	技术美:拦网组合技术	1.掌握排球拦网技术与脚步移动的要点,明白其在比赛中的价值 2.掌握排球拦网手型与时机,并在比赛中熟练运用 3.发展上肢力量与脚步灵敏性	1.学习拦网手型与时机 2.学习脚步移动:交叉步与并步	1.通过PPT了解拦网技术动作 2.两人一组,一人持固定球,一人隔网做原地拦网动作 3.脚步移动拦固定球 4.脚步移动隔网拦网拿固定球 5.两人一组,一人站高台轻扣球,另一人脚步移动拦网	一分钟拦网比多
9	战术美:排球轮次跑动站位方式与规则	1.了解排球比赛中的轮次跑动站位规则及在比赛中的价值 2.通过各种学练,掌握排球比赛中轮次跑动的方式与规则,并在比赛中运用 3.发展全身协调能力和灵敏、速度等素质	学习排球轮次跑动站位与规则	1.教师讲解排球比赛中的轮次跑动规则,并用战术板为学生演示 2.教师播放比赛视频,学生观看比赛,进一步体会比赛轮次跑动站位 3.合理运用发、传、垫、扣、拦技术进行隔网对抗比赛(尝试轮次跑动站位) 4.运用前五节课的裁判知识,学生进行执裁 5.形体美专项体能:摸高、米字区移动	学生执裁比赛
10	技战术美:垫、传、扣组合与"中一二"进攻战术	1.了解"中一二"进攻战术的特点及其在比赛中的价值 2.通过各种学练,80%的学生能够基本掌握"中一二"进攻战术,20%的学生能够了解"中一二"进攻战术的应用场景 3.发展学生的灵敏性与上下肢协调能力	1.学习垫、传、扣组合练习 2.学习"中一二"进攻战术	1.教师播放比赛视频,并通过战术板演示,讲解"中一二"进攻战术,让学生进一步体会"中一二"进攻战术 2.抛、传、扣"中一二"进攻战术配合练习 3.隔网垫、传、扣"中一二"进攻战术配合练习 4.专项体能:6米线移动	10分小竞赛

续表

课次	学习主题	技能学习目标	基本部分		
			学习活动	练习活动	比赛活动
11	技战术美：发、垫、传、扣、吊组合与"中一二"进攻战术	1.了解"中一二"进攻战术的特点及在比赛中的价值 2.通过各种学练，80%的学生能够基本掌握"中一二"进攻战术，20%的学生能够了解"中一二"进攻战术的应用场景 3.发展学生的灵敏性与上下肢协调能力	1.学习发、垫、传、扣、吊组合技术 2.巩固战术进攻	1.合理运用发、垫、传、扣、吊技术，练习排球正面屈体扣球、运用"中一二"战术进攻、顺网二传配合扣球或吊球进攻 2.学生执裁教学比赛（着重：发球轮转错误、提前跑位、二传持球等问题） 3.形体美专项体能:36米移动、跳栏架	小组赛季积分比赛
12	技战术美："中一二"进攻战术与"心跟进"防守战术	1.了解"心跟进"防守战术的特点及在比赛中的价值 2.通过各种学练，80%的学生能够基本掌握"心跟进"防守战术，20%的学生能够了解"心跟进"防守战术的应用场景 3.发展学生的灵敏性与上下肢协调能力	1.复习"中一二"进攻战术 2.学习"心跟进"防守战术	1.讲解法：教师讲解"心跟进"防守战术，并通过战术板解析 2.教师播放比赛视频，让学生进一步体会"心跟进"防守战术 3.两人打防练习扣拦、"中一二"进攻战术与"心跟进"防守战术 4.学生执裁教学比赛 5.形体美专项体能:36米移动、推小车	小组赛季积分比赛

213

续表

课次	学习主题	技能学习目标	基本部分		
			学习活动	练习活动	比赛活动
13	技战术美："边一二"进攻战术与"心跟进"防守战术	1.了解"边一二"进攻战术与"心跟进"防守战术的特点及其在比赛中的价值 2.通过各种学练，80%的学生能够基本同时掌握"边一二"进攻战术与"心跟进"防守战术，20%的学生能够了解"边一二"进攻战术与"心跟进"防守战术的应用场景 3.通过各种学练，发展学生的灵敏性与弹跳能力	1.学习"边一二"进攻战术 2.复习"心跟进"防守战术	1.教师讲解"边一二"进攻战术，并通过战术板演示解析 2.教师播放比赛视频，让学生进一步体会"边一二"进攻战术 3.固定区域垫传球练习，侧重"边一二"进攻战术与"心跟进"防守战术的小比赛练习 4.学生执裁教学比赛（发球轮转错误、提前跑位等问题） 5.形体美专项体能：36米移动、收腹跳	移动比快
14	技战术美："边一二"进攻战术与"边跟进"防守战术	1.了解"边跟进"防守战术的特点及其在比赛中的价值 2.通过各种学练，80%的学生能够基本掌握"边跟进"防守战术，20%的学生能够了解"边跟进"防守战术的应用场景 3.通过各种学练，发展学生的弹跳能力	复习"边一二"进攻战术与"边跟进"防守战术	1.教师讲解"边跟进"防守战术，并通过战术板解析 2.教师播放比赛视频，让学生进一步体会"边跟进"防守战术 3.固定区域垫传球练习，侧重"中一二"进攻战术和"心跟进"防守战术、"边一二"进攻战术与"边跟进"防守战术的对抗性比赛；小组积分对抗比赛 4.学生执裁教学比赛（发球轮转错误、提前跑位等问题） 5.形体美专项体能：蛙跳、纵跳摸高	小组赛季积分比赛

续表

课次	学习主题	技能学习目标	基本部分		
			学习活动	练习活动	比赛活动
15	技战术美：近体快球战术	1.了解近体快球的战术特点及其在比赛中的价值 2.通过各种学练，80%的学生能够基本掌握近体快球战术，20%的学生能够了解近体快球战术的应用场景 3.通过各种学练，发展学生的灵敏性与上肢力量	学习近体快球战术	1.教师讲解近体快球战术与运用时机（一传到位） 2.教师播放比赛视频，让学生观看巴西队副攻卢卡斯与二传布鲁诺近体快球配合 3.传半高球与近体快球练习，固定区域垫传球练习 4.侧重"边一二"进攻战术与"心跟进"防守战术 5.小组积分对抗赛 6.学生执裁教学比赛（近体快球触网、持球等问题） 7.形体美专项体能：米字移动、俯卧撑	小组赛季积分比赛
16—18	比赛美与精神美：终极挑战赛	1.了解排球比赛中的各种技战术特点与运用场景 2.通过各种学练，熟练运用排球技战术并在比赛中使用 3.通过各种学练，发展学生的思维能力与面对困难时的处理能力，培养学生顽强拼搏与团结协作的精神	1.教师讲解终极挑战赛比赛规则与章程 2.注意运用本单元学习的排球知识，每组6人，五局三胜制（前四局每局25分，第五局15分），小组间展开对抗赛 3.学生执裁教学比赛（轮休的队伍提供） 4.采用小组积分制度，积分多者胜		

（3）排球大单元的教学流程

下面按照创美体育教学理念从认识美、展现美、欣赏美、创造美四个方面对排球大单元进行教学流程设计。（图4-4）

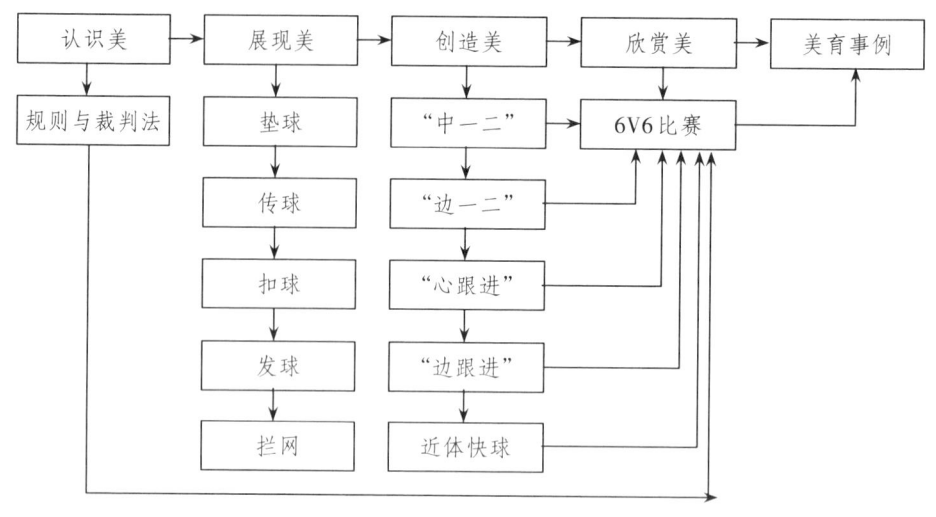

```
认识美 → 展现美 → 创造美 → 欣赏美 → 美育事例
   ↓        ↓        ↓        ↓
规则与裁判法  垫球    "中一二"   6V6比赛
            ↓        ↓
            传球    "边一二"
            ↓        ↓
            扣球    "心跟进"
            ↓        ↓
            发球    "边跟进"
            ↓        ↓
            拦网    近体快球
```

图4-4 排球大单元教学流程图

(4) 排球大单元的学习评价设计

按照排球各项技术的掌握情况，关注学生对各项技术之间的配合度、体能以及比赛的应用能力，按运动能力占65%（其中体能占25%、技战术运用占35%、运动认知占5%）、健康行为占15%、体育品德占15%，激励分占5%的构成比例，对学生的排球学习水平进行评价设计。（表4-15）

表4-15 水平四排球大单元学习评价表

类别	项目	单元学习初		单元学习末		单项得分(80%)	进步幅度(20%)	综合得分
		成绩	分值	成绩	分值			
运动能力(65%)	体能(25%)							
	1000米/800米(10%)							
	36米移动(5%)							
	原地纵跳摸高(5%)							
	助跑纵跳摸高(5%)							

216

续表

类别		项目	单元学习初		单元学习末		单项得分（80%）	进步幅度（20%）	综合得分
			成绩	分值	成绩	分值			
运动能力（65%）	技战术运用（35%）	对垫球(5%)							
		对传球(5%)							
		扣球（10颗成功率）（5%）							
		扣球技术评价(10%)							
		比赛应用（10%）	1.排球基本技术的掌握程度 2.能在比赛中运用技能的程度 3.在学习过程中能够认识美、展现美、欣赏美、创造美						
	运动认知（5%）	锻炼计划的制订(5%)	根据学生提交的锻炼计划，从锻炼目标的制定、锻炼内容的选择、锻炼方法的应用、锻炼计划的促进效果等方面进行评价并给出相应的分值						

类别	维度	自评(25%)	互评(25%)	师评(50%)	综合得分
健康行为（15%）	有规律地参与校内外体育锻炼				
	运用健康与安全知识和技能进行健康管理的能力增强				
	情绪调控能力增强，心态良好，充满青春活力				
	善于沟通与合作，适应多种环境				
体育品德（15%）	积极应对体育活动中遇到的困难，表现出吃苦耐劳、敢于拼搏、勇于争先的精神				
	做到诚信自律、公平公正，规则意识强				

续表

体育品德 （15%）	维度	自评 （25%）	互评 （25%）	师评 （50%）	综合 得分
	具有责任意识和集体荣誉感，能正确看待比赛胜负				

激励分(5%)	维度	综合得分
	在小组赛、班级比赛和校级比赛中取得优异成绩，在课堂教学中有突出的表现	

总分	运动能力（65%）+健康行为（15%）+体育品德（15%）+激励分（5%）
等级	根据总分，优秀：≥90分　良好：75—89分　及格：60—74分 不及格：≤59分

3. 排球大单元课时案例举要

下面以排球大单元（18课时）中的第5课时"排球——正面上手传球"为例进行课时计划设计。（表4-16）

表4-16　水平四（八年级）"排球——正面上手传球"课时计划

班级：八年级(8)(10)班　　男生人数：48人　　课次：第5次　　授课教师：洪汉彪

教学内容	1.排球——正面上手传球 2.体能练习：折返跑	教学重点	灵活的脚步移动、上下肢协调发力以及手指、手腕的弹性
		教学难点	正确的击球部位与击球点的掌握及体会由下至上发力的感觉
教学目标	1.运动能力：能正确做出排球传球的基本技术动作，在传球技术的基础上，利用多项技术进行组合与运用；发展心肺耐力、肌肉力量、柔韧性、协调性、灵敏性等身体素质 2.健康行为：了解排球传球的锻炼价值，养成排球锻炼的意识和习惯；养成从不同角度思考与分析问题的思维习惯；在情境展示中，自信表现自我，展现形体美；通过学练，对传球技术有进一步掌握，培养认识美、展现美、欣赏美、创造美的能力 3.体育品德：在排球传球技术学练中以小组合作形式探究，提高团队协作能力；通过比赛展现自我，逐步养成自尊自信、勇于挑战自我的品质，并能够遵守规则、尊重对手			

续表

课的结构	教学内容	教学活动方式与组织措施	时间、次数、强度
开始热身部分	1.课堂常规 (1)整队报告人数 (2)检查服装,安排见习生 (3)教学内容导入:观看视频 (4)向学生强调练习过程中安全的重要性	1.组织队形1:四列横队集合 ♀ △ 2.教学活动 (1)教师宣布教学内容和任务 (2)教师利用室外一体机播放视频导入本课内容,学生观看教学视频,从视频中发现技战术美、动作美,学会欣赏美并明确目标及要求 (3)组织学生集合整队 (4)明确本课内容、目标及要求 3.要求:站队快、静、齐	约2分钟 1次 强度低
	2.热身活动 (1)行进间基本步伐:移动慢跑中穿插并步、交叉步等基本步伐	1.组织队形2:学生成四路纵队进行练习 ♀♀♀♀♀ ♀♀♀♀♀ ♀♀♀♀♀ → ♀♀♀♀♀ 2.教学活动 (1)教师讲解热身方法 (2)体育委员带领学生有序进行热身 (3)学生匀速、有序保持队形跑动,动作标准,形态优美 3.要求:注意间距,匀速、整齐	6次 约3分钟 强度中

续表

开始热身部分	(2)拉伸练习 ①头部运动 ②扩胸运动 ③肩部运动 ④弓步拉伸 ⑤腕踝关节运动	1.组织队形3 ㅇㅇㅇㅇㅇㅇ ㅇㅇㅇㅇㅇㅇ ㅇㅇㅇㅇㅇㅇ ㅇㅇㅇㅇㅇㅇ △ 2.教学活动 (1)教师在队伍前讲解、示范并带领学生练习 (2)学生模仿并认真练习 3.要求:动作舒展有力度、有弧度,活动充分,避免运动损伤	约3分钟 各4×8拍 强度较低
学习提高部分	1.技术美——传球技术进阶练习 (1)复习对墙传球练习 动作方法:学生分成两组,面对排球墙原地准备,教师喊口令,学生高姿势准备,学生做对墙传球练习 (2)传球进阶提高练习 动作要领口诀: 蹬、伸、推、送 两腿开立高姿态 手臂微屈头上举 五指分开成半球 头顶前上来触球 腿部蹬伸力上传 传至手臂推出球	1.组织队形4 墙 ㅇㅇㅇㅇㅇㅇ 墙 ㅇ ㅇ ㅇ △ ㅇ ㅇ ㅇ 2.教学活动 (1)教师带领学生复习技术要点,体会动作美、技术美 (2)教师布置练习任务并提出固定击球点以及协调发力的练习要求 (3)学生按教师要求进行学练 (4)教师监督并进行个别与集体指导和纠错 (5)互相监督,彼此观察对方动作,发现优缺点,学会欣赏美 3.要求:保持前后左右0.5米间距并按照教师要求练习	约3分钟 50次每组 强度从低至中

第四章　创美体育课堂教学模式的变式发展

续表

学习提高部分	(3)合作美——两人配合传球练习(连续对传) 动作方法:两人一组面对面相距6米站立,各组左右间隔3米,两人进行连续对传练习 (4)合作美——前后移动对传练习 动作方法:两人一组面对面相距6米站立,各组左右间隔3米,一人持球将球自传向前约2米,迅速移动到球下再次将球传至同伴,随即回至原位等待同伴来球	1.组织队形5:学生分四组,在四个场地进行练习 2.教学活动 (1)教师讲解并示范两人配合传球练习内容,学生认真观察,发现动作美 (2)教师强调抛球与击球的方向和高度问题,并掌控好击球点与击球部位的练习要求 (3)教师布置练习任务与练习方法 (4)教师进行个人、集体指导与纠错,帮助学生发展观赏美的能力 3.要求:学生按教师的要求进行练习,注意保持距离,观察四周 1.组织队形6同组织队形5 2.教学活动 (1)教师讲解并示范两人配合传球练习内容 (2)教师强调击球的方向和高度问题,并掌控好击球点与击球部位的练习要求 (3)教师布置练习任务与练习方法 (4)学生按要求认真练习 (5)教师进行个人、集体指导与纠错 (6)优秀学生展示,学生学会欣赏美 3.要求:各组在小组长带领下,进行组合、配合并交换练习。前后两人保持3米左右距离,两组间前后保持1.5—2米间距	约17分钟 20次×2组 30次 强度中

续表

学习提高部分	(5)体验传准美——提升性练习(标志线传球进圈) 练习方法:在墙上挂不同高度的呼啦圈,学生站于标志线后,通过自抛自传的方法将球传进呼啦圈,第一个同学传出球后,并迅速上前捡球,依次进行	1.组织队形7:学生分8组进行练习 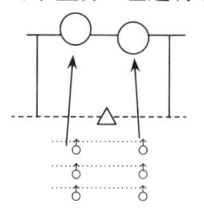 2.教学活动 (1)教师讲解并示范传球进圈练习内容与方法 (2)学生认真观看并模仿练习,探讨如何精准传球,团队分配,学会创造美 (3)教师强调下肢蹬伸、全身协调发力的动作要点并要求学生挑战自我将球传进圈内 (4)学生分组练习 (5)教师监督、鼓励、指导与纠错 (6)学生团结协作,体现精神美 3.要求:前后左右间距1.5米以上,捡球及时,观察四周,避免碰撞	8—12次 强度中
	2.竞赛美:传球比准比赛 游戏方法同上 游戏规则:每人进行一次自抛自传,圈内与圈边记1分,圈外不得分,时间为2分钟,最终以分数高者胜	1.组织队形8同组织队形7 2.教学活动 (1)教师讲解游戏规则 (2)两组互相监督按规则进行比赛 (3)教师监督并鼓励 3.要求:前后左右间距1.5米以上,捡球及时,观察四周,避免碰撞	2分钟 强度中
	3.形体美、精神美:体能练习 (1)折返跑 方法:采用半场触地折返跑 每次练习时间为1分钟 (2)俯卧撑 (3)波比跳	1.组织队形9:折返跑队形 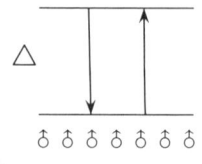 2.教学活动 (1)教师讲解并示范 (2)教师布置练习任务 (3)学生练习 (4)教师监督并鼓励 3.要求:前后左右间距1米左右,注意学练安全	约10分钟 3次 各20次×3组 强度高

续表

恢复整理部分	1.放松与拉伸 针对手臂和肩部进行拉伸与放松 2.课堂总结 本节课情况以及课后任务 3.师生再见	1.组织队形10:四列横队分散站立 ♂ △ 2.教学活动 (1)教师点评以鼓励与表扬为主,适当点出学生存在的不足之处 (2)教师组织学生进行拉伸练习 (3)以培养学生认识美、展现美、欣赏美、创造美为出发点,在教学过程中正确引导学生进行探究和思考,使学生在思想、情感、情操等方面得到陶冶,达到外在美和内在美的有机统一 3.要求:保持安静,认真听讲,拉伸充分	约3分钟 各4×8拍 强度小 约2分钟
场地器材	场地:两片排球场 器材:室外一体机、排球25个	预计运动负荷	安静心率:70—80次/分 最高心率:150—160次/分 平均心率:135—145次/分 练习密度:45%—50%
安全措施	1.检查场地 2.准备活动充分 3.练习时注意前后同学间距,以免发生碰撞 4.进行体能训练时,提醒学生注意安全		
课后反思			

以上创美体育课堂排球教学模式及案例分析,体现了在排球教学中融入美育教育对学生全面发展的意义。进行各项排球技术练习,不仅能发展学生的排球技术,挖掘技术美,而且能学习排球独特的技战术,体验战术美;不仅能培养学生的精神美,形成团结协作、勇敢拼搏的优良品质,还能增强其自信心、激发运动兴趣,达成终身体育的意识,以及提升审美能力和表现运动美的能力,帮助学生更好地适应团队配合精神并实现个人价值。

(三)足球项目

足球运动是一项以脚为主,控制球和支配球,按照一定规则、技术、战术等互相进行进攻和防守的体育运动项目。足球项目的基本技术有踢球、接球、传球、运球、头顶球、抢截球、掷界外球、战术配合等技术。下面以促进足球技能水平、提升战术意识进行足球项目的教学设计及案例举要。

1.足球运动的美育要素及目标

足球运动具有对抗性强、战术多变、参与人数多等特点,被称为"世界第一运动"。正因如此,在足球比赛中体现出了不同的美,有技术美、战术美、悬念美、意志美等,这些美在比赛当中被运动员无意识或有意识地展现出来。下面按照足球各项技术的内容要求,挖掘其中的美育要素及可实现的美育目标。(表4-17)

表4-17 足球项目美育融合目标体现

足球技术要素	内容要素	美育要素	美育目标
技术	学习并运用传、停、带、射门等足球最基本的技术动作	技术美: 传球:脚背外侧长传、直塞单刀球等 停球:内马尔式停球、连停带过等 运球:马赛回旋、牛尾巴、踩单车、钟摆式过人等 射门:凌空抽射、倒挂金钩等	通过传球、停球、运球等各种技术的训练,学生能在比赛中灵活应用足球技术,展现出技术美
战术	1.进攻战术:指球队在比赛中通过各种方式向对方球门发起攻击的战术。常见的进攻技战术包括传球"二过一"、倒三角射门、突破等 2.防守战术:指球队在比赛中通过各种方式阻止对方进攻的战术。常见的防守技战术包括盯人防守、区域防守、逼抢等	战术美: 进攻战术:"二过一"战术、"三过二"战术、边路进攻传中战术、中路进攻战术 防守战术 (1)局部防守战术:补位、围抢、造越位战术 (2)全队防守战术:盯人紧逼防守(人盯人防守)、区域紧逼防守(区域与盯人防守相结合)	训练足球战术,能在比赛中将进攻、防守战术体现出来,并熟悉运用,展现出战术美

续表

足球技术要素	内容要素	美育要素	美育目标
悬念	悬念:球迷对足球比赛未知情节的发展变化所持的一种急切期待的心情	悬念美: 2018年世界杯比赛,比利时队击败夺冠的热门队伍上届冠军巴西队,韩国队战胜德国队,匈牙利队战胜人才济济的英格兰队,德国队最后15秒绝杀瑞典队等。体育比赛结局没有预先设定,因而充满了悬念,不到最后一刻,谁也无法预知下一秒会发生什么。因此,球迷在充满悬念、紧张刺激的比赛中获得了最大的满足	通过足球训练,提高技战术水平,不断破解敌队战术,形成新一套进攻、防守技战术,展现出比赛悬念美
意志	意志品质:运动员在行动中具有明确的目的,不屈从于周围人的压力,按照自己的信念、知识和行为方式进行行动的品质	意志美: 2006年,贝克汉姆在世界杯比赛中受伤,依然选择继续比赛;2010年,卡卡为出征世界杯,打封闭带伤上阵;2014年,C罗髌骨肌腱损伤,为征战世界杯,带伤上阵;2018年,埃及门将哈达里以45岁高龄出战世界杯;2022年,37岁C罗、30岁内马尔、36岁诺伊尔、37岁莫德里奇、35岁本泽马、35岁苏亚雷斯等依旧在世界杯出战名单上,他们依然选择为国出征	运动员高强度的足球训练及高强度的足球比赛,体现出不怕困难、坚韧、刚强、不屈不挠的意志品质,体现出意志美

2.足球大单元的教学设计

足球大单元的教学设计参考人教版《体育与健康》教科书中的足球教学内容。足球运动是"世界第一运动",它是集体性项目,对技术、战术有较高的要求。足球将集体主义和个人主义完美结合,比赛中不仅体现了团队配合,还展现了个人技术,彰显了足球魅力。足球运动形式灵活,比赛形式多样,具有较强的趣味性和竞技性。近些年,我国对足球加大了普及力度,使足球运动深受广大青少年的喜爱。它对于增强学生体质、促进身心健康、提高学生体育活动的参与意识,培养与人合作的意识和集体主义精神具有重要意义。本单元的育人目标为,让学生掌握足球的基本知识和技战术,通过团队配合达成技术美、战术美,同时在实践中学会精神美、对抗美、欣赏美、创造美,促进学生核心素养的发展。本单元通过多样的活动器材来激发学生的学习兴趣,通过各种游戏、比赛、教师示范与学生展示,激发学生的参与兴趣,提高学生参与的积极性。学生根据自己的年龄特点选择多种学习方式,通过个人练习、合作练习、游戏比赛等组织形式,充分调动学习积极性,实现本单元的学习目标。大单元设计倡导的是多向思维法进行足球竞赛教学,将足球技战术学习与发展紧密联系,在教学过程中注重以思促学、以思促练、思学相长的教学效果。在学生掌握基本知识、技术、战术的基础上,以培养学生认识美、展现美、欣赏美、创造美为出发点,在教学过程中正确引导学生进行探究和思考。

(1)足球大单元的美育目标设计

根据足球项目的特点、学生的认知能力和技能水平,制定以下美育目标。

①运动能力:能熟练做出足球基本技术动作,明确各项技术动作在比赛中的重要性,在比赛中能合理地控制球权、处理球权;能熟悉足球比赛规则,并能承担校园足球的裁判工作,可对足球比赛进行简单的分析和解读;发展心肺耐力、肌肉力量、协调性、灵敏性等体能美。

②健康行为:了解足球的锻炼价值,养成足球锻炼的意识和习惯;养成分析问题、冷静处理问题的思维习惯;在竞赛对抗中,自信表现自我,展现技术美;通过学练,对足球运动产生喜爱,通过足球比赛培养认识美、展现美、欣赏美、创造美的能力;学会在运动后放松调整,消除疲劳。

③体育品德:在足球学练中以团队配合的形式,提高团队协作能力;通过实践对抗,逐步养成自尊自信、勇于挑战自我的品质,并能够遵守规则、尊重对手,体现精神美、品德美。

(2)足球大单元教学内容的整体设计

按照《2022年版体育课程标准》对大单元教学的要求,对足球项目进行18课时的相对系统和完整的教学设计如下。(表4-18)

表4-18 足球大单元教学设计(18课时)

课次	学习主题	技能学习目标	基本部分 学习活动	基本部分 练习活动	基本部分 比赛活动
1	1.欣赏足球比赛,认识足球美 2.学习足球运动的基本规则、裁判手势,创造足球美 3.慢跑	了解比赛规则和裁判手势,懂得欣赏足球比赛,发掘欣赏美	1.观摩足球起源介绍、优秀比赛视频 2.学习足球规则和裁判手势	1.通过视频,小组讨论并学习足球规则 2.通过实践演示,练习裁判手势	1.相关足球规则竞赛问答 2.举行小组对抗比赛,学生执裁,提高执裁熟练度
2	技术学习,感受足球美:颠球与球性球感练习+体能练习	提高脚下频率,熟练颠球及脚对球的感觉,提高熟练度,展现出颠球与控球的美	1.学习脚背正面颠球 2.学习脚内侧扣球、脚底拉球、踩球等 3.掌握控球的力度,使球在可控范围内活动	1.每人一球进行颠球 2.老师带领集体练习,依次有序地进行脚内侧扣球、拉球、踩球等 3.体能练习:敏捷梯脚步练习	1.分小组进行颠球比赛 2.通过踩、拉、扣球等方式过标志盘,相互点评打分
3	技术学习,体会足球美:复习颠球+学习运球	能进行多部位颠球和运球,提高控球能力,通过控球进行过人,发掘创造美	1.复习脚背正面颠球,并尝试更多部位颠球 2.学习脚背正面、脚背外侧运球	1.熟练脚背正面颠球,并尝试更多部位的颠球,如用脚内侧、脚外侧、大腿、头部等部位颠球 2.采用脚背正面及脚背外侧进行无障碍的直线运球 3.熟悉后,采用运球的方式进行曲线运球绕杆 4.体能练习:力量、耐力练习 (1)深蹲跳、蛙跳 (2)定时跑	1.各部位颠球比赛 2.运球绕杆接力比赛 3.分组进行小范围控球比赛

续表

课次	学习主题	技能学习目标	基本部分		
			学习活动	练习活动	比赛活动
4	技术学习，创造足球美：复习运球+学习脚内侧传接球	能够将运球与传球相结合，在对抗中传出妙球及停好球，展现出运、传、接球的美	1.学习脚内侧传接球 2.学习身体动作协调配合	1.两人一组进行原地脚内侧传、接地滚球 2.分组进行运球绕杆后用脚内侧传球给下一个同学 4.体能练习：速度、灵敏练习 (1)短距离冲刺跑 (2)折返跑 (3)绳梯脚步练习	1.4人一组，3人传接球，一人抢球比赛 2.在15米×15米的范围内进行3V3运、传、接球比赛
5—6	技术学习，创造足球美：学习脚背正面踢球+脚背内侧传球+行进间传接球	学生能协调做出传球及接球动作，能较好地控制球，展现出足球技术美	1.学习脚背正面踢球：固定球，助跑支撑跨步摆腿击球随前 2.学习脚背内侧踢球：固定球，体会触球部位 3.学习跑动与传球的时机	1.两人一组，脚背正面踢固定球 2.两人一组，进行正脚背对踢球 3.脚背内侧踢固定球 4.两人一组，训练行进间传接地滚球，注意传跑时机及传球力度 3.体能练习：腰腹力量 (1)平板支撑 (2)俄罗斯转体15次 (3)仰卧臀桥30秒	1.定位球进行正脚背射门比赛 2.脚背内侧踢球传入30米远的半径为2.5米的圈内
7	技术学习，创造足球美：复习传接地滚球+学习原地、移动接空中球	能较好地掌握接传地滚球技术，基本掌握停空中球技术，展现停球技术美	1.学习原地接空中球 2.学习在移动中接好空中球 3.学习停球的时机和方向	1.两人一组，原地一人抛空中球，一人采用合理部位进行停球并回传 2.两人一组，在移动中，一人抛球，一人停球，停完球后回传抛球人 3.分组展示学习成果并进行自我评价 4.体能练习 (1)绳梯练习 (2)米字跑	1.在15米×30米场地中进行3V3+2比赛，出现长传球并停好后加3分

续表

课次	学习主题	技能学习目标	基本部分		
			学习活动	练习活动	比赛活动
8	技术学习，创造足球美：复习接空中球+学习掷界外球与接球回传	明白掷界外球与传接空中球在比赛中的重要性，并能较好运用接空中球与回传技术，展现足球技术美	1.学习掷界外球动作 2.学习各项技术的协调配合	1.练习掷界外球 2.练习接球，回传技术动作，合理采用各项技术 3.体能练习：下肢力量练习 (1)深蹲 (2)弓箭步 (3)蹲跳起	1.进行5V5比赛，并采用掷界外球方式开球
9	技术学习，感受足球战术美：学习防守步伐及技巧	能够熟练地运用防守步伐并成功阻止进攻队员，展现防守对抗美	1.学习防守步伐，如滑步、倒退步、交叉步 2.学习防守技巧，如卡进攻球员身位、铲球动作等	1.集体练习防守步伐 2.小组进行1V1,2V2运球防守突破练习，1V2防守练习 3.体能练习：腰腹力量和下肢力量练习 (1)俯式支撑平移 (2)仰卧起坐 (3)蹲跳起	1.1V1对抗，防守方破坏球权则成功 2.3V3小组对抗赛
10	技术学习感受足球战术美：进攻无球移动技术	能够明确跑动路线，能与同伴合理配合，展现团队配合美	1.学习无球跑动方向、姿态、路线等 2.学习跑动过程中合理地处理球	1.两人一组，行进间传接球过标志杆 2.2V1对抗中，一人防守，两名进攻队员，一人持球，一人无球跑动接球进攻 3.体能练习： (1)米字跑 (2)折返跑	1.1V2对抗赛 2.2V3对抗赛 要求：跑动路线要正确，处理球要合理

229

续表

课次	学习主题	技能学习目标	基本部分		
			学习活动	练习活动	比赛活动
11	技术组合学习，展现战术美：接球+射门，运球+射门	能较好地控制球，熟练运球、传球、接球、射门等，创造各技术衔接美	1.学习接球后射门与运球后射门的衔接动作 2.学习接球前摆脱、运球后摆脱等射门技术	1.练习跑动后接球+运球；摆脱防守（标志杆）后接球+射门；1V2运球+传球+接球+射门练习 2.1V2消极防守，练习接球前摆脱防守，后射门 3.体能练习： (1)深蹲跳 (2)蛙跳 (3)折返跑	1.2V2对抗赛 2.3V3对抗赛 规则：在15米×15米的范围内举行对抗赛，要求合理处理球权，拿球后尽量射门得分
12	战术学习，创造足球战术美：斜传直插二过一、直传斜插二过一	能明确战术在比赛中的重要性，并能在比赛中与同伴合理运用战术，学会欣赏战术美与创造战术美	1.学习简单的二过一战术 2.学习二过一的时机与技术动作	1.跑动中传接球；练习二过一过障碍物，消极防守二过一练习，增强学生二过一的能力和意识 3.体能练习： (1)平板支撑 (2)俯卧撑	1.3V3对抗赛 2.5V5对抗赛 规则：在五人组场内进行对抗，若通过二过一战术得分则为2分
13	体能练习：一般体能和专项体能练习	通过练习发展学生的专项体能和一般体能，提高学生的体能素质，展现意志品质美	学习体能分配，培养坚持不懈、不畏困难的意志品质	1.莱格尔跑 2.快速折返跑 3.米字跑 4.绳梯跑	1.运球折返跑比赛 2.米字跑比赛（秒数少获胜）

230

续表

课次	学习主题	技能学习目标	基本部分		
			学习活动	练习活动	比赛活动
14	技术比赛，欣赏、创造足球美：颠球比赛、运球接力比赛、射门比赛	通过比赛激发学生对足球的兴趣，提高练习兴趣，巩固各方面技术动作，展现技术美	学习比赛中的心理调整	比赛一：常规颠球比赛、大腿颠球比赛 比赛二：直线、曲线、绕杆往返运球接力 比赛三：人墙障碍射门、九宫格射门	1.运球折返跑比赛 2.米字跑比赛（秒数少获胜）
15	对抗比赛，展现足球美：1V1突破射门；4V4和5V5教学比赛	通过比赛激发学生对足球的兴趣，提高练习兴趣，巩固各方面技术动作，展现技术美、战术美与精神美	1.学习在比赛中调整心态与情绪 2.学习在比赛中合理分配体能	练习运球、颠球、传球、射门等技术，为比赛做足热身准备	1.在15米×15米范围内1V1突破射门； 2.在20米×40米范围内进行4V4和5V5比赛
16	规则学习，欣赏足球美：裁判法及执裁	了解裁判在比赛中的作用，通过对规则的学习，提高学生执裁能力，展现自信美	1.学习足球规则 2.学习裁判员手势及跑位 3.学习裁判员的坚决与自信	在2V2和3V3小范围的比赛中进行执裁，熟悉规则和手势	在8V8比赛中执裁
17	足球基本技战术考核	通过比赛激发学生对足球的兴趣，巩固各方面的技术动作，展现技术美、战术美与精神美	1.学习在比赛中调整心态与情绪 2.学习在比赛中合理分配体能	练习运球、颠球、传球、射门等技术，为比赛做足热身准备	1.练习在规定时间内的运球、颠球、运球+射门 2.进行8V8比赛，并对每位学生的场上情况进行评分

续表

课次	学习主题	技能学习目标	基本部分		
			学习活动	练习活动	比赛活动
18	观赏比赛，认识、欣赏足球美	通过观赏比赛，激发学生对足球的兴趣，提高学生的练习兴趣，增强学生的临场意识。懂得欣赏足球比赛美	1.学生观看比赛，并对比赛的情况进行专业性评价 2.宣布本单元学习结果并进行颁奖（评选出"最佳射手""最佳门将""最佳中场""最佳后卫""最佳裁判员"等）		

（3）足球大单元的教学流程

按照创美体育教学理念，从认识美、展现美、欣赏美、创造美四个方面对足球大单元进行教学流程设计。(图4-5)

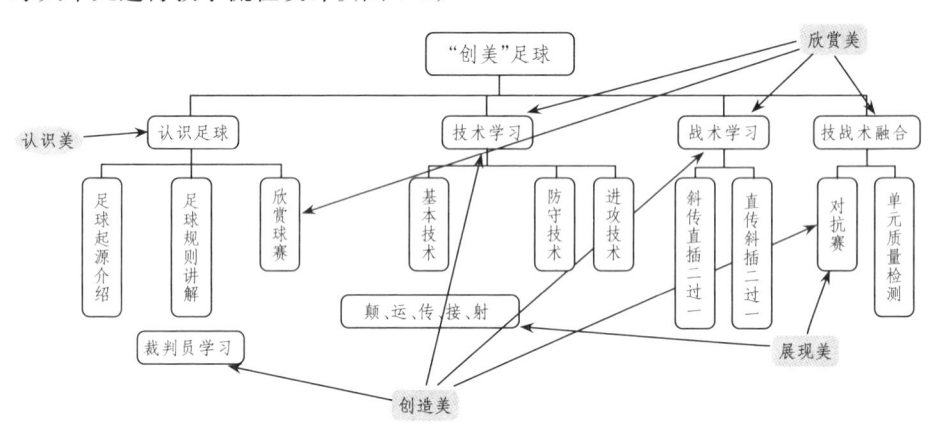

图4-5 足球大单元教学流程图

（4）足球大单元的学习评价设计

按照足球各项基本技术的特点，关注学生对各项技术的掌握程度和体能水平，按运动能力占35%（其中体能占10%、运动技能占15%、运动认知占10%）、健康行为占20%、体育品德占20%、足球比赛占25%的构成比例，对学生的足球学习水平进行评价设计。(表4-19)

表4-19 水平四足球大单元学习评价表

评价内容	评价类别	评价内容	单元学习初		单元学习末		技术评价	进步幅度	综合得分
运动能力（35%）	体能（10%）	项目	成绩	分值	成绩	分值	分值		
		5×25米折返跑							
		1000米/800米							
	运动技能（15%）	项目	成绩	分值	成绩	分值	分值		
		颠球							
		运球绕杆射门							
		脚弓连续传球							
	运动认知（10%）	球队比赛战术分析	学生观看足球比赛，并能说出球员使用的技术动作名称，以及能分析球队在比赛中所运用的基本战术，根据情况给出相应的分数						
		制订锻炼计划	根据学生提交的锻炼计划，从锻炼目标的制定、锻炼内容的选择、锻炼方法的应用、锻炼计划的促进效果等方面进行评价并给出相应的分值						

评价内容	维度	自评（25%）	互评（25%）	师评（50%）	综合评分
健康行为（20%）	有规律地参与校内外体育锻炼				
	运用健康与安全知识和技能进行健康管理的能力增强				
体育品德（20%）	做到诚信自律、公平公正，规则意识强				
	具有责任意识和集体荣誉感，能正确看待比赛胜负				

续表

评价内容	维度	分值	综合得分
足球比赛（25%）	传球技术的准确性、稳定性、合理性强；接控球技术和带球突破技术运用合理；防守选位合理、抢断效果好；个人攻防决策果断合理，整体战术、配合意识水平表现突出；比赛作风顽强，心理状态稳定	25—20分	
	传球技术的准确性、稳定性、合理性较强；接控球技术和带球突破技术运用较合理；防守选位较合理、抢断效果较好；个人攻防决策较合理，整体战术、配合意识水平表现良好；比赛作风良好，心理状态较稳定	19—15分	
	传接球技术的准确性、稳定性、合理性一般；接控球技术和带球突破技术运用一般；防守选位一般、抢断效果一般；个人攻防决策一般，整体战术、配合意识水平表现一般；比赛作风较好，心理状态有波动	14—10分	
	传接球技术的准确性、稳定性、合理性差；接控球技术和带球突破技术运用差；防守选位差、抢断效果差；个人攻防决策差，整体战术、配合意识水平表现差；比赛作风一般，心理状态不稳定	10分以下	
总分	运动能力(35%)+健康行为(20%)+体育品德(20%)+足球比赛(25%)		
等级	根据总分，优秀：≥90分　良好：75—89分　及格：60—74分　不及格：≤59分		

3.足球大单元课时案例举要

下面以足球大单元（18课时）中的第3课时"足球——运球绕杆"为例进行课时计划设计。（表4-20）

表4-20 水平四(八年级)"足球——运球绕杆"课时计划

班级:八年级(2)班　　学生人数:52人　　课次:第3次　　授课教师:叶炳智

教学内容	1.学习运球绕杆 2.体能练习	教学重点	过杆时运球力度和方向的控制
		教学难点	运球时机的把握及上下肢的协调配合

教学目标	1.运动能力:能理解足球运球绕杆的动作要领,85%以上的学生能掌握正确的运球绕杆技术动作,达成个人目标,展现个人技术美 2.健康行为:熟悉运球技术动作,表现出对足球项目学练的信心,精神饱满,感受力与健之美,并与同伴协作练习,学会欣赏与评价,培养审美情趣,并能科学安全地进行练习,表现出健康美的魅力 3.体育品德:在学练赛的教学过程中,通过小组合作等方式培养学生的合作探究能力,在比赛中培养学生熟悉规则、遵守规则、勇于拼搏等良好的体育品德,体现出良好的精神美、品德美

课的结构	教学内容	教学活动方式与组织措施	时间、次数、强度
开始热身部分	1.课堂常规 (1)集合整队、检查着装 (2)清点人数、师生问好 (3)宣布本课内容任务 (4)加强安全教育	1.组织队形1:四列横队 2.教学活动 (1)教师宣布内容与目标 (2)安排见习生,进行安全教育 (3)体育委员整队、检查人数 3.要求:集合快、静、齐	约2分钟 1次 强度低
	2.热身活动 (1)慢跑及行进间热身操 方法:在规定的区域沿着规定路线跑动,然后由教师带领学生做行进间热身操 (2)足球专项脚法练习 方法:根据教师的指令做出相应的脚法练习	1.组织队形2:学生分4组在指定区域进行练习	约8分钟 各4×8拍 5—7次 强度中

235

续表

课的结构	教学内容	教学活动方式与组织措施	时间、次数、强度
开始热身部分		2.教学活动 (1)教师讲解练习方法和路线 (2)教师带领学生练习行进间热身操,学生注意听教师的口令进行练习 3.要求:仔细观察模仿,动作有力、到位,注意安全、抬头观察	
学习提高部分	1.发现、欣赏与展现美 (1)技术美——第一脚触球过杆练习 方法:用支撑脚脚尖对准第一根杆的左侧,身体重心向前倾的同时,运用运球脚的脚内侧向前领球,使球向杆的左侧滚动,并完成绕杆	1.组织队形3:学生分成8组,相向站立 2.教学活动 (1)教师讲解并示范,学生每人一球在教师的指挥下练习,体验足球技术美 (2)教师巡回指导纠错,学生明确动作要领,并仔细观察同伴动作,互相观摩纠错,学会欣赏他人动作 (3)优生展示,教师再次强调重难点 3.要求:学生认真分析教师要求的重难点并积极学练	约5分钟 4次 强度较低
	(2)技术美——运球绕杆练习 方法:过杆时练习者屈膝稍蹲,重心降低,以脚内侧或脚背外侧触拨球变向完成运球过杆,过杆后以同样的动作迅速完成变向,运球至下一个标志杆。标志杆的两侧摆放标志盘,学生绕杆时控制球的滚动路线,不得超过标志盘。每根杆相距5米	1.组织队形4:成6路纵队	约5分钟 2—3次 强度中

续表

课的结构	教学内容	教学活动方式与组织措施	时间、次数、强度
学习提高部分	重点:过杆时运球力度和方向的控制 难点:上下肢的协调配合	2.教学活动 (1)教师组织学生平均分成6组,排成纵队依次绕杆。完成绕杆后排至对面终点线 (2)教师巡回指导并因材施教 3.要求:集中注意力,有良好的控球能力,反应快速	
	(3)竞技美——运球绕杆接力比赛 方法:学生分成4组,每组同学相向站立,运球绕杆接力时必须绕至对面排尾,并从前面同学的胯下传球给排头同学,排头同学接球后出发,直至最后一名同学,最快完成的小组获胜	1.组织队形5 2.教学活动 (1)教师组织学生平均分成4组,排成纵队依次绕杆。完成绕杆后排至对面终点线 (2)学生进行分组练习 3.要求:学生用心体会绕杆的要领	约5分钟 2次 强度中
	2.体能美——循环体能练习 方法:4组同学各围成一个圈,听着音乐分别进行开合跳、高抬腿、波比跳、俯卧撑的循环体能练习,每完成一组,逆时针轮换,直至完成4组练习	1.组织队形6 2.教学活动 (1)教师讲解练习方法,学生分组进行练习 (2)教师调动学生的积极性并鼓励学生完成循环体能训练,体现力量美和坚韧不拔的精神美 3.要求:认真对待,注意安全	约10分钟 1次 强度高

续表

课的结构	教学内容	教学活动方式与组织措施	时间、次数、强度
恢复整理部分	1. 音乐美、舒展美——在音乐伴奏下练习整理放松操 2. 小结本课、布置课后作业 3. 布置下次课的内容 4. 安排值日生收器材，师生再见	1. 组织队形7：四列横队体操队形散开 2. 教学活动 (1) 学生相互交流，畅谈感受，教师适当点评，表扬鼓励，激励上进 (2) 音乐伴练，适当示范，放松四肢，恢复身心，体验音乐美、舒展美 3. 要求：舒展放松，尽快恢复身心	约5分钟 强度低
场地器材	场地：足球场 器材：足球53个、标志碟50个、标志杆20个	预计运动负荷	安静心率：70—80次/分 最高心率：165—170次/分 平均心率：140—160次/分 练习密度：50%—55%
安全措施	1. 向学生讲解并要求学生遵守安全注意事项 2. 做好充分的准备活动		
课后反思			

以上创美体育课堂足球教学模式及案例分析，体现了在足球教学中融入美育教育对学生全面发展的意义。练习足球技术、战术，不仅能让学生提升技能水平，塑造健康体态，培养顽强、坚韧不拔的优良品质，还能让学生增强自信心、激发运动兴趣、促进身心和谐发展、培养团队协作精神等，以及提升审美能力和表现运动美的能力，帮助学生更好地适应社会发展的需要并实现个人价值。

二 田径类运动教学设计及案例举要

田径类项目分为田赛和径赛，有跑类项目、跳跃类项目和投掷类项目。本部分以发展学生的快速跑、跳跃能力及上肢投掷力量为教学目标进行田径类运动的教学设计及案例举要。

(一)田径运动美育要素及目标

田径运动的美在于运动员在赛场上展现的拼搏进取的风采和飒爽的英姿，以及这项运动独特的魅力。更重要的是运动员在赛场上展现出的不畏强手、敢于挑战的精神。古希腊雕塑家米隆在公元前5世纪为铁饼运动员塑造的一座雕塑《掷铁饼者》，就是一件具有美学代表意义的塑像作品。作者抓住了掷铁饼运动员在铁饼要出手的瞬间的身体姿态，塑造出了运动员强壮饱满的肌肉、刚毅的神情、雄健的体魄，至今仍展现出一种现代人难以企及的精神。下面按照田径运动的内容要求，挖掘其中的美育要素及可实现的美育目标。（表4-21）

表4-21 田径类运动项目美育融合目标体现

田径要素	美育要素	美育融合点	美育目标
认识美	1.身体动作的优雅美	通过田径运动，学生可以感受到身体在运动中的优雅与协调，如跑步时的姿势端正、跳远时的身体伸展等，培养对身体美的认知和欣赏能力	通过田径美育，帮助学生认识田径运动中所蕴含的美，包括技术动作的优美性、力量与速度的完美结合等方面
	2.自然景观的美	田径运动通常在户外进行，学生可以欣赏到自然景观的美丽，如晨跑时的日出、长跑时的风景等，培养对自然美的感知和欣赏能力	
	3.动作录像的审美教育	通过观看田径运动员的比赛录像，学生可以欣赏到高水平运动员的动作美，如短跑选手的爆发力、跳高选手的飞跃姿势等，培养学生对运动美的审美能力	
	4.运动场地的艺术美	田径运动场地的设计和布置也是一种艺术，如操场上的跑道、沙坑、撑杆跳的起跳台等，学生可以通过观察和学习，认识到运动场地的美感，培养对环境美的观察和感知能力	

续表

田径要素	美育要素	美育融合点	美育目标
展现美	1.赛事表演的舞台美	田径比赛是一种集体表演,学生可以通过参与比赛展示自己的技巧和能力,在比赛的舞台上展现个人的美感和风采	引导学生在田径运动中展示个人的美,包括优雅的动作、坚韧的毅力和顽强的拼搏精神,展现个人的风采和美感
	2.动作和技巧的美	田径项目中的各种动作和技巧都有其独特的美感,如短跑时的爆发力、跳远时的飞跃姿势等。学生可以通过学习和练习,展示自己的动作美和技巧美	
	3.团队协作的美	田径比赛中,还有接力等需要团队协作的项目,学生可以通过团队合作展示团队的美感和默契,如接力棒的传递、团队的配合等	
欣赏美	1.赛事氛围的美	参与或观看田径比赛时,学生可以感受到赛事现场的热烈氛围和团队合作的美。观众的欢呼声、运动员的努力奔跑和互相鼓励,都展现了团队合作和竞技精神的美	培养学生欣赏田径比赛中的美感,如优秀运动员的高超表现、比赛场景的壮观场面等,让学生从中体会美的魅力
	2.服装和装备的美	田径运动员的服装和装备也是一种美的表现。学生可以欣赏到运动员穿着统一的比赛服装、装备齐全的运动设备等,体现了专业性和整体美感	
	3.比赛成果的美	田径比赛结束后,通过比赛成绩的展示,学生可以欣赏和评价自己与他人的成果,培养对成果美的认知和欣赏能力。比如观看他人的精彩比赛录像、回顾自己的比赛照片等	
创造美	1.创造美的体验	田径运动不仅仅是单纯的模仿和学习,还可以鼓励学生进行创造性的实践,如设计和制作自己的跑道障碍物、组织田径比赛等,培养学生对创造美的认知和体验能力	激发学生创造美的热情,培养他们在田径运动中追求卓越、超越自我的精神,鼓励他们创造出属于自己的美丽和精彩
	2.设计和制作障碍物	在田径教学中,可以鼓励学生设计和制作自己的跑道障碍物,如小栏杆、障碍桩等。通过创造自己的障碍物,学生可以展现他们的想象力和创造力,并提升对美的认知和欣赏能力	

续表

田径要素	美育要素	美育融合点	美育目标
创造美	3.组织田径比赛	学生可以在教学过程中参与组织田径比赛，并负责制定比赛规则、设计比赛项目和安排赛程等。参与比赛的组织，能够培养学生的团队合作、领导能力	激发学生创造美的热情，培养他们在田径运动中追求卓越、超越自我的精神，鼓励他们创造出属于自己的美丽和精彩
	4.制作个性化装备	学生可以参与制作个性化的田径装备，如自己设计和绘制跑鞋的图案、装饰跳远板等。通过制作个性化装备，学生能够发挥创造力，展示个性和美感，并增强对美的认知和欣赏能力	

(二)田径类大单元的教学设计

根据《2022年版体育课程标准》专项运动技能田径类运动水平四的学业要求，将100米跑(快速移动能力、无氧代谢水平)、蹲踞式跳远(弹跳力、身体控制能力和灵敏性)、掷实心球(肌肉力量和爆发力)作为主要的教学内容，在教学过程中，注重培养学生的体能、技能、意志品质和美育情感，使学生能在运动中感受到美的魅力。创美体育教学的目标是培养学生的体能、技能、意志品质和美育情感，让他们在运动中体验美的魅力。注重个人发展与团队合作相结合的教学模式，培养学生的合作与协作能力。美育内容融入包括引导学生注意运动姿势的优美与协调性，营造赛场的艺术呈现和举办艺术形式的展示活动。通过这种教学设计，学生不仅能掌握运动技巧，还能提高身体素质、美育素养和个人品质，培养健康积极的态度，并在运动中感受到美的魅力。

田径类项目的教学内容包括跑类、跳跃类、投掷类技术的基本要领和动作要求，具有系统性、实用性、渐进性和图文结合的特点。田径类项目的教学内容丰富，并配有详细的图示和文字说明，有助于学生全面掌握相关技能。田径类项目的教学注重实用性，内容紧密结合实际运动场景，有助于学生培养实际操作能力。田径类项目教学的渐进性设计有助于学生循序渐进地提高技能水平。通过田径类项目的教学设计，能够帮助学生达到提高身体素质和技能水平、培养合作与协作能力、感受体育美育魅力的教学目标。

1.田径类大单元的美育目标设计

根据田径类项目的特点、学生的认知能力和技能水平,制定以下美育目标。

①运动能力:学会正确的跑步姿势、起跑技巧、转弯技巧以及跳远、跳高、投掷等技术动作。通过反复训练和实践,学生能提高自己的速度、力量、灵敏性和协调性。此外,培养耐力和毅力,学会战胜困难和挑战自我。通过创美美育的引导,学生将体验到运动的乐趣和成就感,培养积极向上的运动态度和自信心。

②健康行为:了解运动对身体健康的重要性,学会合理安排运动时间,掌握正确的运动方法和训练原则。通过运动锻炼,学生的心肺功能有所提高、肌肉力量将得到增强、身体素质将得到改善,从而提高自身的健康水平。学会团队协作和合作,培养互助友爱的精神,共同创造积极健康的学习和生活环境。

③体育品德:学会尊重他人、团队合作、遵守规则和公平竞争。通过参与比赛和训练,学会面对胜利和失败,培养坚持不懈的品质和团队精神。通过体育美育的引导,学生将感受到体育运动中的公平、正义和诚实,培养出正直、勇敢、宽容和友善的品德,以成为有品德的体育运动员和公民。

2.田径类大单元教学内容的整体设计

按照《2022年版体育课程标准》对大单元教学的要求,对田径类项目进行18课时的相对系统和完整的教学设计如下。(表4-22)

表4-22 田径类大单元教学设计(18课时)

课次	学习主题	技能学习目标	基本部分		
			学习活动	练习活动	比赛活动
1	1.了解跑、跳、投的基本运动技能和理论知识 2.认识田径运动之美	能清楚地知道跑、跳、投的基本运动技能和理论知识	1.学习跑、跳、投项目的历史渊源和了解国际田径赛事 2.知道如何安全进行体育游戏	1.分享自己喜欢的运动项目,描述跑、跳、投运动中美的呈现方式 2.说一说如何安全进行体育游戏	知识问答竞赛

续表

课次	学习主题	技能学习目标	基本部分		
			学习活动	练习活动	比赛活动
2	发展奔跑美、速度美：多种形式起跑	能做出正确的加速跑技术动作，提高下肢力量及全身协调能力	1.学习原地小碎步跑、练习高抬腿 2.学习行进间的小碎步跑与高抬腿	1.原地小碎步跑+听哨音30米加速跑 2.原地高抬腿+听哨音30米加速跑 3.行进间10米小碎步跑+听哨音30米加速跑 4.了解多种形式跑的价值和身体协调之美	分组创意起跑大比拼
3	感受协调美：学习倒退跑、侧身跑	了解倒退跑、侧身跑的动作要领及锻炼价值，学会倒退跑、侧身跑技术动作	学习倒退跑、侧身跑	1.单人倒退跑、侧身跑练习 2.双人倒退跑、侧身跑练习	分组创意跑大比拼
4	发展奔跑美、敏捷美：步频练习	了解小碎步跑的动作要领和锻炼价值	学习绳梯的敏捷性练习	1.小步跑，每环一步 2.小步跑，每环两步 3.开合跳 4.开合吸腿跳 5.左右交替快进快出步 6.侧向前后交替快进快出步	流浪地球竞速赛
5	发展团队协作美：接力跑	掌握接力跑的动作要领	学习接力跑错位交接棒的方法	50米迎面接力跑	大象鼻子5圈+接力跑
6	寻找团队奔跑美：两人三足	了解两人三足跑的动作要领和锻炼价值	学习两人三足跑的方法	1.两人三足直线走+跑 2.两人三足绕杆跑 3.挑战三人四足	三人四足竞速赛

续表

课次	学习主题	技能学习目标	基本部分		
			学习活动	练习活动	比赛活动
7	发展跳跃美、力量美：跳远的助跑与起跳	做出蹬跳后的腾空步技术，蹬伸充分、积极摆臂，完成提膝挺身动作，发展爆发力、协调性和平衡性	学习单脚起跳双脚落地动作	1. 原地踏步接腾空步 2. 小栏架行进间走接腾空步 3. 慢跑接腾空步 4. 助跑4—6步踏跳成腾空步接双手触摸头顶上方的球	助跑摸高赛
8	感受跳跃空中美：跳远的腾空与落地	能够完成完整的助跑、起跳、腾空与落地技术，并至少跳过2米	学习屈膝团身	1. 纵跳屈膝团身练习 2. 行进间走步起跳练习，模仿蹲踞式跳远，练习跳跃 3. 助跑越过一定高度的橡皮筋的蹲踞式跳远练习	十级蛙跳赛
9	挑战空中动作美：完整蹲踞式的跳远练习	在练习中能完成蹲踞式跳远完整动作，且至少跳过2.2米，发展快速反应能力和爆发力	学习蹲踞式跳远的完整动作	1. 跑几步，单脚起跳，用腾空步越过橡皮筋 2. 借助踏板的助跑起跳练习，双脚前伸成蹲踞式落软垫子练习+跨步跳回	不同距离助跑的蹲踞式跳远比远
10	挑战空中动作美：完整蹲踞式的跳远练习	完成跳远的完整动作，表现出助跑顺畅、起跳有力、腾空明显、落地有缓冲，并达到一定的远度，体现良好的弹跳力	学习蹲踞式跳远的完整动作	1. 跳过有一定远度的垫子 2. 腾空步过低障碍+跳过不同远度的垫子 3. 腾空步过低障碍+跳过不同远度的垫子+折返跑接力	不同距离助跑的蹲踞式跳远比远

第四章 创美体育课堂教学模式的变式发展

续表

课次	学习主题	技能学习目标	基本部分		
			学习活动	练习活动	比赛活动
11	发展认知美、创造美的团队跳跃素质练习	能说出3种以上增强跳跃的练习名称及锻炼方法,并能正确示范	学习发展跳跃素质的方法	1.跨步跳;立定跳远的连续摸高 2.连续跨步跳过障碍+跳过不同远度的垫子	蹲踞式跳远竞赛
12	发展投掷力量美:双手头上前掷实心球	利用足球、实心球等物体进行双手头上前掷练习,掌握发力顺序及动作速度与出手角度的技术方法	学习双手头上前掷动作	1.仰卧、跪姿、站姿投掷足球 2.利用实心球做出跪姿、单膝跪地、站姿的双手头上前掷实心球+投过一定高度的线	双手头上前掷实心球比准
13	发展投掷力量美:双手头上前掷实心球	连贯地做出背弓蓄力后蹬地、收腹、挥臂的动作方法	学习双手头上前掷实心球技术	1.背对背拉伸;背对背弹力带鞭打 2.两人一组拉弹力带+投掷练习;投掷实心球+弹力带辅助 3.投实心球入圈	双手正面头上前掷实心球比远
14	发展投掷动作美:双手头上前掷实心球	能够熟练掌握投掷动作的完整技术,完成"由下至上"发力顺序的动作	学习蹬地满弓挥臂拨指的完整动作技术	1.站立对地砸球,体前胯下斜前上掷 2.实心球投过障碍物 3.运输"炸弹"游戏	手榴弹小战士比赛
15	发展投掷美:双手头上前掷实心球	通过多种辅助练习,发展上肢、腰腹的力量,提高投掷全身协调用力的能力	学习腰腹发力动作	1.握水瓶仰卧起坐、仰卧掷远(或掷高)练习 2.上肢抬高分腿臀桥+跪姿双手向前掷远练习	投掷实心球比远

245

续表

课次	学习主题	技能学习目标	基本部分		
			学习活动	练习活动	比赛活动
16	发展投掷力量美：双手头上前掷实心球	在双手投掷练习中表现出一定的高度和远度，发展腰腹动作速度和上肢力量	学习投掷过程中的快速发力及动作顺序	1.弓步抗阻鞭打、抗阻举臂、跪姿抗阻鞭打 2.抗阻鞭打+投掷纸球(或泡沫球)过线 3.实心球过一定高度线的同时比远	仰卧起坐竞赛
17	感受田径运动美：分组练习，展现跑、跳、投之美	在分组分项自主练习中，能采用正确的动作技术和方法完成练习，发展多种体能，完成小组评价	了解跑、跳、投在生活中的运用	根据本单元考核的内容，分100米跑、蹲踞式跳远和掷实心球3个项目进行分组轮换练习，保证每名学生在不同的场地参与相同内容的练习	按考试的标准和要求，由小组长进行模拟考试，并完成小组评价
18	展现与欣赏美：自选项目(跑、跳、投)	提高学生的表现力、自信心	1.学生自选项目(跑、跳、投)并进行展示 2.将全班均分为3个组，在3个场地同时进行，由小组长带领本组学生依次到3个考点完成相应考试。另外，每组分别选出两名学生作为裁判员进行成绩测量与记录、犯规判罚等裁判工作		

3.田径类大单元的教学流程

下面按照创美体育教学理念，从认识美、展现美、欣赏美、创造美四个方面对田径类大单元进行教学流程设计。(图4-6)

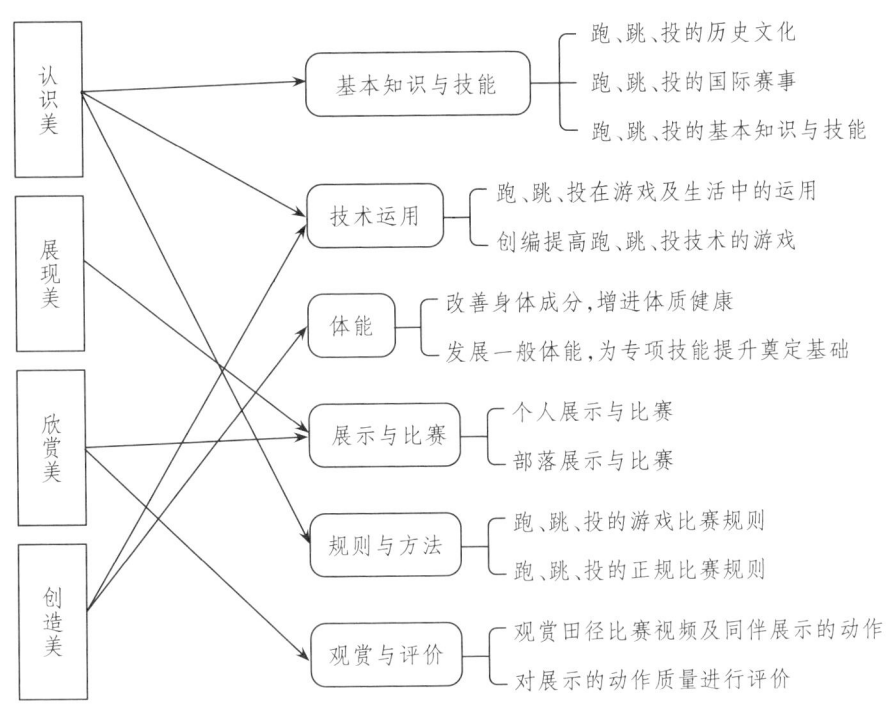

```
认识美 ──→ 基本知识与技能 ┬ 跑、跳、投的历史文化
                          ├ 跑、跳、投的国际赛事
                          └ 跑、跳、投的基本知识与技能

展现美         技术运用 ┬ 跑、跳、投在游戏及生活中的运用
                        └ 创编提高跑、跳、投技术的游戏

               体能 ┬ 改善身体成分，增进体质健康
                    └ 发展一般体能，为专项技能提升奠定基础

欣赏美         展示与比赛 ┬ 个人展示与比赛
                          └ 部落展示与比赛

               规则与方法 ┬ 跑、跳、投的游戏比赛规则
                          └ 跑、跳、投的正规比赛规则

创造美         观赏与评价 ┬ 观赏田径比赛视频及同伴展示的动作
                          └ 对展示的动作质量进行评价
```

图4-6　田径类大单元教学流程图

4.田径类大单元学习评价设计

本单元评价按照运动能力占70%（其中体能占30%、运动技能占30%、运动认知占10%）为过程性评价，健康行为和体育品德为终结性评价各占15%，对学生在田径类大单元的各种学练水平进行评价设计。（表4-23）

表4-23　水平四田径类大单元学习评价表

维度	内容	评价细则						综合得分
运动能力（70%）	体能（30%）	测试项目	师评					
^	^	^	学期初	得分	学期末	得分	进步幅度	得分
^	^	引体向上						
^	^	800米						
^	^	立定跳远						

247

续表

维度	内容	评价细则							综合得分
运动能力（70%）	运动技能（30%）	得分	100米	蹲踞式跳远	实心球				
		(10)	男13秒	男4.5米	男11米				
			女14秒	女4米	女8米				
		(8)	男13秒5	男4米	男10.5米				
			女14秒5	女3.5米	女7.5米				
		(6)	男14秒	男3.5米	男10米				
			女15秒	女3米	女7米				
	运动认知（10%）	田径动作要领（口述）			锻炼计划制订（书面）				
		准确清楚（5分）	简单表述(4分)	表达不清（3分）	体现5个学习内容（5分）	体现4个学习内容（4分）	体现3个学习内容（3分）		

维度	评价标准	自评（分）					互评（分）				
		5	4	3	2	1	5	4	3	2	1
健康行为（15%）	能鼓励并带动同学共同锻炼										
	掌握安全运动和预防损伤的知识										
	心态积极向上，充满阳光和青春活力										
体育品德（15%）	运动中能互帮互助、团结协作										
	遵守规则、尊重对手和裁判										
	具备克服困难、勇敢顽强的意志										

奖励分	
得分、等级评定标准	A:（90—100分）　B:（75—89分） C:（60—75分）　D:（60以下）
总分	等级

(三)田径类大单元课时计划案例举要

下面以田径类大单元教学计划(18课时)中的第4课时"田径——快速跑"为例进行课计划的设计。(表4-24)

表4-24 水平四(七年级)"田径——快速跑"课时计划

班级:七年级(1)(2)班　　男生人数:44人　　课次:第4次　　授课教师:陈昱麒

教学内容	1.发展奔跑敏捷美系列:步频练习 2.体能练习	教学重点	快速、高频率下的步法移动能力
		教学难点	手臂、两腿快速交替的协调配合

教学目标	1运动能力:了解步频快慢在快速跑中的作用,掌握锻炼步法灵敏性的练习方法,提高学生的两脚快速交替能力和加速跑能力,体现协调美和速度美,发展学生身体的协调性与灵活性,锻炼手臂力量及腰腹力量 2.健康行为:养成自觉参加锻炼的习惯,并学会调控情绪,避免运动损伤,保持身心健康,体现健康美 3.情感目标:鼓励学生克服体力不支的困难,培养坚强意志品质、团结协作精神,体现合作美、精神美、品德美

课的结构	教学内容	教学活动方式与组织措施	时间、次数、强度
开始热身部分	1.课堂常规 (1)体育委员整队、点名、师生问好 (2)教师宣布课的内容、目标及教学注意事项 (3)安排见习生随堂听课	1.组织队形1:成四列横队集合 ☼ △ 2.教学活动 (1)教师落实常规 (2)提示学习过程中的注意事项 (3)学生向教师问好 (4)教师指挥学生,到圆周上准备做慢跑及热身练习 3.要求:注意力集中,快、静、齐	2—3分钟

续表

课的结构	教学内容	教学活动方式与组织措施	时间、次数、强度
开始热身部分	2.趣味慢跑 方法:听哨音慢跑找敏捷圈 3.动感环形操 方法:依次进行前后跳、左右跳、开合跳、开合吸腿跳、前后踏步、开合踏步	1.组织队形2:(○—敏捷圈) 2.教学活动 (1)学生模仿教师动作,练习热身操 (2)教师带领学生练习动感环形操 3.要求:动作舒展,体现肢体运动之美,达到充分热身的目的	7—8分钟 各1次 强度中等
学习提高部分	1.认知美:探究研讨——跑得快的秘诀是什么? 跑步速度的快慢,取决于步频的快慢和步幅的大小。在保证快步频的基础上,适当加大步幅,就可以跑得更快 2.发展美:比比谁最快 内容:行进间脚步动作练习(计算每组在规定时间内完成的总次数) (1)小步跑,每圈一步 (2)小步跑,每圈两步 (3)开合跳 (4)开合吸腿跳 (5)左右交替快进快出 (6)侧向前后交替快进快出	1.组织队形3 2.教学活动 (1)教师讲解比赛方法和要求 (2)组织学生参加比赛并强调安全 (3)学生按分组听信号进行比赛 (4)互相观察同伴在游戏时的运动之美,臂、两腿快速交替的协调配合 (5)教师判定比赛结果 3.要求:练习积极、有序	3分钟左右 7分钟左右 各1—2次 强度中

续表

课的结构	教学内容	教学活动方式与组织措施	时间、次数、强度
学习提高部分	3.竞技美、展现美:"流浪地球"竞速赛 游戏方法:将学生分成人数相等的8组,每组在起点处摆放绳梯,按照教师规定的行进间脚步动作越过绳梯,跑至场地中间触及相应标志后返回,与下一位同学击掌,下一位同学继续出发,以此类推,最先完成的小组获胜 规则:获胜的小组获得该场地的所有权,输的小组,则要到下一块场地发起挑战 附:行进间脚步动作内容如下: (1)小步跑(每圈两步) (2)开合吸腿跳 (3)左右交替快进快出 (4)侧向前后交替快进快出 4.体能练习 (1)手臂力量练习 (2)直臂支撑30秒 (3)直臂支撑抬脚,左右各10次 (4)直臂支撑击掌,左右各20次	1.组织队形4:学生分成8组进行练习 2.教学活动 (1)教师讲解比赛方法和规则,组织学生进行比赛 (2)学生积极参与,互相鼓励,体现合作美、竞技美、精神美 3.要求:遵守规则,积极进取,相互协作,注意安全 1.组织队形5:四列横队体操队形散开 2.教学活动 (1)教师讲解示范体能练习方法并组织学生进行练习,通过不同的练习手段发扬速度之美、协调节奏之美 (2)教师强调练习中的安全意识 (3)学生在教师的指导下进行体能练习 3.要求:在练习过程中,同学之间互相鼓励,坚持到底	10分钟左右 1—2次 强度较大 10分钟左右 2-3次 强度较大

续表

课的结构	教学内容	教学活动方式与组织措施	时间、次数、强度
恢复整理部分	1.做放松拉伸操 2.教师总结，学生认真听讲 3.值日生整理场地，收拾器材 4.师生再见	1.组织队形6同组织队形5 2.教学活动 （1）教师带领学生练习放松操，体验音乐美、姿态美 （2）根据自己的学练情况，简要小结 （3）安排值日生收拾场地器材，落实劳育 3.要求：节奏清晰，身心放松	5分钟左右 强度较低
场地器材	场地：操场空地 器材：敏捷圈50个、标志桶16个、绳梯8根、音响1台	预计运动负荷	安静心率：70—80次/分 最高心率：160—165次/分 平均心率：140—150次/分 练习密度：55%—60%
安全措施	1.向学生讲解规则和安全事项，并要求学生遵守规则，注意安全 2.做好充分的准备工作		
课后反思			

以上创美体育课堂田径类教学模式及案例分析，体现了在田径类教学中融入美育教育对学生全面发展的意义。各种跑、跳、投项目及体能的练习，可以展现速度之美、力量之美、肢体协调之美和团结协作之美，并塑造学生的身体形态，展现形体之美。

三 体操类运动教学设计及案例举要

体操类项目包括基本体操、队列、徒手体操、技巧运动、器械体操、跳跃、轻器械体操等内容。系统练习体操类运动项目，不仅能让学生提升力量、柔韧性、协调性等体能，提高前庭分析器的稳定性，还能培养学生互相帮助、克服困难、坚毅勇敢的良好体育品德。其中，跳跃是一项锻炼价值较大的体操项目，可分为一般跳跃和支撑跳跃，以下以支撑跳跃为例，进行体操类项目的教学设计及案例举要。

(一)体操类美育要素及目标

体操是一项集丰富表现力、技巧要素、美态动作、艺术体现于一体的运动项目,是美育与体育完美结合的产物。它精细化的技术与高雅优美的动作特点,以及自然而丰富的动作节奏感,能够很好地促进学生的动作美、形体美、编排美、表现美。本部分按照体操类项目支撑跳跃内容中的横箱分腿腾越动作技术的内容要求,挖掘其中的美育要素及可实现的美育目标。(表4-25)

表4-25 体操类项目美育融合目标体现

体操要素	内容要求	美育要素	美育目标
形体姿态练习	了解正确的身体姿态以及正确身体姿态的重要性;观察与发现自身不良姿态习惯造成的相关问题,知道正确的身体姿态,矫正不良的身体姿态	形体美:从每个动作开始的亮相到动作结束的亮相,体操项目无论哪个动作对整体的身体姿态都有很高的要求。矫正不良身体姿态,是体操项目独有的功能。体现形体美、姿态美、气质美	在教学中融入对身体姿势、姿态的要求,从一举一动、技术动作的完成和体能动作的练习中不断加强规范性,矫正学生不良形体姿态,培养学生正确优美的形体美、姿态美、气质美
1.体操横箱分腿腾越动作技术 2.专项力量练习	了解体操的跳跃技术、横箱分腿腾越动作的特点与锻炼价值,知晓横箱分腿腾越动作环节包括助跑、起跳、第一腾空、推手、第二腾空、落地环节,且能够说出动作要领,掌握并运用体操横箱分腿腾越动作技术;理解练习的基本原理,运用专项体能的练习方法,有针对性地加强自身的身体素质,增强体能。同时,促进技术动作的完成,主要加强速度、力量、灵敏、柔韧、平衡等身体素质,懂得运用专项体能设计体能锻炼计划	动作美:体操动作完整、结构性较强,能够高质量完成动作,体现身体的控制美,以及动作上的动态美与静态美	在教学过程中,通过由易到难的若干个子任务逐步递进式教学,将正确的技术练习与针对性的专项力量相结合,提升学生自身的相对性力量,从而促进对技术动作的理解掌握,引导学生掌握技术,增强体能,培养学生动作层面的技术美、力量美

续表

体操要素	内容要求	美育要素	美育目标
成套动作编排	学生了解体操比赛的赛制和裁判法中的基本知识，学会观看体操比赛，积极运用所学的知识，尝试评析打分，培养规则意识，运用所学内容进行科学合理流畅且具有创新性的动作编排	编排美：引导学生在探究合作中运用多个动作技术进行成套动作编排，体现语言美、流畅美、韵律美、编排美，渗透体操项目的实用美	学会在不同情境下采用最佳的动作技术解决当前问题，提高学生知识与技能的迁移能力和应用能力，达到不脱离生活，能学以致用且懂得如何运用的目的
保护与帮助	了解保护与帮助在练习过程中的重要作用，学会保护与帮助的方法与手法，并运用到练习的过程中，尝试从保护完成到脱保完成，培养互帮互助精神和责任意识	精神美：体操项目危险性较高，易引起学生的恐惧心理。为降低危险性，学生不仅需要学会如何完成动作，更需要学会如何进行帮助与保护，体现互帮互助的精神美、情感美	通过同伴之间的互帮互助，培养学生的精神美；从保护完成到脱保完成，再到游刃有余地完成，引导学生在此过程克服恐惧、战胜困难的心理，树立学生自信心，培养心灵美、情感美，不断丰富学生表现层面的隐形美

(二)体操类大单元的教学设计

体操类大单元是人教版《体育与健康》七年级全一册第七章支撑跳跃的内容。支撑跳跃是器械体操项目之一，通过完成适当难度的跳跃动作练习，发展学生柔韧、力量、灵敏等身体素质，提高中枢神经系统和前庭器官的机能，发展平衡能力，让学生在掌握技术的同时发展体能，并适时在课堂中加强美育的渗透，引领学生提高认识美、展现美、欣赏美、创造美等审美素养。培养学生挑战自我、克服困难、互帮互助的体育品德，从技术动作的外在美到精神层面的内在美，促进学生美育的全面发展，从而促进学生学科核心素养的达成和发展。学生在小学阶段学过跳山羊动作，虽有一定的学练基础，但在体能水平及动作技术的掌握程度上还是差异性较大，所接受及掌握的内容和运动水平也都有所不同，学练的积极性和主动性具有项目倾向性。为此，应根据学生的特点，采用不同难度的分层教学及组合教学，满足不同水平学生的练习需求，让每一位学生通过自身努力能够在动作美、姿态美、编排美、精神美等方面都有所收获,感受横箱分腿腾越技术的美和魅力。

1.体操类大单元的美育目标设计

根据体操类项目的特点、学生的认知能力和技能水平,制定以下美育目标。

①运动能力:能说出正确的动作要领和帮助与保护方法;在掌握技术的同时大胆创编组合动作,敢于展现创编成果;了解比赛规则,能欣赏并评价比赛,对动作进行评分;制订专项体能计划,发展柔韧、力量、灵敏等身体素质,促进动作美、姿态美、编排美的发展。

②健康行为:了解横箱分腿腾越锻炼的价值,自觉参加体育锻炼,养成科学的锻炼习惯;面对学练中的挫折与困难,知道正确的情绪调控方法;在比赛和游戏情境中懂得运用所学知识与技能解决问题,适应环境,增强自我保护意识和能力,加强安全意识。

③体育品德:通过学练,学生能逐步增强心理素质,勇敢克服困难、挑战自我,在合作学练中主动交流,充分发挥团结互助精神;遵守规则、积极进取,树立正确的胜负观,促进学生精神美与内在美的发展。

2.体操类大单元教学内容的整体设计

按照《2022年版体育课程标准》对大单元教学的要求,对体操项目的横箱分腿腾越组合技术进行18课时的相对系统和完整的教学设计如下。(表4-26)

表4-26 "体操——横箱分腿腾越组合技术"大单元教学设计(18课时)

课次	学习主题	技能学习目标	基本部分		
			学习活动	练习活动	比赛活动
1	1.认识支撑跳跃项目美 2.感受姿态美	1.了解支撑跳跃项目的价值和比赛规则,观看比赛,引导学生感受支撑跳跃动作的美,学会制订学习计划 2.初步掌握技术动作;发展灵敏、速度等素质	1.知道支撑跳跃项目的特点和价值 2.有安全意识,知道同伴之间的帮助与保护方法 3.学习上板起跳	1.观看比赛 2.踏跳 3.起跳 4.上板起跳 5.体能:灵敏+速度	1.保护与帮助安全知识问答 2.爬小车竞速赛

续表

课次	学习主题	技能学习目标	基本部分		
			学习活动	练习活动	比赛活动
2	尝试姿态美与细节美：助跑+起跳	1.能说出动作要领、帮保方法 2.初步掌握技术动作，尝试控制好空中姿态，培养细节美与姿态美的意识；发展上肢力量、核心力量等	1.比赛规则 2.丈量步点 3.复习上板起跳 4.学习助跑起跳 5.帮保	1.观看视频 2.三步上板起跳 3. 15米助跑起跳 4.体能：上肢+核心	1.比赛规则知识问答 2.往返跑接力赛
3	感受动作美：起跳+撑手	1.能说出要领、帮保方法，尝试相互纠错，加深对动作技术的理解 2.基本掌握技术动作，为动作美打好基础；发展下肢力量、协调性等素质	1.复习助跑起跳 2.学习撑手技术 3.帮保	1.分腿立撑 2.远撑垫成分腿立撑 3.体能：下肢+协调	兔子跳跳大闯关
4—5	体验姿态美与动作美：起跳+推撑手	1.说出动作要领、帮保方法，了解专项体能的锻炼方法，为后期设计奠定基础 2.进一步掌握技术动作，提高空中对身体的控制力；发展柔韧、平衡等素质	1.复习起跳推撑衔接 2.帮保	1.支撑后摆 2.踏跳分腿支撑 3.对墙顶肩 4.体能：柔韧+平衡	双人推车障碍赛
6	促进姿态美与气质美：助跑起跳+推撑手	1.说出帮保方法、进行评价 2.改进提高技术动作，养成亮相动作的比赛行为规范；发展灵敏、速度等素质	1.改进助跑起跳与推撑的衔接 2.帮保	1.支撑后摆 2.踏跳分腿支撑站垫 3.助跑起跳分腿支撑站垫 4.体能：灵敏性+速度	五步蛙跳大比拼
7—8	提升姿态美与动作美：助跑起跳+跳山羊	1.设计两种专项体能练习 2.基本掌握技术动作，对动作要求和姿态要求都有更进一步的提高；发展上肢力量、核心力量等	1.尝试跳山羊组合动作练习 2.帮保	1.跳山羊 2.跳山羊+挺身跳 3.体能：上肢+核心	跳山羊比赛

第四章 创美体育课堂教学模式的变式发展

续表

课次	学习主题	技能学习目标	基本部分		
			学习活动	练习活动	比赛活动
9—10	塑造动作美和姿态美：跳山羊+挺身跳	1.说出2个不同组合动作并进行尝试 2.改进技术动作，进一步塑造动作美和姿态美；发展上肢力量、核心力量等	1.复习跳山羊组合动作 2.挺身跳 3.脱保独立完成（安全员注视）	1.跳山羊 2.挺身跳	"蟹爬过河"竞速赛
11	展现空中美、柔韧美与姿态美：过横箱+第二腾空	1.说出动作技术要领和帮保方法 2.基本掌握技术动作，尝试做出分腿体前屈技术和第二腾空技术；发展下肢力量、协调等素质	1.学习原地过横箱+推撑落地技术 2.学习助跑起跳过横箱技术 3.帮保	1.推撑墙 2.踏跳分腿上箱+推箱分腿跳下 3.助跑起跳分腿上箱+推箱分腿跳下 4.过横箱 5.体能：上下肢力量+协调+柔韧	贪吃蛇大作战
12—13	展示空中美与控制美：过横箱+推撑技术	1.尝试担任小裁判，相互进行评分与评析，进行正误评价 2.改进推撑技术动作，让第二腾空技术更明显；发展上肢力量、柔韧等素质	1.复习助跑起跳过横箱技术 2.改进过箱技术 3.改进推撑与二腾的衔接 4.帮保（有条件可以尝试脱保）	1.推撑墙 2.踏跳分腿上箱+推箱分腿跳下 3.助跑起跳分腿上箱+推箱分腿跳下 4.过横箱 5.体能：上下肢力量+协调+柔韧	跨越低箱障碍赛

续表

课次	学习主题	技能学习目标	基本部分		
			学习活动	练习活动	比赛活动
14	展示力量美与编排美：过横箱+挺身跳	1.设计三种体能练习，展示不同体能的力量美 2.提高横箱分腿腾越完整技术动作，提升动作流畅度，将动作美、姿态美、气质美融为一体；发展下肢力量、协调等素质	1.提高推撑技术+腾空落地的衔接 2.尝试脱保	1.推顶肩 2.过横箱+挺身跳 3.柔韧+平衡	双杠支撑耐力赛
15—16	创造美与流畅美：过横箱+跳跃动作	1.尝试创编组合 2.巩固完整技术动作，组合动作衔接连贯；发展下肢力量、协调等素质	1.练习不同形式的跳跃动作 2.巩固过箱技术 3.创编组合 4.脱保独立完成（安全员注视）	1.15—20米过横箱 2.过横箱+创意跳跃 3.体能：灵敏+速度	翻越低箱障碍赛
17—18	展示与欣赏美：体操大赛	1.改进创编组合，欣赏分析 2.大胆创编组合技术的应用，展现创编风采；发展下肢力量	1.给学生时间和空间改进创编组合，组织学生展开创编组合的展示大赛 2.赛后进行小组的评价与颁奖，评选出最佳创编奖、组织奖、风采奖等奖项		

3.体操类大单元的教学流程

下面按照创美体育教学理念从认识美、展现美、欣赏美、创造美四个方面对体操——横箱分腿腾越组合技术大单元进行教学流程设计。（图4-7）

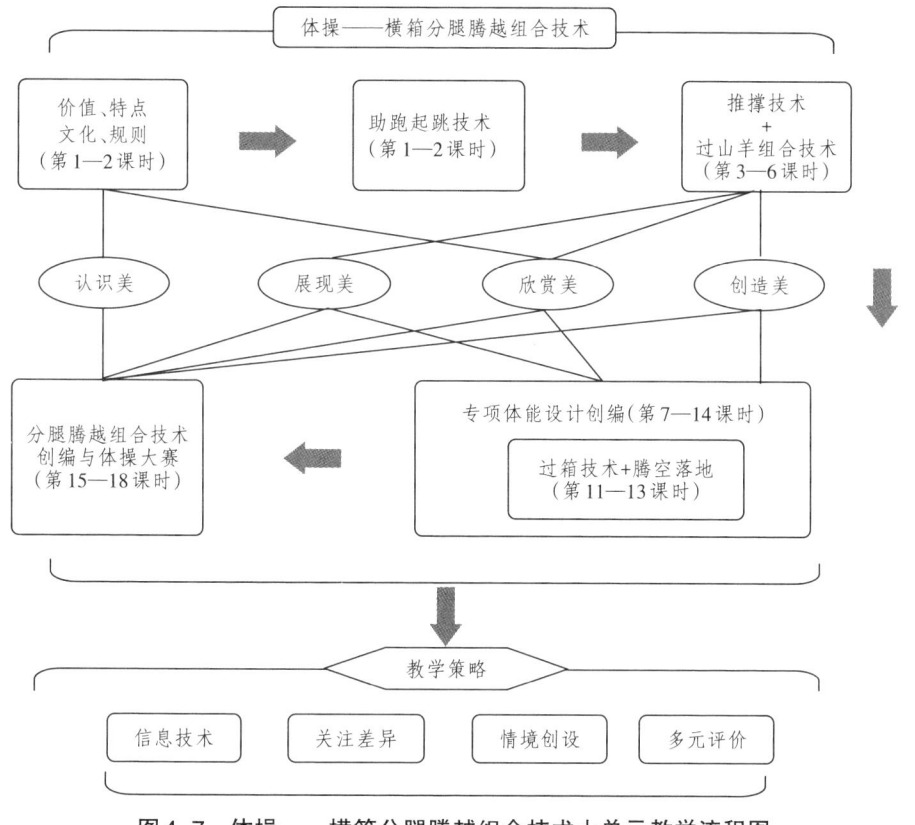

图 4-7 体操——横箱分腿腾越组合技术大单元教学流程图

4.体操类大单元的学习评价设计

按照运动能力占60%（其中体能占20%、运动技能占20%、运动认知占20%），健康行为占20%、体育品德占20%的构成比例，对学生的横箱分腿腾越组合技术进行评价设计。（表4-27）

表4-27 水平四体操——横箱分腿腾越组合技术大单元学习评价表

评价维度	评价观测点						小计
运动能力（60%）	主体	内容	分值	10分	8分	6分	
			进步分值	80分	60分	0—40分	
	教师评价	体能（20%）	30秒分腿两头起（10%）				

续表

评价维度			评价观测点			小计
运动能力（60%）	教师评价	体能（20%）	10次连续大字跳（10%）			
		运动技能（20%）	横箱分腿腾越（10%）	舒展优美有高度	10分	
				较好完成	8分	
				基本完成	6分	
			组合创编（10%）	合理流畅创新	10分	
				较好完成	8分	
				基本完成	6分	
		运动认知（20%）	裁判法（10%）	精准打分	10分	
				分差较小	8分	
				基本掌握	6分	
			设计专项体能组合（10%）	融入三部分	10分	
				融入两部分	8分	
				融入一部分	6分	
健康行为（20%）		项目	是否积极提问或回答3个问题(5分)	是否掌握3种情绪调节方法(5分)	是否知晓3种运动损伤处理方法(5分)	是否进行3次课外锻炼(5分)
	自评（10%）	达标3则优（5%）				
		达标2则良（4%）				
		达标1则待提高（1%）				

续表

评价维度	评价观测点					小计
健康行为 (20%)	他评 (10%)	达标3则 优(5%)					
^	^	达标2则 良(4%)					
^	^	达标1则 待提高 (1%)					
体育品德 (20%)	项目		是否互帮互助团结协作(5分)	是否遵守规则(5分)	是否勇敢面对挫折(5分)	是否正确对待胜负(5分)	
^	自评 (10%)	优(5%)					
^	^	良(4%)					
^	^	待提高 (1%)					
^	他评 (10%)	优(5%)					
^	^	良(4%)					
^	^	待提高 (1%)					
奖励分		总分			等级	

(三)体操类大单元课时案例举要

下面以"体操——横箱分腿腾越组合技术"大单元(18课时)的第12课时"复习横箱分腿腾越技术"进行课时计划设计。(表4-28)

表4-28 水平四(八年级)"复习横箱分腿腾越技术"课时计划

班级:八年级(3)(4)班　　女生人数:40人　　课次:第12次　　授课教师:吴晨露

教学内容	1.复习横箱分腿腾越技术 2.体能练习:上肢力量	教学重点	顶肩推手
		教学难点	展体明显,动作舒展

教学目标	1.运动能力:通过传授知识,让学生进一步感受如何正确利用顶肩推手的力量使用过箱技术。通过学练,80%左右的学生在保护与帮助下能基本学会顶肩推手技术,体验动态过程中的流畅美与空中动作身体的控制美与姿态美,增强腾越动作的节奏感。发展学生上肢力量和柔韧性 2.健康行为:通过横箱分腿腾越技术的学练,培养健康意识、自我保护意识和情绪调控能力,养成自觉锻炼的习惯,形成健康美的意识 3.体育品德:在学练中,发展学生自主学练、自控自评的能力,增强集体荣誉感和自我保护的安全意识与能力,培养勇于挑战自我、互帮互助、团队协作的良好体育品德

课的结构	教学内容	教学活动方式与组织措施	时间、次数、强度
开始热身部分	1.课堂常规 (1)集合整队 (2)检查着装 (3)师生问好 (4)宣布本课的内容、任务,进行安全教育 (5)安排见习生	1.组织队形1:四列横队 ♀♀♀♀♀♀♀♀ ♀♀♀♀♀♀♀♀ ♀♀♀♀♀♀♀♀ ♀♀♀♀♀♀♀♀ △ 2.教学活动:教学常规检查与落实 3.要求:快、静、齐	约2分钟 强度低
	2.热身跑 方法:教师引导学生围绕体操垫外圈进行热身跑,学生注意力集中,听从教师指令,前后保持较大安全距离,有序完成跑跳练习	1.组织队形2:围绕场地进行热身跑 □□□□□□ △　　　　♀ □□□□□□ ♀♀♀♀ 2.教学活动 (1)教师讲解热身跑路线 (2)组织学生听从指令有序完成,注意力集中 3.要求:匀速前进,路线正确,保持较大安全距离	约3分钟 2圈 强度低

续表

课的结构	教学内容	教学活动方式与组织措施	时间、次数、强度
开始热身部分	3.徒手操 (1)头部运动 (2)肩绕环 (3)振臂运动 (4)双人夹肘运动 (5)腹背运动 (6)下肢运动	1.组织队形3：四列横队，站于体操垫两侧 2.教学活动 (1)教师口令提示并示范，带领学生练习热身操 (2)学生按照动作要求进行热身活动 3.要求：练习到位，充分活动各关节	约3分钟 各4×8拍 强度低
学习提高部分	1.复习横箱分腿腾越 (1)技术美——改进过箱推撑技术 ①对墙顶肩推手练习	1.组织队形4：找到场地外墙练习推手 2.教学活动 (1)教师示范讲解，学生仔细观察，认真练习 (2)巡回观察，及时进行指导纠错 3.要求 (1)注意力集中，认真练习，不可嬉戏打闹 (2)相互学习，感受体验	约5分钟 30次 强度较低
	②踏跳分腿上箱+推箱分腿跳下 ③助跑起跳分腿上箱+推箱分腿跳下 ④完整过横箱 保护与帮助： 保护者站在练习者跳过箱的落点的两侧，在练习支撑时注意扶其手臂和肩部，同时迅速向落地位置移动两三步，在落地时扶其腹背部，帮助练习者做好落地缓冲动作	1.组织队形5：10人一横箱，轮流进行练习 2.教学活动 (1)教师示范讲解，学生仔细观察，认真练习 (2)巡回观察，指导纠错并及时进行保护与帮助 (3)小组之间做好保护与帮助，加强安全意识 (4)相互观察学习，有问题及时向教师提出	约10分钟 各5—8次 强度中

续表

课的结构	教学内容	教学活动方式与组织措施	时间、次数、强度
学习提高部分		(5)引导学生克服心理恐惧,踊跃尝试 (6)助跑距离由近至远,助跑速度由慢至快 3.要求 (1)注意力集中,认真练习,不可嬉戏打闹 (2)保持安全距离,方向一致进行练习 (3)练习过程中做好保护与帮助	
	(2)竞技美——翻山越岭竞速接力 方法:10人一组,分成人数相等的两队站于两侧出发点,两边同时出发,加速跑至对面后往返翻越山羊、横箱、体操垫、标志杆等障碍物,进行接力击掌,击掌后跑至另一侧队尾完成翻越任务,后续成员以此类推(若采用横箱分腿腾越的按人次在最后时间可减少5秒),用时最短的小组获胜	1.组织队形6:10人一组,分两侧站立,同时出发 2.教学活动 (1)教师讲解示范竞赛方法、路线与要求 (2)组织学生分组,合作完成各项练习 (3)教师巡回观察,提示学生注意安全 3.要求 (1)认真听讲,仔细观察教师及同伴的动作,积极思考,沟通讨论翻越形式 (2)注意力集中,按要求和路线进行竞赛 (3)练习时注意保持较大安全距离	约7分钟 1次 强度较高
	2.体能练习:上肢力量 (1)俯撑交替击掌练习 (2)俯卧撑练习 (3)俯撑来回爬练习	1.组织队形7:四列横队体操队形散开 2.教学活动 (1)教师示范讲解,学生仔细观察,认真练习 (2)巡回观察,及时进行指导纠错 3.要求 (1)注意力集中,认真练习,不可嬉戏打闹 (2)相互学习,感受体验	约10分钟 各30次 强度较高

续表

课的结构	教学内容	教学活动方式与组织措施	时间、次数、强度
恢复身心部分	1.放松活动 方法:在音乐伴奏下教师带领学生进行放松与拉伸,调整呼吸,让身心得到充分放松 2.集体小结本堂课的练习情况 3.课后作业:跪姿俯卧撑20次2组,跳绳1分钟2组 4.安排值日生收拾场地器材 5.师生再见	1.组织队形8同组织队形7 2.教学活动 (1)教师带领学生进行放松整理活动 (2)小结本课练习内容,布置课后作业 (3)安排值日生收拾场地器材、师生再见 3.要求:跟随音乐伴奏充分拉伸放松,恢复身心	约5分钟 强度较低
场地器材	场地:室内馆 器材:踏板4块,纵箱4副,体操落地垫8块,横箱4副,标志杆8根	预计运动负荷	安静心率:70—80次/分 最高心率:160—180次/分 平均心率:140—160次/分 练习密度:50%—55%
安全措施	1.检查场地与所需器材 2.充分做好热身活动,防止运动损伤 3.练习过程中提示学生注意力集中,做好保护与帮助,保持安全距离进行练习		
课后小结			

以上创美体育课堂体操类教学模式及案例分析,体现了在体操类教学中融入美育教育对学生全面发展的意义。通过情境式的学练,学生在掌握技术的同时自主、合作、探究能力得到显著提升;学生能运用所学知识技能解决问题,动脑动体,身心得到锻炼且感受到愉悦;思维也发生碰撞,学生的创新思维与想象力、情感素养与情绪管理能力得到培养,从而提升美学素养;培育出更多具有艺术素养和才华的人才,促进社会的艺术和文化发展,提升社会整体审美水平。

四 水上类或冰雪类运动教学设计及案例举要

水上类运动项目包含蛙泳、自由泳、仰泳、蝶泳及水上自救等,冰雪类运动项目有速度滑冰、高山滑雪、冰球等。本部分内容以蛙泳为例,依据技能的形成规律等理念,结合水平四体育与健康课时安排及《2022年版体育课程标准》对蛙泳项目学业质量要求等实际情况,搭配水上自救的练习,进行水上运动的教学设计及案例举要。

(一)水上类或冰雪类运动美育要素及目标

水上类或冰雪类运动是人们在水环境或冰雪环境中开展的体育活动。水上类或冰雪类运动不同于旱地运动,具有独特的环境特征。[①]无论是水上类运动项目(如蛙泳、自由泳、仰泳、蝶泳等),还是冰雪类运动项目(如短道速滑、速度滑冰、跳台滑雪等),都具有很强的观赏价值,体现技术美、速度美、姿态美等。经常训练能提高学生适应水环境或冰雪环境的能力,提高学生的速度、力量、心肺耐力、灵敏性、协调性和平衡能力等体能水平,在培养学生不怕困难、积极进取、不断挑战自我的精神美方面具有独特的育人价值,是可以受用一生的健身手段。下面按照发展蛙泳和水上自救技能的内容要求,挖掘其中的美育要素及可实现的美育目标。(表4-29)

表4-29 水上类运动项目美育融合目标体现

蛙泳技术要素	内容要求	美育要素	美育目标
蛙泳	理解并运用发展蛙泳技术的基本原理和多种练习方法,如打腿、夹板划手等,掌握提高心肺耐力和肌肉力量的方法	体现蛙泳技术动作的技术美、速度美,以及人体比例协调、肌肉刚劲有力的体态美、健康美	通过各种发展蛙泳技术的练习提高蛙泳速度及相应体能,形成良好的技术美、速度美、体态美、健康美
水上自救	理解并运用水上自救的基本原理和多种练习方法,如踩水、水下拾物、扶板仰漂、借物救援、水中抽筋的应急处理方法	人体处于水中紧急情况时,能够沉着冷静、清晰应对困难、开展自救,给人以顽强、坚毅的生命美	在水下自救练习中磨炼勇气,体现坚毅顽强、勇敢突破的精神美

[①] 中华人民共和国教育部.义务教育体育与健康课程标准(2022年版)[S].北京:北京师范大学出版社,2022:62.

（二）水上类运动大单元的教学设计

水上类运动大单元以《2022年版体育课程标准》为依据,践行"健康第一"指导思想和"以学生发展为本"的基本理念,基于初中阶段学生身心发展特征,以发展蛙泳技能及水中自救技能为重点,搭配发展速度、肌肉力量、柔韧性、灵敏性与协调性的练习,充分利用教材内容特点,巧妙设计教学环节,引导学生在认识美、展现美、欣赏美、创造美的过程中,提高蛙泳完整技术,促进动作速度的提高,对水中自救能力的发展起到正向作用。尊重学生的学习需要,引导学生根据自身技能的掌握情况,设计发展相应技术动作及体能的练习,能做到"举一反三",关注学生的差异性,在实践过程中达成健康美、体态美、技术美、呼吸美、力量美、精神美等。与此同时,也在培养学生克服困难、勇往直前、坚韧不拔、挑战自我的体育精神等方面具有独特的育人价值。教学对象为水平四的学生,具有一定的灵敏、协调素质,处在速度素质和力量素质的发展敏感期,但心理发育处于不稳定的分化期,他们活泼好动,好奇心强,善于模仿,有一定的探索和冒险精神,对新的技术有强烈的渴望意识,思维活跃,语言表达能力强,对美的理解逐渐深入,审美能力逐步提升,创美意识逐渐加强,但注意力容易分散,规则意识有待加强。通过任务驱动,引导学生积极思考、体验探究、获得发展,在体态美、健康美、呼吸美、生命美等各种蛙泳之美的引领下,掌握蛙泳技术及水中自救的要点和锻炼方法,提升学生的身体素质,并发展学生发现问题、分析问题、解决问题的能力,为核心素养的发展奠定扎实的基础。

1.水上类运动大单元的美育目标设计

下面以蛙泳大单元为例,阐述如何从运动能力、健康行为、体育品德三个方面制定美育目标。

①运动能力:知道蛙泳运动的特点与价值,了解蛙泳的比赛规则与裁判法,能说出蛙泳的动作方法及包含踩水、仰漂在内的2—3项求生技能的方法;掌握水上运动的安全知识与自救方法;掌握蛙泳运动的完整技术,能在浅水区持续游进25米,节奏清晰;能力较强的同学能做到一蹬一呼,持续游进50米,挑战100米较长距离的游泳,展现蛙泳技术美、体态美;在蹬壁滑行、蛙泳腿、蛙泳接力赛等比赛中,能主动参与,展现速度美;掌握游泳一般体能和专项体能的训练方法,重点发展上肢、肩带、核心、下肢的力量,展现力量美,协调发展速度、灵敏等体能。

②健康行为：积极参与蛙泳运动学练、比赛和校内外体育锻炼，体会生命健康美的真谛。能与身边的人分享所学的游泳技能和自救技能；规范穿戴泳具，能主动做到热身，预防抽筋等意外发生，运动后懂得用拉伸、意念放松等方式进行积极的恢复；在发生抽筋、比赛失误或比赛发挥失常等意外事件时，能在教师的指导下稳定情绪，主动交流，解决学练和比赛中的问题。能适应不同深度的泳池，下水前观察周边环境，明确救生员和救生器械的位置，在水中不打闹，不压水线，确保练习环境的安全。

③体育品德：在游泳练习和比赛中，表现出挑战自我的精神，克服怕水、怕冷、疲劳等困难，展现精神美；进一步提高规则意识，在比赛中能做到尊重对手、尊重裁判，自我监控学练，体现诚信品质，体现道德美；在练习中相互鼓励，在比赛失误时不推卸责任，正确看待比赛的胜负，展现品格美。

2.蛙泳大单元教学内容的整体设计

按照《2022年版体育课程标准》对大单元教学的要求，对蛙泳项目进行20课时的相对系统和完整的教学设计如下。（表4-30）

表4-30 蛙泳大单元教学设计（20课时）

课次	学习主题	技能学习目标	基本部分		
			学习活动	练习活动	比赛活动
1—2	游泳基本知识与水上安全知识	1.知道蛙泳运动的特点与价值，理解蛙泳前行与克服水的阻力的基本原理，掌握和运用蛙泳运动知识和防护技能 2.形成游泳卫生意识，掌握下水前的热身方式	学习游泳的健身价值、蛙泳的基本原理、游泳卫生、水上安全知识	1.观看蛙泳动作视频，了解蛙泳的动作方法，并回答"体态美、健康美"等相关问题 2.小组活动：设计提高蛙泳技术的运动计划，并进行小组展示与交流	游泳安全知识连连看

续表

课次	学习主题	技能学习目标	基本部分		
			学习活动	练习活动	比赛活动
3—4	水中技能：水中感知活动能力 自救技能：踩水	1.掌握在水中呼吸、漂浮、站立、蹬壁滑行的方法。掌握韵律呼吸，蹬壁滑行能做到先俯身再蹬壁，滑行能做夹臂腿直成流水线，并平稳地站立，发展下肢力量 2.能注意个人卫生，下水前有冲洗，能与同伴合作完成练习，积极参与比赛。	1.学习水中站立 2.学习蹬壁滑行的正确方法	1.水中站立与行走 2.原地水中呼吸 3.水中漂浮练习 4.蹬壁滑行练习	1.憋气时长接力 2.水中快速移动接力 3.滑行比远接力
5—6	水中技术：蛙泳腿部技术（扶墙） 自救技能：水下拾物	1.能说出蛙泳腿部技术的原理动作与方法，做出收腿勾脚尖、蹬夹腿伸直并拢的动作，初步形成动作概念 2.表现出积极练习的态度，能与同伴合作，相互纠正动作	1.学习蛙泳腿部技术 2.学习水下拾物的方法	1.陆上模仿练习 2.水中扶墙分解动作练习 3.水中扶墙完整动作练习 4.水中扶板练习	1.比远度：蹬壁滑行+一次蛙泳腿 2.比效率：水下拾物赛
7—10	水中技术：蛙泳腿部技术与呼吸的配合 技能：水母漂、扶板仰漂	1.能理解蛙泳腿部技术的原理动作与方法，知道抬头换气的时机，能够做到慢收快蹬 2.能适应水环境，表现出积极练习的态度，与同伴合作，相互纠正动作	1.学习蛙泳腿部技术与呼吸的配合 2.学习水母漂 3.学习扶板仰漂	1.陆上腿部与呼吸配合练习 2.扶板蹬腿 3.扶板蹬腿与呼吸配合 4.扶板仰漂	1.规定距离内，蹬腿次数大比拼 2.规定蹬腿次数内，前行距离大比拼

续表

课次	学习主题	技能学习目标	基本部分		
			学习活动	练习活动	比赛活动
11—12	水中技术：蛙泳手臂技术与呼吸的配合 救生技能：借物救援	1.能说出蛙泳手臂技术的原理动作与方法,知道抬头换气的时机,做到外划抬头吸气,伸直低头吐气,发展下肢力量 2.积极参与学练与比赛,练习中出现的问题能与同伴沟通,解决问题	1.学习蛙泳手臂技术与呼吸的配合 2.学习借物救援	1.水中站立"捧水洗脸"体验 2.水中原地划手与呼吸配合练习 3.水中蹬腿划手练习	1.扶板蹬夹腿比赛 2.夹板划手比赛 3.完整蛙泳比赛
13—16	水中技术：蛙泳完整动作配合 自救技能：水中抽筋应急处理	1.了解水中抽筋的处理方法,掌握蛙泳完整配合的节奏,在练习中能做到先伸臂再蹬腿,每完成一次完整练习后,能滑行一段距离,发展平衡能力 2.养成锻炼的习惯,遇抽筋等突发状况时能沉着冷静,有效进行拉伸,在水中行进自如,积极放松	1.学习蛙泳完整动作配合 2.学习抽筋处理	1.岸边蹬腿2次,划臂换气1次 2.水中原地划手与呼吸配合练习 3.手持扶板,水中蹬腿2次,划臂换气1次 4.水中蹬腿划手练习	1.5次完整蛙泳动作比距离 2.15米对向接力赛
17—18	游泳比赛规则与裁判方法	1.学会欣赏蛙泳技术,了解蛙泳的规则,并将规则融于学习和生活,发展耐力素质 2.养成锻炼的习惯,建立安全游泳的意识	1.学习游泳比赛规则 2.观赏游泳动作	1.模拟计时、动作评判 2.观看游泳比赛,并简单评析 3.变速游	800米团体赛

续表

课次	学习主题	技能学习目标	基本部分		
			学习活动	练习活动	比赛活动
19—20	班级挑战赛	1.将所学的知识运用到比赛中,公平执裁 2.积极参与比赛,赛后积极放松	学习游泳比赛规则	1.观看视频,思考哪些运动素质较为重要 2.为自己制订下一阶段的运动计划	1.扶板蹬腿25米个人挑战赛 2.蛙泳25米个人挑战赛 3.蛙泳25米×4个人挑战赛 4.3分钟踩水晋级赛

3.蛙泳大单元的教学流程

下面按照创美体育教学理念从认识美、展现美、欣赏美、创造美四个方面,以任务驱动式对蛙泳大单元进行教学流程设计。(图4-8)

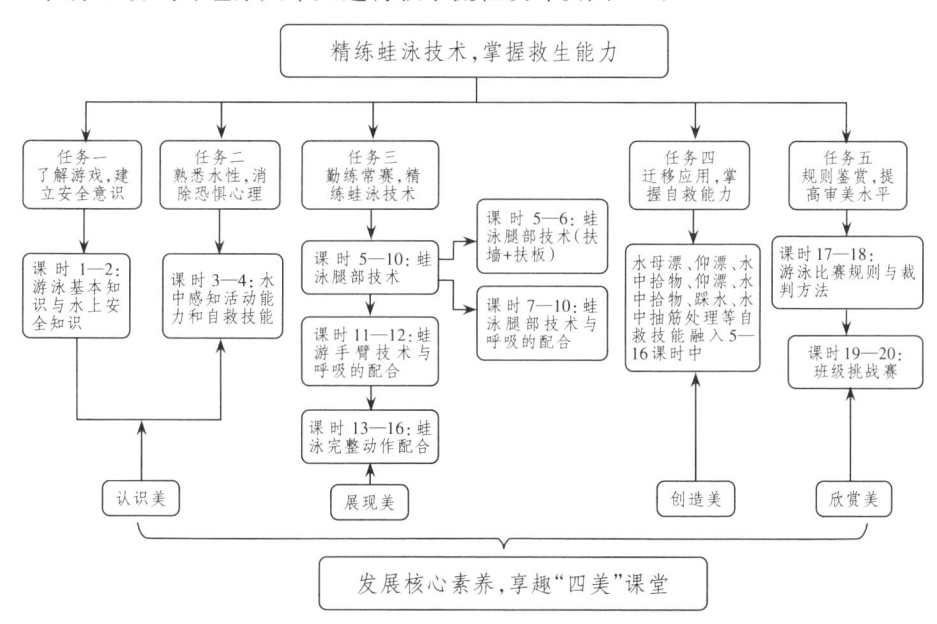

图4-8 蛙泳大单元教学流程图

4.蛙泳大单元的学习评价设计

按照运动能力占60%(其中体能占20%、运动技能占30%、运动认知占

10%),健康行为占15%,体育品德占20%,激励分占5%的构成比例,对学生的蛙泳技术及救生能力进行评价设计。(表4-31)

表4-31 水平四蛙泳大单元学习评价表

类别	项目	单元学习初 成绩	单元学习初 分值	单元学习末 成绩	单元学习末 分值	单项得分(80%)	进步幅度(20%)	综合得分
运动能力(60%)	体能(20%)	1000米/800米						
		200米游泳						
	运动技能(30%)	蛙泳	能采用蛙泳姿势顺利游完25米,动作协调连贯,呼吸节奏自然,姿态优美为80分及以上,姿势优美度一般为60—79分,中途停下或呛水为59分及以下					综合得分
	运动认知(10%)	项目	要求					综合得分
		蛙泳规则(5%)	掌握并熟练运用蛙泳规则,能够在比赛中准确判罚					
		锻炼计划的制订(5%)	根据学生提交的锻炼计划,从锻炼目标的制定、锻炼内容的选择、锻炼方法的应用、锻炼计划的促进效果等方面进行评价并给出相应的分值					
		维度		自评(25%)	互评(25%)	师评(50%)		综合得分
健康行为(15%)		课内能认真学练,课外能积极参与游泳社团、俱乐部的活动,有主动锻炼的意识						
		掌握科学的锻炼方法,知道热身的重要性、知道饭前饭后半小时不下水游泳						
		能保持良好的心态,遇到突发情况时能有稳定的情绪,从容对待						

续表

维度		自评(25%)	互评(25%)	师评(50%)	综合得分
体育品德(20%)	有积极进取、挑战自我、勇敢拼搏、团队精神				
	比赛时能遵守规则、尊重对手、尊重裁判				
	能以积极的态度参与比赛,正确看待比赛的胜负				

	维度	综合得分
激励分(5%)	在小组赛、班级比赛和校级比赛中取得优异成绩,在课堂教学中有突出的表现	
总分	运动能力(60%)+健康行为(15%)+体育品德(20%)+激励分(5%)	
等级	根据总分,优秀:≥90分 良好:75—89分 及格:60—74分 不及格:≤59分	

(三)蛙泳大单元课时案例举要

下面以蛙泳大单元(20课时)中的第3课时"掌握水中技能,学会自救技能"为例进行课时计划设计。(表4-32)

表4-32 水平四(七年级)"掌握水中技能,学会自救技能"课时计划

班级:七年级(2)班　　人数:40人　　课次:第3次　　授课教师:李璐雯

教学内容	1.水中技能:水中感知、活动能力 2.自救技能:踩水	教学重点	蹬壁充分,滑行流畅
		教学难点	控制身体在水中的平衡
教学目标	1.运动能力:掌握在水中呼吸、漂浮及站立、蹬壁滑行的方法,掌握韵律呼吸,蹬壁滑行能做到先俯身再蹬壁,滑行能做夹臂腿直成流水线,并平稳地站立,发展下肢力量 2.健康行为:能注意个人卫生,下水前有冲洗,能与同伴合作完成练习,积极参与比赛 3.体育品德:培养克服恐惧心理、挑战自我、勇于突破的体育精神		

续表

课的结构	教学内容	教学活动方式与组织措施	时间、次数、强度
开始热身部分	1.课堂常规 (1)集合整队 (2)检查服装 (3)师生问好 (4)宣布本课任务 (5)安排见习生	1.组织队形1:四列横队 ♂ ♂ ♂ ♂ ♂ ♂ ♂ ♂ ♂ ♂ ♂ ♂ ♀ ♀ ♀ ♀ ♀ ♀ ♀ ♀ ♀ ♀ ♀ ♀ △ 2.教学活动 (1)学生整队、检查人数,向教师报告 (2)师生相互问好 (3)宣布课的内容、目标及要求 (4)检查服装及安排见习生,提示学生注意学练安全(三禁止:禁止跳水,禁止戏水打闹、按压同伴,禁止潜水、假装溺水) 3.要求:站队快、静、齐;明确本课学习内容、目标及水中安全和卫生	约2分钟
	2.岸上准备活动 游泳热身操8节 (1)颈部绕环 (2)肩背拉伸 (3)腰腹拉伸 (4)体前屈 (5)弓步压腿 (6)腿部拉伸 (7)腕部活动 (8)手绕环	1.组织队形2:成四列横队体操队形散开 ♂ ♂ ♂ ♂ ♂ ♂ ♂ ♂ ♂ ♂ ♂ ♂ ♀ ♀ ♀ ♀ ♀ ♀ ♀ ♀ ♀ ♀ ♀ ♀ △ 2.教学活动 (1)教师讲解热身操动作内容并示范,引导学生发现自己身体的曲线美 (2)教师讲解划手动作,强调配合呼吸重点 (3)学生听口令模仿蛙泳划手动作 (4)教师巡视指导,纠正错误动作 3.要求:动作到位、配合协调、精神饱满	约5分钟 各4×8拍 强度较低

第四章 创美体育课堂教学模式的变式发展

续表

课的结构	教学内容	教学活动方式与组织措施	时间、次数、强度
学习提高部分	1.技术美——水中感知、活动能力 (1)学习水中站立 ①水中站立与行走 ②原地水中呼吸 (2)学习蹬壁滑行 ①水中漂浮练习 ②蹬壁滑行练习 2.竞技美——接力比赛 (1)憋气时长接力 (2)水中快速移动接力 (3)滑行比远接力	1.组织队形3：分男女生各两组进行 2.教学活动 (1)教师讲解并示范水中站立与行走动作要领，强调动作重难点 (2)引导学生大胆尝试水中行走，手脚协调配合，行走流畅 (3)学生认真观察，积极模仿 (4)教师巡视指导，纠正错误 (5)优生展示，学生观察，师生点评 3.要求 (1)听从口令，动作舒展 (2)配合呼吸，动作放松 1.组织队形4：分男女生各两组进行 2.教学活动 (1)教师讲解漂浮与蹬壁滑行练习的方法与要求，引导学生在漂浮与滑行过程中感受和谐美、水舞美 (2)学生2人一组，配合学习，互相纠错 (3)优生展示，学生观察，师生点评 3.要求 (1)互相观察，互相评价 (2)配合呼吸，动作放松 1.组织队形5：分男女两组进行	约6分钟 3—4次 强度较低 约6分钟 8—10次 强度较高 约8分钟 2次

275

续表

课的结构	教学内容	教学活动方式与组织措施	时间、次数、强度
学习提高部分		2.教学活动 (1)教师讲解比赛规则,合理分组 (2)教师进行角色分工,每条泳道安排1名裁判监督比赛,并利用平板将比赛过程拍摄下来 (3)学生积极参与,争取获得胜利 (4)教师引导学生欣赏比赛视频,发现同伴蛙泳带来的速度美与力量美、水舞美 3.要求 (1)遵守纪律,遵守规则 (2)动作到位,稳中求胜 (3)注意安全,保持警惕	强度高
	3.救生技能:踩水 (1)"僵尸跳":双手高举,双脚踩稳池底后用力蹬起,头出水面后吸气换气 (2)蛙式踩水:脚腕收紧,两腿打开向侧下方做蛙泳蹬腿动作,与双手同时向下压水,保持头在水面上呼吸	1.组织队形6:分男女两组进行 2.教学活动 (1)教师讲授踩水的自救理念 (2)教师讲解2种踩水动作要领并示范 (3)2人学习小组练习踩水自救方法,1人练习,1人憋气观察 (4)教师巡视、指导、纠正动作 (5)评比踩水王者,师生互动 3.要求:动作规范,按要求进行吸气、换气	约5分钟 2次 2次 强度中
	4.体能练习 (1)蝴蝶坐 (2)跪姿后仰 (3)直腿前伸 (4)俯卧挺上身	1.组织队形7:环绕围坐	约8分钟 各4×8拍2组 强度较高

续表

课的结构	教学内容	教学活动方式与组织措施	时间、次数、强度
学习提高部分		2.教学活动 (1)教师讲解示范体能练习动作,带领学生跟随视频一起练习 (2)学生认真完成所有体能练习,体验力量美、健康美 3.要求:动作规范,坚持不懈	
恢复整理部分	1.放松操 方法:在音乐伴奏下,教师带领学生跟随视频练习姿态放松操,使身心放松 2.课堂小结 3.布置课后作业 4.值日生收拾器材	1.组织队形8:呈圆形 2.教学活动 (1)教师引导学生在音乐伴奏下放松身心,感受音乐美、姿态美 (2)教师通过评价量表小结本课教学 (3)师生再见,值日生收拾器材 3.要求:动作松弛,恢复心率	约3分钟 各4×8拍 强度较低 约2分钟
场地器材	场地:泳池 器材:音响设备1套	预计运动负荷 / 安静心率:70—80次/分 平均心率140—150次/分 最高心率170—180次/分 练习密度:55%—65%	
安全措施	1.做好充分热身,预防肌肉痉挛等运动损伤 2.注意水中的呼吸换气,避免呛水		
课后反思			

　　以上创美体育课堂水上运动类教学模式及案例分析,体现了在水上运动类教学中融入美育教育对学生全面发展的意义。蛙泳技术练习不仅能促进学生掌握蛙泳技术,发展良好体能,塑造健康体态,还能培养学生勇敢顽强、自强不息的体育精神,使其增强信心、增加勇气,激发游泳兴趣,以及提升审美能力和表现运动美的能力,促进身心和谐发展,帮助学生更好地适应社会发展的需要并实现个人价值。

五 中华传统体育类运动教学设计及案例举要

中华传统体育类运动项目有很多,例如,武术、舞龙舞狮、中国式摔跤、射箭、赛龙舟等,而武术作为中华优秀传统文化之一,历史悠久,源远流长。它主要包含套路类运动和搏斗类运动,太极功夫扇作为武术套路中的一种,是融武术、音乐为一体的运动,在提高学生动作技能,发展学生灵敏性、协调性、柔韧性等体能水平的基础上,体验在音乐伴奏下运动的快乐。以下以武术——太极功夫扇为例,进行武术类教学的教学设计及案例举要。

(一)武术类美育要素及目标

武术类运动项目当中的每种武术练习内容都有其独特的锻炼价值、练习方法及练习者所要达成的目标,并分别体现了不同的美,有形体美、力度美、创编美等。这些美不仅能让人感受到人类身体的潜力和无限可能性,同时还能激发人们追求卓越和超越自我的精神。下面以武术——太极功夫扇为例,按照发展学生灵敏、协调、柔韧等素质的内容要求,挖掘其中的美育要素及可实现的美育目标。(表4-33)

表4-33 武术类运动项目美育融合目标体现

太极功夫扇技术要素	内容要求	美育要素	美育目标
基础学习与套路教学	1.掌握太极功夫扇的基本技术 2.了解太极功夫扇:它吸取中华传统武术精华,把太极拳的动作和不同风格的武术动作共熔一炉,将扇子挥舞与太极运动技巧灵活结合。动作具有柔中带刚、刚柔并济的特点	形体美:太极功夫扇的技术动作对协调性和整个身形要求较高,学生在学练过程中不断追求形体美 力度美:太极功夫扇是一种刚柔并济的运动项目,学生在学练过程中应当控制力度,懂得如何展现出力度美	在基本功以及太极功夫扇套路教学中,让学生能够体会刚柔相济的力度美,同时能让学生发现自身形体上所存在的形体美
创编与大挑战比赛	1.学生掌握基本技术与套路 2.掌握太极功夫扇的创编方法以及裁判法后,懂得如何进行创编	创编美:学生通过自己对创编规则的学习,进行独立创编,能在展示过程中实现创编之美	通过自己独立创编、小组创编,发挥自身以及小组的智慧,发展创编意识,体现创造美

(二)武术类大单元的教学设计

"24式太极功夫扇"是融武术、音乐为一体的体育运动,也是健身美体、休闲娱乐的健身方式。武术类大单元以学习太极功夫扇为主,发展学生的灵敏性、协调性等身体素质,在提高学生动作技能的基础上,让学生体验在音乐伴奏下运动的快乐,加强对学生的美育渗透,激发学生的运动乐趣。让学生通过掌握完整套路,达成形体美、姿态美、动作美,同时在实践中学会精神美、创造美,从而达到太极功夫扇技术性目标与美育性目标的双重实现,促进学生核心素养的发展。

大单元设计倡导用多向思维渗透法进行教学,教师在教学过程中将太极功夫扇技能的学习与创作发展思维紧密联系,注重以思促学、以思促练、思学相长的教学效果。在学生掌握基本知识、基本技术的基础上,以培养学生认识美、展现美、欣赏美、创造美为出发点,在教学过程中正确引导学生进行探究和思考。

武术类大单元教学设计可面向初中阶段的全体学生,该年龄段的学生正处于生长快速期,身体素质也处于上升期,思维活跃,对新事物接受速度快,模仿能力强。同时考虑到学生的运动水平及男女同学之间的差异,对自身的控制力也层次不一。为此,在教学过程中根据学生特点,采用循序渐进的教学方法实施教学,既有基础动作也有进阶动作,学生可根据自身的运动水平进行选择和练习。通过每天大课间时间、体育课时间和课余时间的练习,让学生在实践中追求自身的形体美、姿态美、力度美,提高自我纠错能力和自我欣赏能力,感知自我美丽的同时迸发自信美。

1.武术类大单元的美育目标设计

下面以"武术——太极功夫扇"为例,阐述如何从运动能力、健康行为、体育品德三个方面制定美育目标。

①运动能力:能正确做出太极功夫扇的基本技术动作,能在音乐伴奏下规范地完成"24式太极功夫扇"完整动作,并与同伴一起对该固定套路的动作进行创编;能了解相关比赛规则和评分办法,在观摩小组间比赛或表演时进行简单的评价;发展心肺耐力、肌肉力量、柔韧性、协调性、灵敏性等身体素质。

②健康行为:了解太极功夫扇的锻炼价值,养成运用太极功夫扇锻炼的意识和习惯;养成从不同角度思考与分析问题的思维习惯;在情境展示中,自信表现自我,展现形体美;通过学练,对太极功夫扇运动产生喜爱,培养认识美、欣赏

美、创造美的能力;学会在太极功夫扇运动后放松调整,消除疲劳。

③体育品德:在太极功夫扇学练中以小组合作的形式进行探究,提高团队协作能力;通过舞台展现和同台体验,逐步养成自尊自信、勇于挑战自我的品质,并能遵守规则、尊重对手,体现精神美。

2.武术类大单元教学内容的整体设计

按照《2022年版体育课程标准》对大单元教学的要求,对"武术——太极功夫扇"大单元进行18课时的相对系统和完整的教学设计如下。(表4-34)

表4-34 "武术——太极功夫扇"大单元教学设计(18课时)

课次	学习主题	技能学习目标	基本部分		
			学习活动	练习活动	比赛活动
1	走进太极功夫扇	能说出太极拳的起源与种类以及太极功夫扇的技术分类和相关比赛规则,认识太极功夫扇运动的美	1.观看太极拳起源介绍、太极功夫扇相关视频,学习太极功夫扇相关基础知识 2.欣赏"24式太极功夫扇"成套动作	1.小组讨论学习太极功夫扇需要具备哪些能力 2.看视频,让学生感受太极功夫扇与音乐的结合	太极拳与太极功夫扇相关基础知识竞赛问答
2	基础学习(一):太极拳基本步法,如弓步、仆步、虚步、后撤步等	能够正确做出太极拳弓步、仆步、虚步、后撤步等基本步法,并完成不少于5个基本步法组合,展现太极拳的动作美	1.学习太极拳步法 (1)弓步步法 (2)仆步、虚步、后撤步等步法 2.探索太极拳基本动作要领和步法组合规律	1.伴随音乐,以教师领做的形式集体跟随练习基本步法 2.分组练习基本步法,并选择不少于5个基本步法进行组合,分组展示 3.体能:柔韧拉伸 (1)坐位体前屈 (2)正踢腿等腿法	1.冲关你最棒——基本步法、手型动作组合 2.小组合作基本步法组合,编排展示评比

280

续表

课次	学习主题	技能学习目标	基本部分		
			学习活动	练习活动	比赛活动
3	基础学习（二）：手型手法学习，如云手、推手等	能完整掌握基本手型。尝试编排，将手型与步法组合编排，发掘创造美	1.学习太极拳基本手型、手法 2.探索不同手型与步法之间如何组合	1.跟音乐练习基本手型，同时在音乐伴奏下进行手型与步法练习。让学生在练习中做到沉住气、心静体松 2.体能：柔韧拉伸 (1)坐位体前屈 (2)俯身大腿后侧交替拉伸 (3)行进间弓箭步	1.基本步法——"萝卜蹲"游戏比赛 2.坐位体前屈个人争霸赛
4	基础学习（三）：基本步法+上肢动作	在音乐伴奏下，能够准确完成四大类基本步法；能够完成基本步法和上肢动作的简单结合，学会感知音乐美	1.学习太极拳基本手型与步法配合 2.学习上下肢之间动作协调配合	1.在音乐伴奏下，太极拳基本步法串联练习 2.体能：腰腹力量和柔韧性练习 (1)立卧撑 (2)仰卧举腿 (3)横叉	1.组合动作展示评比 2.横叉接龙游戏比赛规则：均等人数分组，依次做横叉练习，脚靠脚，队伍长的获胜
5—6	学习套路教学(一)：第一式至第三式技术动作与攻防含义	学生能自然协调地做出第一至第三式的技术动作，塑造身形美以及武术技击美	1.学习第一至第三式动作 (1)起势 (2)野马分鬃 (3)白鹤亮翅 2.学习身体姿态的控制以及与音乐配合表现正确推扇姿势	1.集体练习 2.分组练习 3.体能：腰腹力量 (1)平板支撑 (2)俄罗斯转体15次 (3)仰卧臀桥30秒	1."一拍一动"手位淘汰 2.平板支撑个人争霸赛

续表

课次	学习主题	技能学习目标	基本部分		
			学习活动	练习活动	比赛活动
7—9	学习套路教学(二)：第四式至第六式技术动作与攻防含义	在音乐伴奏下有节奏、有制动地熟练完成踏步类组合动作，根据口令流畅地完成小跳类组合动作，感知音乐美与武术技击美	1.学习第四式至第六式技术动作 (1)搂膝拗步 (2)手挥琵琶 (3)倒卷肱 2.掌握动作的攻防含义	1.结合音乐完成完整练习，开扇收扇干脆利落、整齐划一，握扇与开扇姿势正确 2.分组展示学习成果并进行自我评价 3.体能：腰腹力量和柔韧练习 (1)仰卧起坐 (2)平板支撑 (3)行进间踢腿	1.自学组合展示比赛 2.仰卧起坐个人争霸赛
10—13	学习套路教学(三)：第七式至第十六式技术动作与攻防含义	在音乐伴奏下有节奏、有制动地熟练完成踏步类组合动作，感知音乐美与武术技击美，展示姿态美与动作美	1.学习第七式至第十六式技术动作 (1)左揽雀尾 (2)右揽雀尾 (3)单鞭 (4)云手 (5)单鞭 (6)高探马 (7)右蹬脚 (8)双峰贯耳 (9)左蹬脚 (10)左下势独立 2.掌握攻防含义	1.结合音乐完成完整练习，掌握正确的开扇、收扇时机 2.分组展示学习成果并进行自我评价 3.体能：下肢力量练习 (1)深蹲 (2)弓箭步 (3)蹲跳起	1."速度在变化"展示比赛：在不同的速度节奏中，完成组合一、二动作 2."深蹲喊三"游戏比赛

续表

课次	学习主题	技能学习目标	基本部分			
			学习活动	练习活动	比赛活动
14—15	学习套路教学(四):第十七式至第二十四式技术动作与攻防含义	在音乐伴奏下有节奏、有制动地熟练完成踏步类组合动作,感知音乐美与武术技击美,展示姿态美与动作美	1.学习第十七式至第二十四式技术动作 (1)右下势独立 (2)左右穿梭 (3)海底针 (4)闪通臂 (5)转身搬拦捶 (6)如封似闭 (7)十字手 (8)收势 2.掌握攻防含义	1.结合音乐完成完整练习,掌握正确的开扇、收扇时机 2.分组展示学习成果并进行自我评价 3.互相纠错练习 4.体能:腰腹力量和下肢力量练习 (1)俯式支撑平移 (2)仰卧起坐 (3)蹲跳起	1."镜子游戏" 规则:教师随机编排组合动作,学生做反方向组合动作 2.俯式支撑平移小组接力赛
16—17	复习与套路创编大挑战	学生能够伴随音乐熟练完成整套技术动作,了解24式太极功夫扇的攻防含义,同时能够进行动作创编	1.复习"24式太极功夫扇"完整套路 2.学习动作攻防含义	1.集体练习与自由创编 2.体能:开合跳、勾腿跳、两连蹲、左右小跳、弓步交换跳、提膝跳、胯下击掌跳、高抬腿	"我能当评委" 规则:学生根据教师讲解的重组知识,对各组编排进行点评
18	考核完整套路与创编套路	能较好掌握完整套路,并具有一定的创编能力,培养欣赏美与创造美的能力	1.考核完整套路 2.考核创编套路	1.依次进行考核 2.体能:跳跃练习 (1)跳跃组合练习 (2)高冲击力步法串烧	1.方向变化编排展示评比 2."我来说,你来做" 规则:提示所学步法名称,学生快速反应并完成相应动作

3.武术类大单元的教学流程

下面按照创美体育教学理念从认识美、展现美、欣赏美、创造美四个方面对"武术——太极功夫扇"大单元进行教学流程设计。(图4-9)

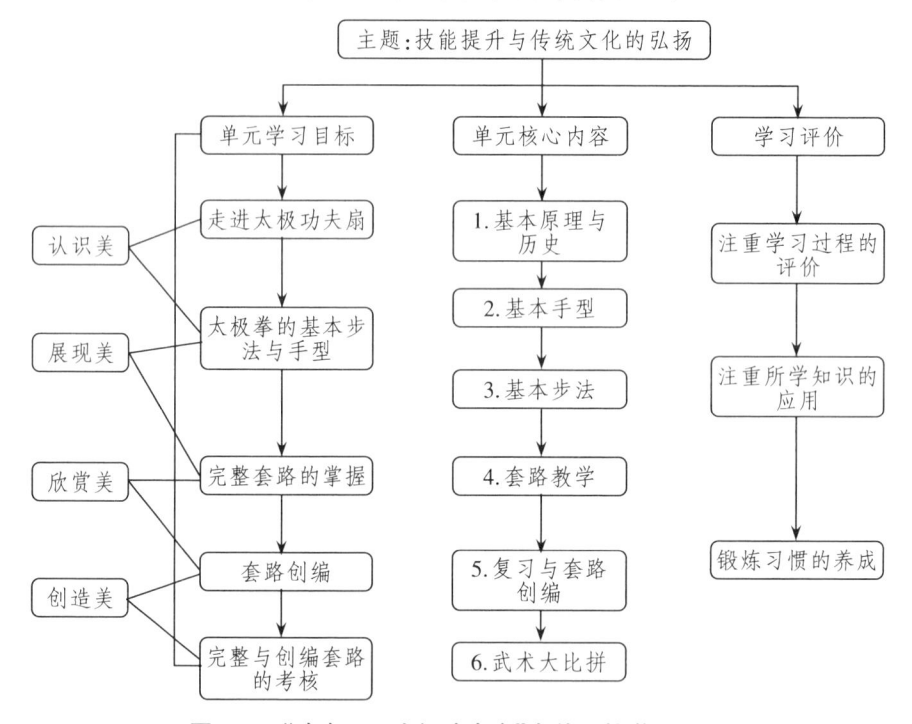

图4-9 "武术——太极功夫扇"大单元教学流程图

4.武术类大单元的学习评价设计

按照技能占30%、体能占30%、健康行为占20%、体育品德占20%,对学生太极功夫扇的学练水平进行评价设计。(表4-35)

表4-35 水平四"武术——太极功夫扇"大单元学习评价表

技能（30%）					
评价内容		优秀≥85分	良好84—75分	合格74—60分	不合格<60分
1."24式太极功夫扇"完整套路 2.跟随音乐完成自编套路 3.在学习过程中能够认识美、展现美、欣赏美、创造美		编排合理，衔接流畅，节奏清晰，能动作优美地跟随音乐完成整套动作，完成时充满自信，表现力强、效果好，能跟上音乐节奏，掌握每一个技术动作的攻防含义	编排较为合理，衔接较为流畅、能动作准确地跟随音乐完成整套动作，动作较流畅，质量较高、效果较好；姿势正确，基本能跟上音乐节奏，基本了解攻防含义	编排基本完成，衔接相对流畅、能完成整套动作，但动作不够轻松、不自然、不协调，表现力有待提高，跟不上音乐节奏	编排较为生硬，衔接不太流畅，不能完成整套动作，跟不上音乐节奏，动作记不清，肢体较为僵硬
体能、健康行为与体育品德评价表（70%）					
类别	项目	单元学习初 || 单元学习末 || 单项得分（80%）	进步幅度（20%）	综合得分
|| 成绩	分值	成绩	分值		
体能（30%）	1000米/800米					
	1分钟平板支撑					
	3米3向折返跑					
		维度			自评（25%）	互评（25%）	师评（50%）	综合得分
健康行为（20%）	有规律地参与校内外体育锻炼					
	有规律地参与校内外体育锻炼					
	运用健康与安全知识和技能进行健康管理的能力增强					

续表

	维度	自评(25%)	互评(25%)	师评(50%)	综合得分
健康行为(20%)	情绪调控能力增强,心态良好,充满青春活力				
	善于沟通与合作,适应多种环境				
体育品德(20%)	积极应对体育活动中遇到的困难,表现出吃苦耐劳、敢于拼搏、勇于争先的精神				
	做到诚信自律、公平公正,规则意识强				
	具有责任意识和集体荣誉感,能正确看待比赛胜负				
总分	技能(30%)+体能(30%)+健康行为(20%)+体育品德(20%)				
等第	根据总分,优秀:≥90分 良好:75—89分 及格:60—74分 不及格:≤59分				

(三)武术类大单元课时案例举要

下面以"武术——太极功夫扇"大单元(18课时)中的第7课时"武术——太极功夫扇套路第四式至第六式"为例进行课时计划设计。(表4-36)

表4-36　水平四(八年级)"武术——太极功夫扇套路第四式至第六式"课时计划

班级:八年级(3)(4)班　　男生人数:46人　　课次:第7次　　授课教师:叶汉雄

教学内容	1.学习太极功夫扇套路第四式至第六式动作 2.体能练习——团队"下棋"游戏	教学重点	动作与音乐的结合、身随扇走、眼随扇动,开扇与收扇的动作干脆利落,体现武术的精气神
		教学难点	动作有力度、有幅度,与音乐配合协调,人扇合一

续表

教学目标	1.运动能力:借助教师的讲解示范、集体学练、小组学练与比赛等手段,学生掌握太极功夫扇的动作要领与锻炼价值;80%的学生能在做好动作的前提下与音乐相结合,20%的学生能跟着小组完成整套动作;通过体能练习提高学生下肢力量,同时通过游戏提高学生的反应能力和移动速度 2.健康行为:通过自主学练、小组学练以及组内组间比赛渗透健康行为,学生明白太极功夫扇的练习方法,提高认知,形成良好的锻炼习惯,体现健康美 3.体育品德:借助合作学练、组间组内比赛提高学生的团队协作能力、尊重对手的体育精神与道德,同时形成胜不骄败不馁的正确胜负观,能够传承中华优秀传统文化,体现精神美、文化美

课的结构	教学内容	教学活动与组织措施	时间、次数、强度
开始热身部分	1.课堂常规 (1)指定学生整队、检查人数,向教师报告 (2)师生问好 (3)宣布课的内容、目标及任务 (4)教师提出具体要求,加强学生的安全教育 (5)学生认真听讲本次课的内容并遵守常规要求	1.组织队形1:成四列横队集合 2.教学活动 (1)体育委员整队、检查人数,向教师报告出勤情况 (2)师生问好 (3)宣布课的内容、目标及要求,提示学练安全 (4)对学生提出具体要求 3.要求:集合时快、齐、静	约2分钟 强度低
	2.热身活动 (1)图形跑	1.组织队形2:按照图形进行热身跑 2.教学活动 (1)教师带领学生进行热身活动并提出要求和注意事项 (2)观察学生热身练习情况,对动作不到位的学生给予帮助和指导 (3)提醒学生注意前后间距,注意安全 3.要求:动作到位,认真热身;注意左右间距,听哨声进行有序练习	约8分钟 2趟 强度中

续表

课的结构	教学内容	教学活动与组织措施	时间、次数、强度
开始热身部分	(2)接扇子游戏 方法：每组围成一个圆，将扇子直起放在自己身前。当听到哨声时放开自己的扇子，去接右边同学的扇子，掉扇子的同学做10下深蹲，看看最后哪组剩下的人最多	1.组织队形3:4组同学成4个圆圈进行接扇子游戏 ○　○ △ ○　○ 2.教学活动 (1)教师带领学生进行热身活动并提出要求和注意事项 (2)观察学生热身练习情况，对动作不到位的学生给予帮助和指导 (3)提醒学生注意前后间距，注意安全 3.要求：动作到位，认真热身；注意左右间距，听哨声进行有序练习	8-10次 强度中
学习提高部分	1.技术美、展现美——复习太极功夫扇第一式至第三式技术动作 动作要领： (1)起势 ①右手持扇，两脚开立； ②两臂前举；③屈膝按掌 (2)野马分鬃 A.①收脚抱球；②左转出步；③弓步分手 B.①后坐撇脚；②跟步抱球；③右转出步；④弓步分手 C.①后坐撇脚；②跟步抱球；③左转出步；④弓步分手	1.组织队形4:成四列横队体操队形散开 ♂♂♂♂♂♂♂♂ ♂♂♂♂♂♂♂♂ ♂♂♂♂♂♂♂♂ ♂♂♂♂♂♂♂♂ △ 2.教学活动 (1)教师示范并讲解本节课学习内容、练习要求 (2)教师强调动作要领，鼓励学生放松身体，大胆尝试做动作 (3)学生认真听讲并思考，练习并领悟和熟记动作要领 (4)学生熟练掌握太极功夫扇第一至第三式动作	约5分钟 2次 强度较低

续表

课的结构	教学内容	教学活动与组织措施	时间、次数、强度
学习提高部分	(3)白鹤亮翅 ①跟半步胸前抱球;②后坐举臂;③虚步分手;④左手在下,右手在上,亮相时将扇子打开,成虚步 2.发现美、欣赏美——学习太极功夫扇第四式至第六式技术动作 (4)搂膝拗步 A.①左转落手;②右转收脚举臂;③出步屈肘;④弓步搂推 B.①后坐撇脚;②跟步举臂;③出步屈肘;④弓步搂推 C.重复B动作 (5)手挥琵琶 ①跟步展手;②后坐挑掌,同时右手将扇子打开;③虚步合臂 (6)倒卷肱 ①两手展开;②提膝屈肘;③撤步错手;④后坐推掌(重复三次) 易犯错误与纠正方法: 问题一:练习中扇子不容易打开 纠正方法:学生练习时注意拿扇子的手型,反复练习收扇与开扇的正确姿势 问题二:动作与音乐对不上,容易抢拍 纠正方法:让学生每个八拍对着音乐做,同时自己喊口令	(5)学习太极功夫扇第四至第六式动作 (6)尝试跟音乐完整练习第一至第六式动作 (7)学生分组进行展示,让学生观察第一至第六式的动作和节奏,并学会欣赏动作美 (8)练习过程中学生互帮互助,小组之间互相指正纠错,发挥团结协作精神 3.要求 (1)动作与音乐结合,体现武术的精气神、刚劲有力等特点,开扇与收扇干脆利落、整齐划一 (2)认真听教师讲解示范和指令 (3)注意前后左右间距,动作正确到位,安全有序地进行练习	5分钟 2—3次 强度中

续表

课的结构	教学内容	教学活动与组织措施	时间、次数、强度
学习提高部分	3.展现美、创造美——自由练习,队形创编 方法:学生分成4组练习,每组设立一位小组长组织练习,培养团队合作能力,积极创编,并以小组形式展现出来,体现学生的审美鉴赏能力、审美创造能力	1.组织队形5:学生分散站立 2.教学活动 (1)练习过程中学生互相观察、互相纠错、互相学习、互相帮助 (2)学生跟随音乐练习完整的动作 (3)教师及时进行反馈与小结,总结练习情况为后续练习做铺垫 (4)教师巡回指导,提示动作要领,指导学生进行队形创编 (5)学生分组进行展示,同学之间相互观摩与评价,培养展现美、欣赏美的能力 3.要求:练习过程中学生互帮互助,自主点评,教师补充点评	约10分钟 强度中
	4.竞赛美——体能(团队"下棋"比赛) 游戏方法:用不同颜色的标志线与标志桶设置4条标志线,每2条标志线之间形成的区域代表分值分别为1、2、3、4,学生两两一组,听哨声出发,到中线折返,教师再次吹哨时2人停止,每组9把扇子,得分高的小组获胜	1.组织队形6: 4分区域 3分区域 2分区域 1分区域	约10分钟 2次 强度较高

续表

课的结构	教学内容	教学活动与组织措施	时间、次数、强度
学习提高部分	规则:若2人在同一区域,则将扇子插上获得相应分数,若不在同一区域则就高不就低	2.教学活动 (1)教师通过大屏幕讲解体能练习的方法及要求 (2)学生按教师要求,认真完成比赛 (3)听从教师组织及安排,比赛中积极进取,培养团队的协作能力 3.要求 (1)依次练习,安全有序,积极参与,动作正确到位 (2)同学之间互相鼓励,团结协作	
恢复整理部分	1.放松活动 方法:将扇子收起形成短棍,利用双手持棍做拉伸活动 2.小结本课,布置作业 3.值日生收拾器材 4.师生告别	1.组织队形7:四列横队体操队形散开 ♂ △ 2.教学活动 (1)教师带领学生,结合音乐进行放松活动 (2)师生小结,评价本次课的学习情况,提出优点与不足之处,回顾知识,布置课后作业 (3)收拾器材,师生告别 3.要求:充分放松,愉悦身心,互动评价,落实劳育	约5分钟 强度低
场地器材	场地:室内篮球馆 器材:扇子47把,口哨1个,多媒体设备1套	预计运动负荷	安静心率:70—80次/分 最高心率:160—170次/分 平均心率:135—145次/分 练习密度:50%—55%
安全保障	1.做好充分的准备活动 2.注意练习的间距,避免冲撞		
课后反思			

以上创美体育课堂武术类教学模式及案例分析,体现了在武术类教学中融入美育教育对学生全面发展的意义。学习太极功夫扇套路,不仅能发展学生的身体协调性、柔韧性以及攻防意识;还能增强学生的自信心,激发学生的运动兴趣,促进身心和谐发展等,以及提升学生的审美能力和表现运动美的能力,帮助学生更好地适应社会发展的需要。

六 新兴体育类运动教学设计及案例举要

新兴体育类运动项目是六大专项运动技能类之一,因其内容新颖而受到中学生的关注和喜爱。新兴体育类运动项目有很多,《2022年版体育课程标准》将新兴体育类运动项目分为生存探险类项目(如定向运动、野外生存、远足、登山、攀岩等)和时尚运动类项目(如花样跳绳、轮滑、滑板、极限飞盘、跆拳道、独轮车、小轮车、飞镖等)。[①]其中的定向运动是较适宜在校园内开展的一项新兴类项目,在人教版高中《体育与健康》教科书第十三章《新兴体育类运动》中,重点介绍了定向运动。定向运动又称"指北针运动""识图越野"等。国际定向运动联合会将定向运动定义为,参赛者借助地图指北针,在尽可能短的时间内徒步到访若干个标志(检查点)的体育运动。本单元以定向运动为例,进行新兴体育类运动项目的教学设计及案例举要。

(一)新兴体育类运动的美育要素及目标

新兴体育类运动中的定向运动是一项具有独特魅力的体育运动,它不仅需要参与者具备较高的运动技能和身体素质,还需要他们具备良好的方向感和团队协作能力。在定向运动项目中融入美育教育,可以让学生更好地感受运动之美,提高他们的审美能力和综合素质。下面将从运动美感培养、运动团队协作之美、运动规则之美、运动精神之美等方面探讨如何在定向运动项目中体现美育教育。(表4-37)

---

① 中华人民共和国教育部.义务教育体育与健康课程标准(2022年版)[S].北京:北京师范大学出版社,2022:88.

表4-37 定向运动项目美育融合目标体现

定向运动教学内容	内容要求	美育要素	美育目标
定向运动理论知识学习	学习定向运动理论知识,了解定向运动的概念、起源与发展、特点及价值,学会欣赏各类定向运动比赛	学会欣赏定向地图之美,了解定向地图丰富的色彩之美。观看并欣赏定向比赛之美,感受定向运动沿途风景之美	在各种定向运动训练比赛中磨炼意志,体验不怕困难、坚韧、刚强、不屈不挠的精神美
定向运动专项技术学习	学习指北针的使用方法,学会在实地比赛中熟练使用指北针。学习百米定向基本技术、识图对照技术、指北针直穿技术等技术	在专项技术中,教师可以引导学生关注自己的运动表现,如动作的协调性、速度的掌控力等,让学生感受到定向运动专项技术的美。体验识图辨方向之美、体力与脑力结合之美、跨学科融合之美	通过各种专项技术的学习和训练,让学生体验识图辨方向之美、体力与脑力结合之美、跨学科融合之美。在比赛中体验人文景观之美,感受祖国大好河山之美
定向三大赛(百米、校园、公园)体验	通过感受百米定向赛、校园定向赛及公园定向赛的魅力,在实际比赛中体验定向运动之美	选用团队比赛形式,这需要学生之间相互协作、相互配合。在比赛中,教师可以引导学生关注团队的合作和配合,让学生感受到团队协作的力量和美	定向运动不仅是一种运动项目,更是一种心灵之旅。在活动中,教师可以引导学生关注自己的内心世界,如情绪的调节、心态的调整等,让学生感受到定向运动的美

(二)新兴体育类运动大单元的教学设计

新兴体育类运动大单元坚持"健康第一"的指导思想,依据《2022年版体育课程标准》的基本理念,积极落实五育并举教育方针,坚持"以学生发展为本",重视学生的主体地位,关注个体差异,激发学生主动参与运动的兴趣。新兴体育类运动大单元结合体育核心素养,重视学生在体育运动中的自主学习和团队合作等能力的培养。利用多媒体手段,促进学生更好地掌握定向运动的相关概念,学会并掌握查看定向地图等技术。通过定向运动理论知识的学习,激发学生学习新兴体育项目的热情。将地理学科、数学学科、体育学科相融合,发展学生跨学科学习的能力,培养学生的体育学科核心素养。本单元教学对象为初二年级的学生。这一阶段的学生正处于身体发育的高峰期,运动能力参差不齐,除个别学生身体素质比较好外,大部分学生的运动能力一般,但对新兴体育类运动有强烈的好奇心和求知欲。这一阶段的学生对美的理解逐渐深入,审美能力逐步提升,创美意识逐渐加强。

定向运动是一种充满美感的运动,它通过参与者的动作、姿势和技巧展现出独特的魅力。定向运动还需要参与者之间紧密配合才能完成比赛,其中就体现了团队协作之美。定向运动的规则具有公平、公正的特点,这体现了运动规则之美。在定向运动项目中,教师可以通过各种方式让学生了解并遵守规则。在定向运动项目中融入美育教育可以培养学生的运动美感、团队协作精神、遵守规则的意识以及积极向上的心态等。这些素质的培养不仅有助于提高学生的身体素质和运动技能水平,更有助于提高他们的综合素质和社会适应能力。除此之外,定向运动是一项智力与体力并重的运动,它不仅能强健体魄,而且还能培养学生独立思考、独立解决困难的能力。

1.新兴体育类运动大单元的美育目标设计

根据定向运动的项目特点、学生的认知能力和技能水平,制定以下美育目标。

①运动能力:掌握定向运动的基本技能和技巧,包括地图阅读、方向判断、路线规划等,展现智慧美。定向运动需要消耗大量的体力和各部位的协调配合与灵活运用,通过反复练习和逐渐增加难度的训练,提高学生的定向运动准确性和效率,体现耐力美、力量美、协调美等。

②健康行为:通过定向运动的练习,学生可以拥有更好的身体状态、情绪调控能力和运动表现,并养成健康意识和自我保健能力,体现体态美、健康美等。

③体育品德:在定向运动的训练和比赛中可以培养学生的团队合作精神、集体荣誉感、责任心,遵守比赛规则和纪律,以及培养抗挫能力、创新精神,体现合作美、责任美、心态美、创造美。

2.新兴体育类运动大单元的教学设计

按照《2022年版体育课程标准》对大单元教学的要求,对"新兴体育类运

动——定向运动进行18课时的相对系统和完整的教学设计。(表4-38)

表4-38 "新兴体育类运动——定向运动"大单元教学设计(18课时)

课次	学习主题	技能学习目标	基本部分		
			学习活动	练习活动	比赛活动
1	1.初识定向运动,了解定向运动之美 2.观看定向比赛,欣赏定向比赛之美	1.了解定向运动的概念、起源与发展 2.了解定向运动的特点和价值 3.学会欣赏各类定向运动比赛 4.了解定向运动的精髓	1.学习定向运动的基本知识(起点、终点、检查点标记) 2.介绍百米定向基本技术	1.观看定向运动的相关视频,并回答"什么是定向运动"等相关问题 2.小组活动:观看定向运动相关视频,学习基本知识 3.通过PPT了解定向运动所需器材、场地等	游戏——"定向地图有什么"知识问答竞赛
2	1.学习观看定向运动地图 2.学习定向地图符号(了解7种颜色的含义)	1.了解地图元素(A.地图比例尺的表示方法;B.地图方向:上北下南左西右东) 2.认识定向地图的7种颜色的含义,如蓝色代表水系等	1.学习比例尺的换算(百米定向地图通常为1:500或1:1000) 2.记忆并背诵定向地图7种颜色的含义	1.观看不同类型的定向地图(百米定向地图、校园定向地图、野外定向地图、公园定向地图等) 2.小组活动:快速记忆发到手的定向地图的相关知识	知识问答——定向地图的7种颜色分别是什么含义
3	1.学习定向地图符号(了解7种颜色的含义) 2.学习检查点说明表	1.复习地图元素 2.认识定向地图的7种颜色的含义,如蓝色代表水系等 3.学习检查点说明表	1.学习比例尺的换算(百米定向地图通常为1:500或1:1000) 2.记忆并背诵7种颜色的含义 3.背诵检查点说明表	1.观看不同类型的定向地图(百米定向地图、校园定向地图、野外定向地图、公园定向地图等) 2.小组活动:快速记忆发到手的定向地图的相关知识 3.两人一组抽背检查点说明表	知识问答——定向地图中的三角形、圆圈、双圆圈分别是什么含义

续表

课次	学习主题	技能学习目标	基本部分		
			学习活动	练习活动	比赛活动
4	初识定向运动之美："百米定向体验赛"	1.掌握观看百米定向地图的技巧 2.教会学生如何使用指北针 3.发展学生的快速反应和百米定向冲刺能力	1.学习指北针的使用方法 2.学习百米定向基本技术	1.感受"沿径定向"的游戏魅力 2.学习百米定向的指北针直穿技术 3.折返跑练习 4.体验3—5个检查点的跑动	体验"沿径定向"游戏,模拟快速打卡检查点
5	体验定向运动之美："指北针直穿技术"	1.掌握观看百米定向地图的技巧 2.教会学生如何使用指北针 3.发展学生的快速反应和百米定向冲刺能力	1.学习指北针的使用方法 2.学习百米定向基本技术	1.学习指北针的持握方法 2.学习百米定向的指北针直穿技术（标定地图、确定行进方向） 3.2×100米冲刺跑 4.体验5—8个检查点的跑动	体验缩小版"百米定向"
6	"短距离定向"运动,感受"百米定向接力赛"的魅力	1.体验完整的"百米定向"比赛 2.找出在比赛中存在的问题 3.易犯错误和纠正方法	1.学习"百米定向挑战赛"的规则 2.漏打卡且未进行补卡的同学没有成绩	1.参加"百米定向挑战赛" 2.分组进行"百米定向接力赛" 3.分小组讨论并找出问题所在	"百米定向挑战赛"
7	感受校园定向之美	1.初步学习校园定向 2.体验校园定向的魅力 3.发展学生快速奔跑的能力	1.初步学习拇指辅行技术 2.初步掌握地图知识,学习如何读图 3.学会标定地图技术	1.学习地图信息提取技术(读图) 2.2人一组进行读图练习 3.体能练习:600米计时跑	5分钟"校园定向赛"

续表

课次	学习主题	技能学习目标	基本部分		
			学习活动	练习活动	比赛活动
8	感受校园定向之美	1.进一步学习校园定向 2.体验校园定向的魅力 3.发展学生快速奔跑的能力	1.进一步学习拇指辅行技术 2.进一步掌握地图知识,学习如何读图 3.运用标定地图技术	1.学习地图信息提取技术(读图) 2.2人一组进行读图练习 3.体能练习:900米计时跑	10分钟"校园定向赛"
9	感受校园定向之美	1.进一步学习校园定向 2.体验校园定向的魅力 3.发展学生长时间奔跑的能力,提高心肺耐力	1.熟练运用拇指辅行技术 2.熟练掌握地图知识,学习如何读图 3.运用标定地图技术	1.2人一组进行读图练习 2.参加"校园定向赛",完成6个检查点的任务 3.体能练习:12分钟跑	15分钟"校园定向赛"
10	感受校园定向之美	1.深入学习校园定向 2.体验校园定向的魅力 3.发展学生快速奔跑的能力	1.熟练掌握地图知识,进一步学习如何读图 2.迷失方向后重新定位的技术 3.熟练运用标定地图技术	1.2人一组进行读图练习 2.参加"校园定向赛",完成找到全部检查点的任务 3.体能练习:变速跑5圈	完整体验"校园定向赛"

续表

课次	学习主题	技能学习目标	基本部分		
			学习活动	练习活动	比赛活动
11	体验"校园定向赛之耐久跑",感受竞赛之美	1.在定向赛之耐久跑的练习中,掌握呼吸节奏与跑的技术配合 2.能在定向比赛中根据实际情况应用耐久跑的技术,体现动作美 3.发展心肺耐力和力量等体能,体现协调美、力量美	1.观看视频,以提问引导的方式,导入本课学习内容 2.熟练地查看地图 3.学会根据任务卡打卡地标 4.在练习过程中学会正确的呼吸节奏与跑的配合	1.有音乐伴奏的图形跑练习 2.音乐快慢节奏下变速跑练习 3.地图定向赛 4.体能练习:核心力量练习	"校园打卡美景定向赛"
12	体验"公园定向赛",感受户外运动之美	1.初次尝试"公园定向赛" 2.让学生感受户外运动美,亲近自然、享受自然 3.把学到的知识运用到陌生环境中	1.熟练掌握地图知识 2.复习标定地图技术 3.复习确定行进方向技术	1.2人一组合作,初次尝试海湾公园定向赛的$\frac{1}{3}$地图 2.完成时间20分钟,未完成也要迅速集合 3.第一名小组分享参与"公园定向赛"的经验	"公园定向小组赛"
13	体验"公园定向赛",感受户外运动之美	1.进一步尝试体会"公园定向赛" 2.感受户外运动美,亲近自然,享受自然 3.把学到的知识运用到陌生环境中	1.熟练掌握地图知识 2.学习站立点判定技术 3.快速回到终点	1.个人赛初次尝试"公园定向赛"的$\frac{2}{3}$地图 2.完成时间20分钟,未完成也要迅速集合 3.分享参与"公园定向赛"的感受	"公园定向个人赛"

续表

课次	学习主题	技能学习目标	基本部分		
			学习活动	练习活动	比赛活动
14	体验"公园定向赛",感受户外运动之美	1.深入体会"公园定向赛" 2.让学生感受户外运动美,亲近自然,享受自然 3.把学到的知识运用到陌生环境中	1.熟练掌握地图知识 2.学习路线规划技术 3.学习路线执行技术	1.团队赛,4人一组尝试"公园定向赛"的全部地图(正向跑图) 2.完成时间20分钟,未完成也要迅速集合 3.第一名小组分享参与"公园定向赛"的经验	"公园定向团队赛"
15	体验"公园定向赛",感受户外运动之美	1.深入体会"公园定向赛" 2.让学生感受户外运动美,亲近自然,享受自然 3.把学到的知识运用到陌生环境中	1.熟练掌握地图知识 2.学习路线规划技术 3.学习路线执行技术	1.团队赛,4人尝试海湾公园定向赛的全部地图(反向跑图) 2.完成时间20分钟,未完成也要迅速集合 3.最后两名的小组分享参与"公园定向赛"的感受	"公园定向团队赛"
16—18	校级/区级定向运动比赛	1."百米定向赛" 2."校园定向赛"	1.定向理论知识挑战赛:设计定向运动理论知识问答,如定向地图的7种颜色的含义等 2.校园趣味定向、寻宝定向、接力定向等 3.颁奖典礼:百米定向之星、寻宝定向之星、最佳团队奖		

3.新兴体育类运动的教学流程

下面按照创美体育教学理念从认识美、展现美、欣赏美、创造美四个方面对"新兴体育类运动——定向运动"大单元进行教学流程设计。(图4-10)

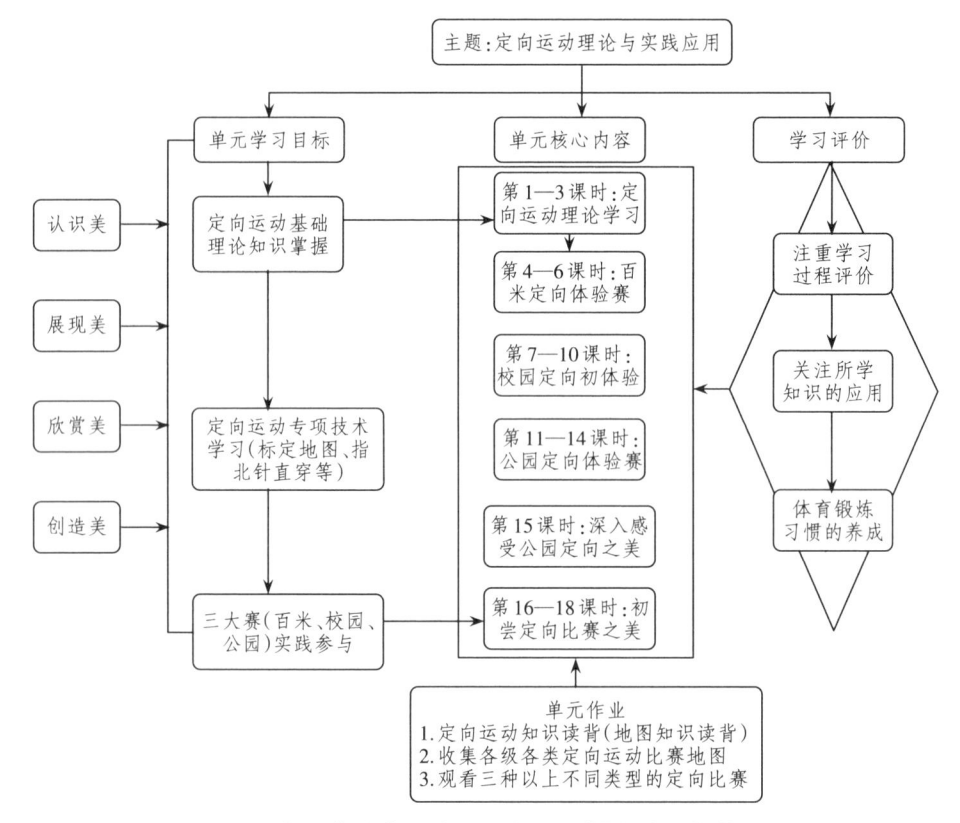

图4-10 "新兴体育类运动——定向运动"大单元教学流程图

4."新兴体育类运动——定向运动"大单元的学习评价设计

"新兴体育类运动——定向运动"大单元根据学生对定向运动各项知识、体能、技能和比赛的掌握与运用情况,按运动能力占60%(其中体能占20%、运动技能占30%、运动认知占10%)、健康行为占20%、体育品德占15%,并加入激励分5%,对学生的定向运动学练水平进行评价设计。(表4-39)

表4-39 水平四"新兴体育类运动——定向运动"大单元学习评价表

类别		项目	单元学习初		单元学习末		单项得分(80%)	进步幅度(20%)	综合得分
			成绩	分值	成绩	分值			
运动能力(60%)	体能(20%)	100米							
		800米							

续表

类别		项目	单元学习初		单元学习末		单项得分(80%)	进步幅度(20%)	综合得分
			成绩	分值	成绩	分值			
运动能力（60%）	运动技能（30%）	定向越野	以掌握定向越野基础知识和技术,并能熟练、准确地运用于实践的程度进行评价,其中总时间(成绩)排名百分数在 0.01%—10% 的为 90 分,百分数在 10.01%—60% 的为 80—89 分；百分数在 60.01%—100% 的为 70—79 分；百分数在 90%—100%,允许漏打点数≤2 个的为 60—69 分；百分数在 90%—100%,允许漏打点数≥3 个的为 60 分以下						
	运动认知（10%）	知道定向运动的起源与发展,学会欣赏定向运动比赛							
		学会观看不同类型的定向地图,认识定向地图的 7 种颜色的含义							
		学会使用指北针							

类别	维度	自评(25%)	互评(25%)	师评(50%)	综合得分
健康行为（20%）	课内能认真学练,课外能积极参与定向运动,有主动锻炼的意识				
	掌握科学锻炼的方法,知道热身的重要性				
	知道户外进行运动安全的重要性				
体育品德（15%）	在练习中积极进取、挑战自我、有良好的团队协作的意识				
	比赛时能遵守规则、尊重对手、尊重裁判				
	能以积极的态度参与定向运动比赛,正确看待比赛的胜负				

续表

激励分(5%)	维度	综合得分
	在小组赛、班级比赛和校级定向运动比赛中取得优异成绩,在课堂教学中有突出的表现	
总分	运动能力(60%)+健康行为(20%)+体育品德(15%)+激励分(5%)	
等级	根据总分,优秀:≥90分 良好:75—89分 及格:60—74分 不及格:≤59分	

(三)"新兴体育类运动——定向运动"大单元课时案例举要

下面以"新兴体育类运动——定向运动"大单元(18课时)中的第11课时"校园定向赛之耐久跑"为例,进行课时计划设计。(表4-40)

表4-40 水平四(九年级)"校园定向赛之耐久跑"课时计划

班级:九年级(19)班   学生人数:40人   课次:第11次   授课教师:林鹭鹏

教学内容	1.学习校园定向赛之耐久跑技术 2.体能:肌肉力量	教学重点	跑动自然,合理分配体力
		教学难点	呼吸节奏和跑的节奏配合,强化"体育课程思政意识"
教学目标	1.运动能力:掌握呼吸节奏和跑的节奏配合;在任务卡中打卡地标且能针对其生态知识理解运用,并对同伴的问题进行评价与分析;能在比赛中根据实际情况应用耐久跑技术,体现动作美;发展心肺耐力和力量等身体素质,体现协调美、力量美 2.健康行为:对耐久跑的运动特点和锻炼价值有比较清晰的认识,能直面学练中的挫折与失败,培育正确的运动价值观,养成终身体育锻炼的习惯 3.体育品德:培养勇敢、顽强、不怕困难、吃苦耐劳和勇于拼搏的精神美以及团队协作的合作美,促进体育品德的养成		

第四章 创美体育课堂教学模式的变式发展

续表

课的结构	教学内容	教学活动方式与组织措施	时间、次数、强调
开始热身部分	1.课堂常规 (1)集合整队 (2)检查服装 (3)师生问好 (4)宣布课的任务 (5)分为4个组 (6)安排见习生	1.组织队形1:四列横队 ♂ ♂ ♂ ♂ ♂ ♂ ♂ ♂ ♂ ♂ ♂ ♂ ♀ ♀ ♀ ♀ ♀ ♀ ♀ ♀ ♀ ♀ ♀ ♀ △ 2.教学活动 (1)教师引导学生了解本课任务 (2)教师常规检查与落实 3.要求:集合快、静、齐,精神饱满	约2分钟 强度低
	2.准备活动(跟随音乐) (1)生态金句接龙跑 方法:4个组进行金句接龙热身跑并熟悉场地 (2)丛林探险大比拼 方法:每组前9个学生俯卧拱腰成"丛林",最后1个学生爬进搭成的"丛林",以此类推,直至最后一个同学完成	1.组织队形2:学生分组进行热身跑 ④宁德:下党乡 → ①厦门:筼筜湖 ③莆田:木兰溪 ← ②龙岩:长江县 2.教学活动 (1)教师讲解跑步线路和游戏方法 (2)教师带领学生随音乐进行准备活动,享受游戏带来的快乐 3.要求:跑动路线正确,游戏热身活动充分,精神饱满	约6分钟 2—3趟 1次 强度中
		1.组织队形3:学生成四路纵队进行练习 2.教学活动 (1)教师讲解跑步线路和游戏方法 (2)教师带领学生随音乐进行准备活动,享受游戏带来的快乐 3.要求:跑动路线正确,游戏热身活动充分,精神饱满	

303

续表

课的结构	教学内容	教学活动方式与组织措施	时间、次数、强调
学习提高部分	1.技术美、合作美、体验生态美——学习"校园定向赛之耐久跑"技术 第一关——追寻足迹:析和谐之美 (1)音乐伴奏下的图形跑练习 ①动作要领:呼吸节奏与跑的配合,两三步一呼两三步一吸 ②方法:分成4个小组,组长根据任务卡带领同伴找到自己的地区,并找出小组所在地区的"旧貌"的卡片	1.组织队形4:4组同学分别进行图形跑打卡 （图示：④宁德:下党乡 ①厦门:筼筜湖 ③莆田:木兰溪 ②龙岩:长江县） 2.教学活动 (1)通过引导,创设情境 设问引导1:找出各自打卡的地区"旧貌"的卡片 设问引导2:如何在打卡任务中做好呼吸节奏与跑的配合? (2)讲解打卡的比赛规则,组织学生进行练习,体验规则美、合作美 3.要求:注意力集中,边运动边给队友加油打气(多赞美、表扬)	约6分钟 2—3次 强度中
	第二关——重走来路:探绿色生态美 (2)音乐快慢节奏下变速跑练习 ①动作要领:呼吸节奏与跑的配合,两三步一呼两三步一吸 ②方法:分成4个小组,组长根据任务卡带领同伴打卡小组所在地区的地标,找出"绿色治理"的卡片	1.组织队形5:分4组进行打卡 （图示：④宁德:下党乡 ①厦门:筼筜湖 ③莆田:木兰溪 ②龙岩:长江县） 2.教学活动 (1)教师播放福建关于治理生态环境的视频,将保护生态环境意识融入体育课堂教学 (2)小组讨论思考,在音乐节奏变换下开始卡片收集之旅 3.要求 (1)体会小组配合探究学习的合作美,思考治理生态环境的措施 (2)同学之间互相合作学习,开展闯关活动,在玩中学、学中玩,注意安全	约8分钟 强度高

续表

课的结构	教学内容	教学活动方式与组织措施	时间、次数、强调
学习提高部分	第三关——畅游福建：寻蝶变之美 (3)打卡美景定向赛 ①动作要领：呼吸节奏与跑的配合，两三步一呼两三步一吸 ②方法：分成4个小组，组长运用任务卡根据地图指示带领同伴打卡小组所在地区的地标，寻找"新颜" ③规则：以小组为单位，依据任务卡上的路线进行整个大操场的定向赛，打卡自己的地标并寻找所在地区的美景，在跑动过程中保持安全间距，完成后各小组分享"美景"图片 2.力量美——专项体能练习(腰腹核心力量) (1)桃花朵朵开(初级版) 方法：10人一组手牵手坐着围成圆形，每人两腿并拢，脚尖相对着地，手牵手一起做仰卧起坐动作 (2)团队核心支撑(中级) 方法：10人一组手牵手坐着围成圆形，每人两腿并拢，脚尖相对，做大小腿折叠靠近胸部，身体姿态呈"V"形 (3)转体拍拍乐(高级版) 方法：10人一组坐着，每人两腿提膝并拢，脚尖相对，核心收紧，身体呈"V"形，根据口令"1""2"与左右同伴击掌	1.组织队形6：学生分4组进行任务打卡 2.教学活动 (1)教师讲解练习的方法与要求，组织学生练习 (2)教师巡回指导与纠错 3.要求：注意力集中，遵守规则，体会技术美，注意安全 1.组织队形7：4组同学围成圆形进行练习 2.教学活动： (1)教师运用多媒体显示屏讲解动作方法 (2)学生按小组进行逐级进阶练习 3.要求 (1)听从指令，注意安全 (2)动作到位，认真练习	约8分钟 2—3次 强度高 约10分钟 各20次×3组 强度高

续表

课的结构	教学内容	教学活动方式与组织措施	时间、次数、强调
恢复整理部分	1. 做放松拉伸操 方法:在音乐伴奏下,教师带领学生跟随音乐练习,放松身心 2. 课堂小结 3. 课后知识的拓展与延伸 4. 布置课后作业 5. 值日生收拾器材	1. 组织队形8:成四列横队体操队形散开 ♂ ♂ ♂ ♂ ♂ ♂ ♂ ♂ ♂ ♂ ♂ ♂ ♀ ♀ ♀ ♀ ♀ ♀ ♀ ♀ ♀ ♀ ♀ ♀ △ 2. 教学活动 (1)教师引导,与学生一起在音乐伴奏下做放松拉伸操 (2)教师通过评价量表小结本课教学,并进行保护生态环境的知识拓展,布置打卡绘制地标的手抄报作业,培养学生的健康行为素养 (3)师生再见,值日生收拾器材 3. 要求:通过做放松拉伸操让学生尽快恢复身心,达到放松的目的	约5分钟 各4×8拍 强度低
场地器材	场地:操场 器材:多媒体显示屏1台、标志盘20个、音响1台、展板1个、标志桶20个	预计运动负荷	安静心率:60—70次/分 最高心率:170—180次/分 平均心率:140—150次/分 练习密度:55%—65%
安全措施	1. 检查场地 2. 练习时注意前后左右同学之间的间距,控制好跑步速度,以免发生碰撞 3. 准备活动充分 4. 练习时,提醒学生注意安全		
课后反思			

以上创美体育课堂"新兴体育类运动——定向运动"大单元的教学设计及案例分析,体现了在定向运动教学中融入美育教育对学生全面发展的意义。定向运动是一项全身性的运动,需要在复杂的环境中寻找目标,克服困难和挑战,运用智慧和策略,还需要团体合作等,不仅能发展学生的各项身体素质,还能帮助学生发展身体美、意志美、智慧美、合作美。这些美不仅可以让学生在外表上更加出众,也能让他们在内在品质上更加优秀,成为更加全面发展的人。

第四节 跨学科主题学习教学设计及案例举要

《义务教育课程方案(2022年版)》中强调要遵循"坚持全面发展,育人为本""加强课程综合,注重关联""变革育人方式,突出实践"等基本原则。在课程设计过程中,不仅要关注学科的典型性、综合性、实践性等特点,还要充分发挥学科的育人价值。所以在课堂教学过程中可开展"跨学科主题学习"来强化课程协同育人功能,培养学生综合运用知识解决问题的能力。同时,义务教育阶段也提出"原则上,各门课程用不少于10%的课时设计跨学科主题学习"[1],促进学科间的相互关联。

跨学科融合教学模式下的体育学科可与物理、美术、音乐、历史、地理、生物、数学、信息技术等学科相互融合。通过两个或多个学科的融合教学,不仅可以让学生学习到理论知识,还可以发展学生的高阶思维和解决问题的技能,有助于学生理解较为抽象的动作技术概念,加深对动作的理解。本单元以体育与物理学科融合教学为例,进行跨学科主题学习的教学设计及案例举要。

一、跨学科主题融合的美育要素及目标

以体育与物理学科融合为例,初中阶段的大部分体育动作技术与物理原理有密不可分的联系,如跑步运动中的物理知识有摩擦力、力的三要素、初速度与加速度,投掷类双手头上前掷实心球中存在的杠杆原理和合理利用机械能物理原理,等等。在体育理论教学过程中进行物理知识的渗透,正好可以弥补体育动作概念的讲解缺乏深入性、缺乏科学性、缺乏探究性等问题。

一节完整的体育+物理跨学科融合课以体育学科为主,用物理知识促进体育动作技术概念的掌握。体育+物理融合可用物理知识解释体育技能的各种运

---

[1] 中华人民共和国教育部.义务教育课程方案(2022年版)[M].北京:北京师范大学出版社,2022:11.

动方式,用体育技能印证物理的各种知识点。在体育教学中渗透物理知识:首先,可以让正确的动作概念具有科学性和深入性。其次,体育理论教学的方法也变得丰富多样,通过情景教学、多媒体技术、多种教具结合,使动作概念具象化,通过不同的效果展现该项目蕴含的美。例如,投掷时的力量与速度之美、形态与协调之美、团队与精神之美等等,通过跨学科融合主题教学中的美让学生更好地理解并能在小组合作中体会探究式学习,充分调动学生的主观能动性。最后,通过理论课建立好正确的动作概念,能在之后的实践课中增加学生的练习时间,提高练习密度,达到真正的"精讲多练"。下面按照双手头上前掷实心球跨学科融合主题教学的内容要求,挖掘其中的美育要素及可实现的美育目标。(表4-41)

表4-41 体育+物理跨学科融合美育目标体现

实心球技术要素	内容要求	美育要素	美育目标
力量与速度之美	理解并运用发展投掷实心球的力量与速度的基本原理和多种练习方法(如有器械的砸墙壁投掷、投掷过高、坐姿投掷、跪姿投掷、单跪姿投掷等;无器械的俯卧撑、跪卧撑、两头起、收腹跳、深蹲跳、保加利亚蹲等)	体现投掷实心球躯体的挺拔粗壮,投掷时的手臂肌肉刚劲有力、腰腹发力与下肢蹬地的力量协调感,蹬地、收腹、甩臂的爆发力之美	通过各种力量与爆发性训练发展肌肉力量和爆发力,形成良好的肌肉线条美、力量美、速度美
形态与协调之美	理解并运用投掷实心球时的发力点与身体协调发力顺序。结合初中物理知识"合理利用机械能"中弹性势能、弹性形变、动能的概念来科学地解释投掷实心球的正确动作,通过情景教学、多媒体技术、多种教具结合,使动作概念具象化,理解改变身体的发力点可以让实心球投掷得更远	了解不同动作双手头上前掷实心球技巧的形体图,在投掷实心球的动作过程中,不同程度的动作会引发肌肉群的变化,让美随其改变、提升、增强,不断展现不同的人体形态美	在教学过程中结合物理形变、势能、动能概念知识,以及不同的视频、图片与线条分析,了解不同动作双手头上前掷实心球技巧的形体图,从投掷由下至上协调发力思维上分析最优投掷动作的优势,寻找发力构图美的特点,找到动作重心,分析动作要领,在学习过程中,通过三种不同的投掷方式,体会发力的不同,从中理解人体发力"形态美"的重要性

续表

实心球技术要素	内容要求	美育要素	美育目标
团队与精神之美	学生在学练过程中除关注知识与技能的学习以外,还要关注投掷实心球项目的本源乐趣、展示比赛、合作竞争、团队协作、文化知识、抗挫折教育等方面的特性	实心球训练与展示比赛过程中需要坚韧不拔的精神和良好的心理素质,学生需要在比赛中保持冷静、自信和专注,这种精神之美体现了运动员的内在素质和品质;在训练和比赛中,同伴之间需要相互支持和鼓励,这种团队合作之美体现了团队精神和集体荣誉感	通过两人、多人之间的合作学习,培养相互配合、相互合作的团队精神;小组展示与比赛,培养学生的自信心和不断挑战自我的体育精神,展示团队与体育精神之美

二 "体育+物理跨学科投掷类"单元的教学设计

"体育+物理跨学科投掷类"单元贯彻"健康第一"的指导思想,以"双手头上前掷实心球"为载体,努力构建以核心素养为导向的课程体系,并"以学生发展为中心",遵循学生运动技能的形成规律和身心发展规律。通过体育+物理跨学科融合教学与创设"教会、勤练、常赛"一体化的教学模式,提高学生的专项技能水平,激发学生的兴趣;同时根据学生实际情况,因材施教,充分激发学生的积极性、主动性、参与性,使学生养成良好的健康行为与体育品德。

教学内容选自人教版《体育与健康》教科书七年级全一册第二章"田径之投掷"的教学单元。投掷是人们日常生活中的实用技能,又是锻炼身体、增强力量的运动手段。双手头上前掷实心球不仅是初中阶段体育课必修项目之一,也是福建省体育中考项目之一。双手头上前掷实心球的动作要点为:下肢用力蹬地,送髋展胸,两臂用力投掷。结合物理学科能量转化原理的知识,合理地利用人体结构特征,让大部分学生掌握规范正确的双手头上掷实心球发力技术,感受投掷项目的"美"。教师在教学中要精讲多练,以增加学生实践练习的机会。

教师要以技能教学为抓手,注重激发学生的运动兴趣,发展学生的投掷能力。

初中阶段的学生正处在青春发育期、身体素质的高速发展期;有一定的自主学习能力,但容易出现注意力不集中现象。有利的客观条件与适宜的环境氛围能够塑造学生良好的合作探究能力,但要关注学生的运动行为与正确的思想品德建设。学生已掌握投掷的基本动作,且会做预备姿势、蹬腿、腰腹发力、摆臂等动作。但因对体育项目喜爱程度不一,以及身体发育水平不均匀,学生掌握水平参差不齐,因此本单元教学中应强调实心球项目的概念、原理、练习方法,通过情境设置、任务驱动,引导学生积极思考、体验探究、获得发展。在力量与速度之美、形态与协调之美、团队与精神之美等各种美的引领下,激发他们对美的发现与创造,促进其掌握双手头上前掷实心球的动作要点和锻炼方法,提升身体素质。并通过跨学科融合教学模式等形式发展学生知识整合、迁移、应用的能力,提升学生的运动能力,促进学生健康行为的自我构建,培育良好的体育品德,最终养成终身锻炼体育的良好习惯。

(一)"体育+物理跨学科投掷类"单元的美育目标设计

根据学生的认知能力和技能水平,融合物理学知识,制定以下美育目标。

①**运动能力**:了解双手头上前掷实心球的基本知识、原理和概念,了解福建省中考投掷实心球的测试方法与评价标准;能运用科学方法评价投掷实心球的效果,改进锻炼计划,利用课内外时间加强身体素质,塑造力量与速度之美;通过体育与物理跨学科融合学习,理解人体投掷时的发力点与发力顺序,体悟形态与协调之美。

②**健康行为**:在各种学、练、赛情境中,在创美体育理念的导向下,在认识美、展现美、欣赏美、创造美的过程中,了解投掷项目的锻炼价值,把握投掷的基本原理与科学方法,能根据自身的情况制订适合的锻炼计划,形成健康的锻炼习惯,体现健康美。

③**体育品德**:培养学生乐学善思、挑战自我、勇敢顽强、坚持不懈的良好学习习惯,在学习与实践中培育和践行社会主义核心价值观,体现团结协作、诚信友善、遵守规则的良好社会行为,体现团队与精神之美。

(二)"体育+物理跨学科投掷类"单元教学内容的整体设计(表4-42)

按照《2022年版体育课程标准》对跨学科主题学习的要求,对体育学科与物理学科交叉融合的教学内容进行9个课时的创造性教学设计如下。(表4-42)

表4-42　水平四(八年级)"体育+物理跨学科投掷类"单元教学内容设计(9课时)

课次	学习主题	学习目标	基本部分		
			学习活动	练习活动	比赛活动
1	1.认识实心球项目之美 2.握球与持球动作	1.运动能力:了解实心球投掷的基本动作;选择与掌握适合自己的持球手型 2.健康行为:掌握抓握力量的练习方式,并且可以选择课后锻炼内容进行练习 3.体育品德:坚持不懈、顽强拼搏、尊重同学与对手	1.观看并学习正面双手头上前掷实心球的动作视频与评价规则 2.学习握球手型与持球动作	1.观看《双手头上前掷实心球》投掷运动视频 2.观看《双手头上前掷实心球》厦门招考视频 3.练习握球与持球动作 4.抓球练习	1.实心球相关知识问答竞赛 2.小组抓握力比赛
2	1.轻器械双手头上前掷实心球 2.后抛实心球,体验力量与速度之美	1.运动能力:掌握双手头上前掷实心球模仿动作;通过后抛实心球,提升身体素质中的力量、速度与爆发力 2.健康行为:培养学生耐心观察技术要点的素养,养成良好的学习习惯 3.体育品德:培养团队协作、积极进取、挑战自我的良好体育品德	1.复习握球与持球预摆动作 2.轻器械1千克实心球投掷练习 3.小组投掷积分赛规则评价学习	1.握球与持球预摆模仿练习 2.轻器械1千克实心球投掷练习 3.后抛实心球团队练习 4.上肢力量素质练习	后抛实心球小组积分赛
3	1.轻器械双手头上前掷实心球练习 2.实心球出手速度的练习	1.运动能力:巩固实心球投掷的基本动作;提高投掷的出手速度 2.健康行为:能在练习中主动发现问题,在与同伴的互动中,积极分析和探索,努力尝试练习 3.体育品德:通过学练养成团结协作、敢于展现自我的精神品质	1.复习轻器械投掷实心球,巩固投掷的动作模式 2.学习提高出手速度的练习方法	1.练习1千克实心球投掷 2.跪姿篮球砸地练习 3.仰卧起身投掷练习 4.站姿砸墙壁练习	"手推车"小组接力比赛

311

续表

课次	学习主题	学习目标	基本部分		
			学习活动	练习活动	比赛活动
4	1.双手头上前掷实心球 2.投掷实心球协同发力	1.运动能力:强化实心球投掷的动作模式,提升投掷时的协同发力 2.健康行为:保持积极的学习心态,勇于思考,积极回答问题 3.体育品德:通过学练能够增强自信,坚持不懈,敢于挑战与解决困难	1.练习投掷实心球,巩固投掷的动作模式 2.学习提高投掷实心球协同发力的练习方法	1.练习2千克实心球投掷 2.两人弹力带前抛训练 3.仰卧快速卷腹起身 4.原地箭步蹲	实心球投掷挑战赛
5	体育+物理跨学科融合《田径投掷项目中的能量转换原理》	1.运动能力:引用物理学科能量转化知识,引导学生了解在投掷实心球时弹性形变变化会影响投掷实心球的力量和距离 2.健康行为:通过讲解分析图片、视频,加强学生对投掷实心球动作要领的掌握,巩固学生对全身协调发力投掷实心球的理解 3.体育品德:通过小组合作学习,加强学生之间的交流学习,培养学生形成合作意识能力的学科核心素养	1.学习物理能量转化原理知识渗透,了解弹性形变、弹性势能、动能定义及关系 2.通过视频图片讲解,学生更加清晰地了解投掷实心球时存在的能量转化 3.了解投掷实心球的动作方法和发力顺序,巩固学生对实心球中存在能量转化的理解	1.学习物理能量转化知识 2.小组合作实验"投石机"模型 3.观看双手头上前掷实心球相关视频和图片,分析在投掷实心球时是否存在能量转化 4.观察教师的动作示范,认真听讲教师的讲解分析,结合物理能量转化知识思考,体验科学美	口头测验理论测试选择题

续表

课次	学习主题	学习目标	基本部分		
			学习活动	练习活动	比赛活动
6	1.双手头上前掷实心球发力顺序 2.实心球掷远挑战赛	1.运动能力:学生理解双手头上前掷实心球的动作要领,85%以上的学生掌握正确投掷的发力方式、用力顺序和上下肢协调用力 2.健康行为:了解投掷项目的力学原理,表现出对投掷项目学练的信心,精神饱满,感受力与健之美,并与同伴协作练习,学会欣赏与评价,培养审美情趣,科学安全地进行练习 3.体育品德:培养学生的合作探究能力,在游戏和比赛中培养学生熟悉规则、遵守规则、勇于拼搏等良好的体育品德	1.学习双手头上前掷实心球全身发力技术 2.小组合作完成制订计划 3.实心球掷远比赛规则学习	1.学习双手头上前掷实心球无球模仿全身发力练习 2.小组合作完成制订计划 3.实心球掷远挑战赛,体验竞技美 4.专项体能练习——"实心球专项体能狂想曲",体验力量美	实心球掷远挑战赛
7	双手头上前掷实心球投掷角度	1.运动能力:强化实心球投掷的动作模式,掌握投掷时的出手角度 2.健康行为:培养学生耐心观察技术要点的素养,养成良好的学习习惯 3.体育品德:通过学练增强自信,培养积极进取、勇于挑战自我的精神	1.学习双手头上前掷实心球的出手角度关键点 2.小组合作完成制订计划 3.俯卧撑比赛规则学习	1.弹力带投掷练习(盯住墙壁标志点) 2.无球投掷练习(盯住墙壁标志点) 3.实心球投掷练习(盯住标志杆高点)	俯卧撑追逐赛

续表

课次	学习主题	学习目标	基本部分		
			学习活动	练习活动	比赛活动
8	双手头上前掷实心球的投掷高度	1.运动能力：提升实心球投掷的动作模式，掌握投掷时的高度 2.健康行为：培养学生耐心观察技术要点的素养，养成良好的学习习惯 3.体育品德：通过学练增强自信，培养坚持不懈、敢于挑战与解决困难的品质	1.学习双手头上前掷实心球的投掷高度关键点 2.小组合作完成制订计划 3.实心球过高比赛规则学习	1.弹力带投掷练习（盯住墙壁标志点） 2.无球投掷练习（盯住墙壁标志点） 3.实心球投掷练习（投掷过长高线）	实心球掷高比赛
9	单元考核（实心球）	1.运动能力：了解实心球考核项目和要求，熟练掌握投掷动作，提升综合应用能力 2.健康行为：乐于学习和纠错，学会合作和帮助，不断提升能力 3.体育品德：遵守考试规则和要求，积极面对考试和终端评价，及时反思和完善	考核项目学习： 1.正面双手头上前掷实心球中考考试规则 2.正面双手头上前掷实心球中考考试标准评价	正面双手头上前掷实心球单元测试	双手头上前掷实心球测试

（三）"体育+物理跨学科投掷类"单元的教学流程

下面按照创美体育教学理念从认识美、展现美、欣赏美、创造美四个方面对"体育+物理跨学科投掷类"单元进行教学流程设计。(图4-11)

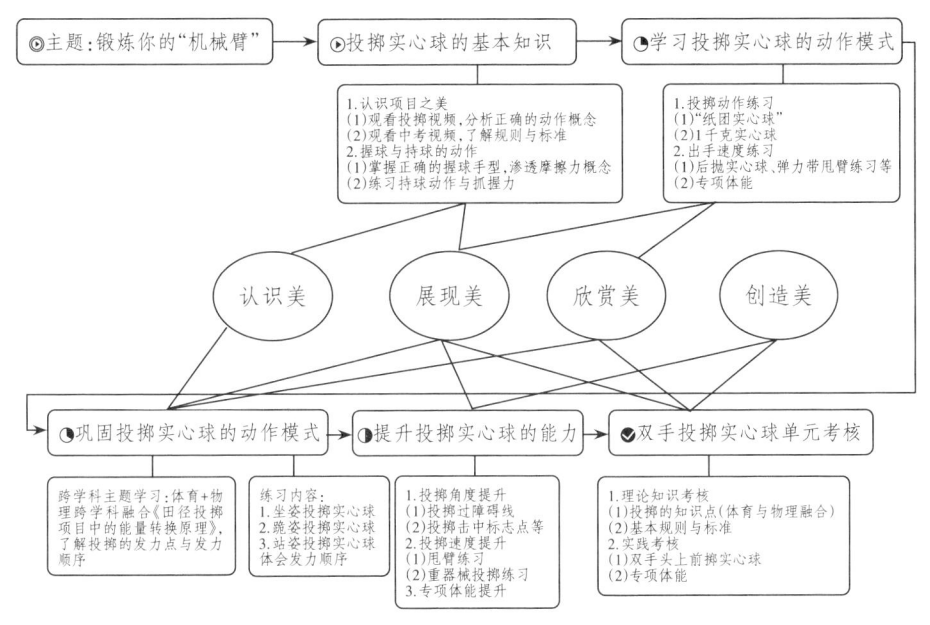

图 4-11 "体育+物理跨学科投掷类"单元教学流程图

(四)"体育+物理跨学科投掷类"单元的学习评价设计

按照运动能力占55%(其中体能占30%、运动技能占15%、运动认知占10%)、健康行为占20%、体育品德占20%、激励分占5%的构成比例,对学生的双手头上前掷实心球掌握情况进行评价设计。(表4-43)

表4-43 水平四"双手头上前掷实心球"单元学习评价表

姓名		性别		班级			等级		总分	
维度				学习过程记录						评分
运动能力(55%)	体能(30%)	分值		10分	8分	6分	4分	2分	0分	
		项目	过程	进步幅度						
				15%≥	12%≥	9%≥	6%≥	3%≥	0%≥	
		一般(俯卧撑)	期初							
			期末							
			进幅							
		专项(后抛球)	期初							
			期末							
			进幅							

315

续表

		项目	标准					
				11分	10分	9分	8分	7分	无
			男生						
			女生	8分	7分	6分	5分	4分	无
运动能力（55%）	运动技能（15%）	双手头上前掷实心球							
		项目	标准					
			熟练	较熟	一般	待提高	不合格	缺考
	运动认知（10%）	实心球基本知识、力学原理辅助知识						
		用力学知识指导自主训练计划						

	维度	自评			互评		
		优	良	合格	优	良	合格
健康行为（20%）	1.每周校外3次以上的力量训练						
	2.学会用运动来调节自己的心情						
	3.适应不同环境、与人为善						
	4.发现不同的美，创造有效的练习方法						
体育品德（20%）	1.展示比赛时拼搏进取、坚持不懈						
	2.有正确的胜负观						
	3.在比赛时遵守规则、尊重裁判						
	4.与同学互帮互助、团结协作						
激励分（5%）	每次积极参加展示、比赛或回答问题加1分，上限5分						

三　"体育+物理跨学科投掷类"单元课时案例举要

下面以"体育+物理跨学科投掷类"单元(9课时)中的第5课时为例,进行课时计划设计。(表4-44)

表4-44　水平四(八年级)"体育+物理跨学科投掷类"单元课时计划

班级:八年级(1)班　　学生人数:40人　　课次:第5次　　授课教师:陈芳、张华博

教学内容	运用物理的能量转换原理分析双手头上前掷实心球的发力原理	教学重点	能量转化应用于投掷实心球
		教学难点	发力点和用力顺序

教学目标	1.认知目标:引用物理学科能量转化知识,引导学生了解在投掷实心球时弹性形变变化会影响投掷实心球的力量和距离,体验力学美 2.技能目标:通过讲解分析图片、视频,加强学生对投掷实心球动作要领的复习,巩固学生对全身协调发力投掷实心球的理解,体现力量美、科学美 3.情感目标:通过小组合作学习,加强学生交流学习,培养学生形成合作意识能力的学科核心素养,体现合作美

教学过程	教师活动	学生活动	教学资源	设计意图
引入课题 (6分钟)	分享物理老师和体育老师探讨如何投掷实心球投掷得更远的问题,从物理角度探究投掷实心球	观看 思考	多媒体	引导学生观察生活,激发学习兴趣 培养学生的理性思考能力,体验力学美
能量的转化(15分钟)	活动一:认识能量转化 请拿出大家在学校经常用的学习工具——尺子。分别用手按在5厘米、10厘米、20厘米处,弯曲尺子,用其顶端弹纸团,尺子发生了什么改变?弹出去的纸团距离有什么变化?	完成实验探究和讨论	图片和实验器材	学生感受能量转化,建立感性认识,体验科学美

续表

教学过程	教师活动	学生活动	教学资源	设计意图
能量的转化（15分钟）	分析常见的体育项目，射箭、撑竿跳中存在能量转化吗？具体如何转化？	思考、回答问题	有什么共同特点？ 弓使箭射出　杆将人弹起	运用物理力学理论分析能量转化，感受体育中的力学美
	活动二：理解能量转化 通过物理课本的实践原理，让学生分小组合作完成实践，使用模拟"投石机"分别从3个不同的距离拉动皮筋，观察投掷"小石头"的距离发生了什么变化。改变皮筋的弹性形变，从而观察小球投掷的距离	完成实验探究和讨论	模拟"投石机"实验器材	实验前，介绍实验器材，明确实验目的，让学生养成有目的观察的习惯，培养实验探究能力。运用更严谨的实验器材，建立理论模型，多次实验并测量，寻找普遍规律，体验科学美、探究美
	小结：弹性势能越大，转化动能越大，从而投掷得更远	整理笔记	多媒体	1.从生活走向物理，从物理走向生活 2.学以致用，体验生活美
能量转化在投掷实心球中的运用与分析（15分钟）	活动一：观看视频（找出视频中3种投掷动作中身体形变的变化和实心球投掷的距离，找出人的投掷动作与5厘米、10厘米、20厘米尺子实验相似的弹性形变）	观看视频、分析图片，回答问题		1.观看视频，具象化动作概念 2.衔接能量转化物理知识内容，体验科学美

续表

教学过程	教师活动	学生活动	教学资源	设计意图
能量转化在投掷实心球中的运用与分析（15分钟）	活动二：观看动作分解视频与图片，分析3种投掷动作人体所体现的弹性形变、弹性势能与球的动能变量关系	思考、回答问题	人—弹性形变、弹性势能；球—动能、投掷距离	通过视频分析让学生掌握投掷实心球时人的形变发生了变化，弹性形变越大，产生的弹性势能也就越大，投掷实心球的动能也会相应变化，投掷的距离也会变大
设计与组编实践课练习内容（9分钟）	活动三：根据本节课学习到的跨学科体育物理知识与教师提供的实心球练习方法，组编或创新实践课练习内容	小组讨论与探究		1.学以致用 2.培养学生的小组合作与自主学习能力 3.提高实践课课堂密度，达到精讲多练
场地、器材、教学资源	场地：教室 器材：尺子8支、模拟"投石机"实验仪8个、图片与纸团若干 教学资源：多媒体设备、视频资源、导学案			
课后反思				

以上创美体育课堂"体育+物理跨学科投掷类"单元教学设计及案例分析，体现了体育与物理的跨学科融合，使学生更深入地理解实心球投掷的原理，有助于塑造学生的身体美、运动美和心灵美。在投掷实心球的教学过程中，教师可以通过讲解动作要领、示范优美动作等方式，引导学生体会运动中的美感，更好地感受到运动带来的快乐与成就感，从而增强自信心和自尊心，这种情感体验能促进学生形成积极健康的心态，提高他们的生活质量。同时，物理学中的力学原理也能让学生感受到科学之美，提升他们的审美水平。这种融合教学模式是体育+X跨学科主题学习的一种尝试与探索，值得我们进一步地研究与实践。

综上所述,本章所呈现的案例是按照《2022年版体育课程标准》中课程内容的四个类别,分别选择比较有代表性的项目进行创美体育课堂教学设计与实践教学,尝试打破以往固有的教学模式,有一定的创新和突破。在课堂教学实践过程中,我们虽然有注意设置美育目标,挖掘各个项目的美育元素和美育融合点,设计美的教学内容,在教学活动的各个环节适当融入美育,以此来提升教师的美育能力、学生的审美素养,但是从学生的学习评价上看,还是侧重对学生技能、体能方面的评价,对学生关于运动美的理解、感受、体现、创新等方面的评价,仍是有所欠缺的。为了更好地评价教师的美育能力和学生的美学素养,在每节课对学生的学习评价中,不仅要对学生的运动能力、健康行为和体育品德进行评价,而且要通过美育目标和内容、一定的评价标准来评价学生在学习过程中如何更好地呈现认识美、展现美、欣赏美和创造美,从而实现体育课堂教学的美育育人目标,提升学生的审美素养。因此,要对创美体育教学评价体系进行全新的改革与设计,形成独特的创美体育课堂美育教学评价。

第五章

创美体育的课堂教学评价

关于教学评价,薛辉等人认为,教学评价是教学的有机组成部分,是指对教学过程、教学结果所进行的价值判断。[1]因此,教学评价既是对教师的教的态度、能力和效果做出的价值判断,也是对学生的学习态度、学习能力和学习成就上的变化做出的价值判断。评价从本质上说是一种认识活动,包括人们对事物间存在的价值关系的认识或反应,它是一种衡量或判断人或事物的价值的过程,通常表现为以人为主体、以价值关系为客体的一种主客体之间的新型关系。[2]而体育教学评价是教育评价的一个组成部分,是一般评价活动在体育领域的具体表现。它是以既定体育教育目标为依据,运用有效的评价技术和手段,对体育教学活动的过程和结果进行测量、分析、比较,并给予价值判断的过程。[3]毛振明教授认为:"体育教学评价是依据体育教学目标和体育教学原则,对体育的'教'与'学'的过程及其结果所进行的价值判断和量评工作。"[4]创

---

[1] 薛辉,徐文彬.国际教学评价研究:发展动态、热点与前沿[J].外国中小学教育,2019(9):71.

[2] 廖梦怡,杨好利,朱凯歌,等.促进学生高阶思维发展的智慧学习空间构建[M].长春:吉林大学出版社,2023:147.

[3] 张继生,杨麟.高校体育教学评价的现状及改进方法[J].武汉体育学院学报,2006(5):106.

[4] 毛振明.体育教学论[M].北京:高等教育出版社,2005:289.

美体育课堂教学评价从本质上说就是一种体育教学评价,依据一定的美育目标和教学原则,既对教师的教的态度、能力和效果做出价值判断,也对学生的学练态度、学习能力和成效上的变化做出价值判断,强调的是多维度、多指标的综合性评价。《2022年版体育课程标准》指出:"体育与健康课程重视学习评价的激励和反馈功能,注重构建评价内容多维、评价方法多样、评价主体多元的评价体系。"[①]对创美体育课堂效果进行综合评价,是一项复杂且必要的任务,涉及多个维度和指标,包括学生的运动技能、体能水平、美学素养、创造力以及情感和社会交往能力等方面的评价。创美体育课堂教学模式,作为一种促进学生全面发展的教学模式,确实是一种值得探索和实验的新尝试。如何对其课堂效果进行综合评价?如何评价教师的教和学生的学?如何对学生的美学素养和创造力进行合理的评价?本章主要从创美体育的课堂教学评价的基本理念、工具和方法及在课堂教学中的实际应用和实施三个方面进行探讨。

[①] 中华人民共和国教育部.义务教育体育与健康课程标准(2022年版)[S].北京:北京师范大学出版社,2022:3.

第一节 创美体育课堂教学评价的基本理念

创美体育课堂教学评价的基本理念是以美育目标为核心,从体育学科核心素养的运动能力、健康行为、体育品德三方面及认识美、展现美、欣赏美、创造美的"四美"方面全面评价学生在创美体育课堂中的表现。这一理念旨在培养学生的审美意识、审美能力和创造力,促进学生的全面发展。

一 从美育的角度对体育学科核心素养进行评价

从美育的角度对学生在创美体育课堂中的运动能力、健康行为、体育品德三方面进行评价,旨在通过美的元素,提升学生的运动能力、健康素养和道德品质,从而全面提升学生的综合素质。

①运动能力:在创美体育课堂教学中,运动能力的评价主要包括学生的动作技能、体能、专项运动技能的掌握与运用等方面。例如,在进行篮球技术教学时,教师可以通过观察学生的运球单手低手投篮技术动作是否准确规范、是否优美流畅、是否能投篮命中、是否能在教学比赛中合理运用,以及通过"五米三向折回跑"来评价他们在运动中的反应速度等,评估他们的运动能力,是否体现技术美、流畅美、协调美、能力美、竞赛美、应用美等。

②健康行为:在创美体育课堂教学中,健康行为的评价主要包括学生主动积极参与锻炼的习惯、健康知识的掌握与运用、学会调控情绪、树立安全意识等方面。例如,在田径教学中,教师可以通过提问来了解学生对靶心率、最大心率知识的掌握情况,了解其是否知道科学参与锻炼的方法;可观察上课时学生是否积极参与学练、是否能在练习中保持良好的心理状态,以及是否具备足够的安全意识预防运动损伤等,来评估他们的健康行为,是否体现健康美、心态美、安全美等。

③体育品德:在创美体育课堂教学中,体育品德的评价主要包括学生的不

怕吃苦、顽强的精神,公平竞争的意识、规则意识、责任意识、正确的胜负观等方面。例如,在教学比赛中,教师可以通过观察学生是否遵守规则,是否能公正地对待比赛结果,是否能与他人合作、尊重对手,是否有明确的角色意识等,来评估他们的体育品德,是否体现精神美、规则美、角色美、品德美、心灵美等。

二、从"四美"方面评价学生的学习情况

(一)认识美

认识美主要指的是学生对体育美的感知和理解,在创美体育课堂教学中,评价学生在认识美方面的表现是对学生进行评价的标准之一。

1.对不同体育项目中美的元素的识别能力

在创美体育课堂教学中,学生对不同体育项目中美的元素的识别能力包括对各种体育项目中形体美、姿态美、动作美、技术美、战术美、器材美、场地美、音乐美等多方面的感受和认识,以及能够分辨和欣赏不同体育项目中的美。例如,在体操项目中,学生需要认识到身体姿态的优美与平衡性、柔韧性、力量、表现力,以及各种高难度技术动作所呈现出的美感;在球类项目中,特别是比赛中,学生需要理解团队协作、战术运用以及个人技术中所展现出的美;在投掷、游泳、健美操等项目中,学生则需要对力量、速度与节奏感有辨识力。为了提升学生对运动美的识别能力,在教学中可以通过展示各项目优秀运动员的比赛视频,解析其技术细节和整体表现,引导学生观察、感受和思考不同体育项目中的美。还可以组织学生进行小组探究,分享各自对不同体育项目中美的理解和感受,促进学生对不同体育项目中美的元素的识别能力,进而能更好地理解和欣赏生活中的各种美。

2.对体育项目的技术、规则、战术等方面的理解能力

在创美体育课堂教学中,学生对体育项目的技术、规则、战术等方面的理解是培养学生审美意识、审美能力和审美创造能力的一个重要方面。首先,学生通过学习和体验,能够理解和体验到技术动作的规范性、协调性、优美性,感受到运动中的速度、力量、协调、节奏等美的表现形式。其次,学生需要了解和掌

握不同体育项目的规则,理解和遵守规则的过程,也是对体育精神美的认识和体验的过程。最后,体育教学中的比赛环节是践行"教会、勤练、常赛"的课程理念的一个重要组成部分,战术的理解和掌握是比赛中克敌制胜的关键,是团队协作和智慧的体现,学生通过学习各种战术,理解团队协作的美、战术运用的美以及比赛策略与实际运用的和谐统一美等。

3.对体育美的标准、特征和表现形式的认知

在创美体育课堂教学中,学生对体育美的标准、特征和表现形式的认知不仅涉及对体育美的感受,还包含对其标准和形式的探讨。首先,学生要理解体育美的标准,如技术动作的规范性、技巧的娴熟度、姿态的优美度等。通过观察和体验,学生能领悟什么是符合美的标准的动作,这有助于他们在运动中不断自我修正和提升。其次,通过对体育美的特征的理解,学生能更好地感受到体育运动中美的表现,从而提高自己的审美能力,如运动项目的力量之美、速度之美、技巧之美、团队合作之美等,以及深入理解具体的运动技巧、动作组合、比赛战术等美的表现形式,有助于学生更好地表现出体育的美。

(二)展现美

展现美是指学生通过自身的表现来展示和传达体育美的过程。在创美体育课堂教学中,评价学生在展现美方面的表现是十分重要的。

1.展现规范、准确的技术动作美

在创美体育课堂教学中,规范性、准确性是评价学生技术动作的重要标准,也是展现体育美的重要手段之一。学生能否规范、准确地掌握技术动作,并且在练习和比赛中运用自如,是评价他们是否具备展现美能力的关键。规范、准确的技术动作不仅能展现运动项目的规律和美感,还能保证练习效果和竞技水平的发挥,同时也能提高学生的表现力、技巧性,预防运动损伤。

2.展现协调、优美的良好体态美

良好的体态是展现体育美的基础,学生能否在体育运动中保持良好的体态和协调性,展现出优雅的美感,是一个重要的评价指标。体态美要求无论是静态的姿势还是动态的动作,都能展现出一种健康、优美的体态;无论是单个动作

还是组合动作,都能展现出良好的协调性和节奏感;无论是自己展示还是与同伴配合,都能体现出体育运动的优雅美感。例如,在展现体操、健美操等项目动作中,学生的协调性、姿态的控制和表现力都直接影响到他们体育美的展现。

3.展现团队配合、战术运用的协作美

在创美体育课堂教学中,学生能否通过团队配合、战术运用等展现出协作美,也是一个重要的评价指标。团队配合和战术运用都是展现协作美的一种方式,在集体项目或者比赛中,学生应该具备良好的沟通能力、合作意识和团队精神,能理解和运用各种战术,根据比赛情况灵活调整策略,与队友共同达成战术目标,通过默契的配合展现出协作的美感。例如,在篮球、足球等比赛中,学生之间的传球、跑位、掩护等配合动作都能展现出协作美和集体智慧美。

(三)欣赏美

欣赏美是指学生对体育美的感受和能力。在创美体育课堂教学中,评价学生在欣赏美方面的表现也是对学生进行评价的标准之一。

1.对不同体育项目中美的感受能力

主要体现在学生能否理解不同运动项目的特点和美感。例如,球类团体比赛主要看团队配合、战术的运用等,双人跳水项目不仅要看难度、姿态,还要看两个人的动作同步性等。对不同体育项目的历史背景的了解,对体育精神的领悟能力及对体育赛事的关注度等,都能提升他们对体育美的欣赏能力。

2.对体育美的表达和沟通能力

学生除了会看外,还要会用语言或文字表达他们对体育美的感受和理解,并能与其他同学进行交流和分享,这是一种较高层次的欣赏美。

3.对不同体育项目中的美的表现评价能力

主要体现在学生是否有自己的观察、分析和判断能力,能否对运动项目和比赛中美的表现进行分析和判断。这不是浅层的欣赏美,而是基于理解基础上的更深层次的欣赏美。例如,在NBA篮球比赛中,学生能观察并分析球员的运

球技巧是哪一种、什么样的假动作骗过了对手、做的是什么投篮动作以及他们与球队之间的配合战术是什么等,这是深层次的欣赏美。

(四)创造美

创造美是指学生能在体育学习和实践中发挥创造性,创造出新的美的元素。在创美体育课堂教学中,评价学生在创造美方面的表现是最高评价标准之一。

1.学习实践创造美

在创美体育课堂教学中,创造美强调的是学生能够在学习和实践中发挥创造性,提出新的想法和创意,为体育带来新的美的元素。学生要具备独立思考和自主创新的能力及实践能力和动手能力。例如,在啦啦操的编排中,学生可以尝试融入第二风格的音乐元素和舞蹈,创造出独特的自选套路;另外,还可以自己设计和制作简易的体育器材、辅助工具或富有创意的体育器材。在团体竞赛中,学生可以创新比赛战术或配合方式,并在实践中加以运用和检验等。

2.激发他人创造美

在创美体育课堂教学中,学生勇于挑战和突破自我,通过自身的表现展示出创造美的元素,并为他人提供启发和灵感,以激发他人的创造性,或是具备良好的沟通能力和展示技巧,能将自己的创造性的想法和元素传达给他人并激励同伴尝试新的方法,也是创造美的一个方面。例如,在街舞练习中,学生可以通过独特的舞姿和表现方式,激发同伴的创造力和想象力;在体操练习中,学生可以通过创新的动作组合,激发他人对动作编排的思考和尝试。

3.团队协作创造美

在创美体育课堂教学的团队活动和竞赛中,学生在团队协作、与队友的密切配合中,创新技术、战术等新的美的表现形式,也是创造美的一个重要方面。例如,在团体操等集体项目中,学生需要与队友共同商讨、排练和磨合,通过默契的配合和协作,创造出独特的表演形式和风格;在篮球、足球等比赛中,学生根据对手的特点和场上局势,制定合理的战术和配合方式,通过创新的形式赢得比赛胜利,体现创造美的成效。

综上所述,从认识美、展现美、欣赏美、创造美四个方面进行评价,不仅可以全面了解学生在运动能力、健康行为、体育品德三方面的表现,而且这种评价方式也有助于培养学生的审美意识、审美能力和创造力,促进学生的全面发展,从而为进一步提升教学质量提供依据。

第二节 创美体育课堂教学评价的工具与方法

教学评价是教学活动不可缺少的环节,可用于检验我们的课堂教学效果,诊断教学中出现的问题,为教学指引方向。传统的体育教学评价工具主要是书面笔试、运动技术技能测验和教师观察等,以教师评价为主是典型的终结性评价。但是,随着体育教学指导思想和评价思想的变化,体育教学评价方法和工具也发生了很大变化。[①]创美体育课堂教学评价的工具和方法就是在传统的体育教学评价工具和方法的基础上进行开发与运用,提升教师的教学评价能力,改进和完善学生的评价,更好地体现创美体育课堂教学的效果。因此,教师需要制定明确的评价标准,以评估学生在认识美、展现美、欣赏美和创造美方面的表现。评价标准应具体、可操作,并可根据学生的年龄、能力和教学目标进行个性化调整,符合学生需求,运用多种评价工具和方法以便更好地了解学生的学习情况,为他们提供更有针对性的指导和支持。以下是创美体育课堂教学评价所需要的评价工具与方法。

一、创美体育课堂教学评价的工具

教学评价工具是指教学评价主体在进行教学评价工作时使用的评价技术,是对评价对象进行测定时所采取的方式和手段。教学评价的实施需要通过教学评价工具来实现。[②]在教学中通常都会选择适合的教学评价工具用于评价教学效果,这些教学评价工具能帮助教师更好地了解学生的学习进度,以便评估教学策略的有效性,并识别和解决教学中的问题。体育教学评价工具的选择要科学、合理,并兼顾实用性与可操作性。在创美体育课堂教学中,为了全面了解

[①] 梁益军,肖波,周煜.高校体育教学创新体系的构建研究[M].北京:光明日报出版社,2016:246.
[②] 姜永生.信息化教学概论[M].北京:中国铁道出版社,2018:307.

学生在认识美、展现美、欣赏美和创造美四个方面的表现,可以采用以下具体的教学评价工具。

(一)成绩单和学习评价表

成绩单和学习评价表是教学评价中较为常见的工具。通过这些工具,教师可以记录学生在不同阶段的表现和成绩,了解学生的进步幅度和不足。教师可以通过比较学生在不同阶段的成绩来评估自身教学方法的有效性,以及学生的学习进展情况。

在创美体育课堂教学中,依据创美体育课堂教学评价的四个维度(图5-1),使用成绩单和学习评价表作为教学评价工具,来评价学生在认识美、展现美、欣赏美和创造美四个方面的表现。

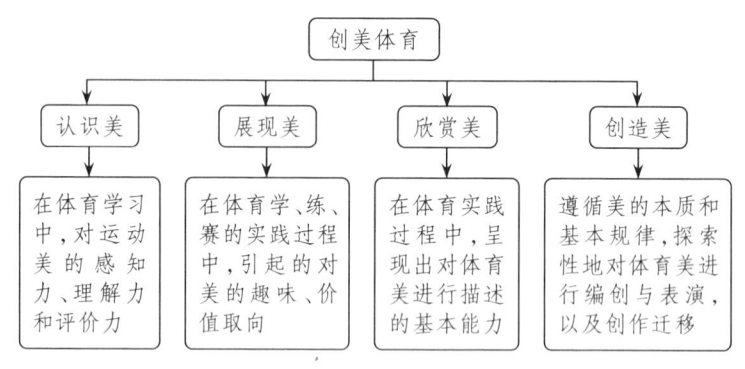

```
                    创美体育
        ┌──────┬──────┼──────┬──────┐
      认识美   展现美   欣赏美   创造美
        │      │      │      │
   在体育学习  在体育学、练、 在体育实践  遵循美的本质和
   中,对运动   赛的实践过程  过程中,呈   基本规律,探索
   美的感知   中,引起的对   现出对体育  性地对体育美进
   力、理解力  美的趣味、价   美进行描述  行编创与表演,
   和评价力   值取向       的基本能力  以及创作迁移
```

图5-1 创美体育课堂教学评价维度

1.明确评价标准

在开始评价前,教师应明确每个方面的评价标准。例如,认识美方面,可以评价学生对运动美的定义和理解;展现美方面,可以评价学生在学练中表现出来的形体美、动作美和表现力等;欣赏美方面,可以评价学生对运动美、动作美等的敏感度和欣赏能力;创造美方面,可以评价学生的创新思维、创编能力和对动作美的创造力等。

2.设计成绩单和学习评价表

根据评价标准,教师可以设计成绩单和学习评价表的内容。成绩单可以列出各项评价指标及其对应的分值或等级,学习评价表则可以包括学生在认识美、展现美、欣赏美和创造美四个方面的具体表现和评价内容。教师还可以根据不同运动项目实际所需要考核的内容适时调整表格格式和内容,以便能更加全面地评价学生的表现。

3.填写成绩单和学习评价表

教师根据观察和记录,客观、准确地评估学生在运动项目的练习过程中认识美、展现美、欣赏美和创造美四个方面的表现,并填写成绩单和学习评价表,给出相应的分值与等级。同时,教师还可以在评价表的备注栏写下具体的评价内容和建议,以便学生更好地了解自己的表现和需要改进的地方。下面以田径大单元为例,详细说明如何进行美育学习评价。(表5-1)

表5-1 田径大单元美育学习评价表

年段	八年级	班级	12班	姓名	×××	座号	3号
维度	评价标准		评价等级			分值	备注
认识美 (15分)	1.对田径项目的技术动作有清晰的认识,能准确描述各种动作的美的元素		优秀☑良好□一般□不合格□			5	
	2.能理解田径运动中的技术美、规范美,并能在练习中加以应用		优秀☑良好□一般□不合格□			5	
	3.对田径项目的规则和裁判标准有一定的了解,能正确理解田径比赛中的规则美		优秀☑良好□一般□不合格□			5	
展现美 (15分)	1.在学练和比赛中能流畅、协调地完成技术动作,展现出美感		优秀☑良好□一般□不合格□			5	
	2.能展现出良好的身体姿态和体态,体现出田径运动的力量美和速度美等		优秀☑良好□一般□不合格□			5	
	3.在练习和比赛中能发挥最佳水平,展现出较高水平的竞技状态		优秀□良好☑一般□不合格□			4	在比赛中要勇于拼搏,展现出自己最好的竞技状态
欣赏美 (15分)	1.能欣赏和感受田径比赛中的美感,理解田径运动的美学价值		优秀☑良好□一般□不合格□			5	

续表

年段	八年级	班级	12班	姓名	×××	座号	3号
维度	评价标准			评价等级		分值	备注
欣赏美（15分）	2.能欣赏和感受田径运动员的竞技状态和比赛过程，体验比赛的激情和魅力			优秀☑良好□一般□不合格□		5	
	3.能理解和尊重裁判员的公正无私，欣赏比赛的公平性和公正性			优秀☑良好□一般□不合格□		5	
创造美（15分）	1.在训练和比赛中敢于尝试新的技术动作和战术策略，展现出创新精神			优秀☑良好□一般□不合格□		5	
	2.能积极探索田径运动的潜力和可能性，为田径运动项目注入新的活力和变化			优秀□良好☑一般□不合格□		4	积极探索田径运动项目的锻炼新模式
	3.在比赛中能根据实际情况灵活运用所学知识，创造性地解决问题			优秀☑良好□一般□不合格□		5	
总分		58		等级		优秀	

说明：这个评价表可以作为学生学习田径项目的美育能力评价参考标准，帮助他们了解自己在认识美、展现美、欣赏美和创造美四个维度的表现。其中优秀为5分、良好为4分、一般为3分、不合格为1—2分。最后的总分，54—60分为优秀、48—53分为良好、36—47分为一般、36分以下为不合格。通过不断地学习和实践，学生可以提高自己在田径运动美学素养方面的能力，进一步提升自己的田径运动水平。

（二）课堂观察量表

课堂观察量表是供观课者使用的、用于记录课堂教学各环节中特定观察点及观察要素下的各种教学行为表现、为研究问题寻找分析证据的观测工具，[1]是一种用于评估和分析课堂教学的工具。在创美体育课堂教学中，通过课堂观察量表观察记录学生在认识美、展现美、欣赏美和创造美四个方面的表现，撰写观察报告，以此来评估学生在各个方面的能力和表现。例如，观察学生在学习运动技能中体现出来的技术美、团队协作美、战术美、创造美等方面的表现（以学

---

[1] 环敏.基于问题的课堂观察量表研制[J].当代教育研究,2018(10):21.

习"田径——快速跑"为例设计课堂美育观察量表,见表5-2)。并及时将结果反馈给学生,通过与学生的交流,帮助学生更好地认识自己在认识美、展现美、欣赏美和创造美四个方面的表现,并给出具体的指导和建议。

表5-2 "田径——快速跑"课堂美育观察量表

观察点	过程描述	观察结果	观察方式
认识美	是否了解快速跑的规则和要求	是□ 否□	提问或观察
	是否在快速跑中保持正确的姿势和动作	是□ 否□	观察
	是否明白在快速跑中保持稳定的心态和情绪的重要性	是□ 否□	观察与交流
展现美	快速跑中的表现是否流畅、协调、优雅	是□ 否□	观察
	是否展现出良好的速度和节奏感	是□ 否□	计时与观察
	是否保持良好的姿势和动作,展现最佳的竞技状态	是□ 否□	观察
欣赏美	是否欣赏自己和他人在快速跑中的优秀表现	是□ 否□	观察与交流
	是否发现和赞赏他人的优点和美好之处	是□ 否□	提问与交流
	是否从他人的表现中学习和借鉴,提高自己的技能水平	是□ 否□	交流与实践
创造美	是否发挥自己的创造力,寻找最佳的解决方案	是□ 否□	观察与交流
	是否创造性地改进自己的技术和动作,提高自己的成绩	是□ 否□	交流与实践
	是否通过自己的表现,为团队创造更好的成绩与荣誉	是□ 否□	交流与实践

(三)组织比赛

组织比赛是创美体育课堂教学中的一种独特的、有效的评价工具,可以评估学生的技能和比赛中的应变能力水平。通过比赛,教师可以观察学生的表现,了解他们在实践中的技能和知识的应用能力。同时,比赛还可以激发学生的竞争意识和拼搏精神,提高他们的学习兴趣和积极性。比赛结束后,教师可以根据学生的表现给予反馈和指导,帮助他们进一步提高技能和能力。从比赛中可以观察与评价学生在认识美、展现美、欣赏美和创造美这四个方面的具体表现。

1. 认识美

在比赛中,学生需要了解并遵守比赛规则、尊重裁判和对手、保持良好的体育精神等,这些都是美的体现。教师可以观察学生在比赛过程中是否遵守规则、尊重他人,以及是否有良好的体育道德和精神,从而评价他们在认识美方面的表现。

2. 展现美

在比赛中,学生需要展示他们的技能、体能和团队协作能力等。教师可以观察学生在比赛中的表现,评价他们是否能有效地展现自己的能力,以及是否能通过自己的表现带动团队士气等。

3. 欣赏美

学生需要懂得欣赏自己和他人的优点和美好之处。在比赛中,教师可以引导学生关注自己和他人的优点与表现,培养他们的审美能力。同时,教师也可以通过让学生参与评价过程,观察他们是否能客观地评价自己和他人的表现,从而评价他们在欣赏美方面的表现。

4. 创造美

在比赛中,学生需要发挥自己的创造力,寻找最佳的解决方案,取得比赛的胜利。教师可以观察学生在比赛中的表现,评价他们是否能灵活运用所学知识、技能,是否能创造性地解决问题,从而评价他们在创造美方面的表现。

(四)问卷调查表

问卷调查表是一种广泛运用于各种研究领域的教学评价工具。通过设计问卷调查,可以了解学生对美的认识、欣赏和创造的态度与想法。问卷调查可以包括选择题、简答题等形式,以便更好地收集学生的反馈信息。(表5-3)

表5-3 对运动美的理解调查问卷

请在下列您认为正确的选项中打"√"。
1.您对运动美的定义是什么?
[ ] A.运动中的力量与速度
[ ] B.运动中的协调与流畅
[ ] C.运动中的技术与战术

[ ]D.运动中的团队与协作

[ ]E.其他:[请在此区域内作答]

2.您认为运动美在体育中扮演的角色是什么?

[ ]A.提升竞技水平

[ ]B.提高身体素质

[ ]C.培养审美意识

[ ]D.促进身心健康

[ ]E.其他:[请在此区域内作答]

3.您认为运动美主要包括哪些方面?

[ ]A.动作美

[ ]B.身体线条美

[ ]C.技巧美

[ ]D.精神美

[ ]E.其他:[请在此区域内作答]

4.您是否经常关注和欣赏各种体育运动?

[ ]A.是,经常关注

[ ]B.有时,偶尔看看

[ ]C.很少关注

[ ]D.从不关注

如果您选择了"从不关注",请跳转到第6题。

5.您通常通过什么方式来欣赏和感受运动美?

[ ]A.观看比赛直播或录像

[ ]B.阅读相关体育新闻或评论

[ ]C.与朋友或家人讨论体育话题

[ ]D.亲身参与体育运动

[ ]E.其他:[请在此区域内作答]

6.您通常通过什么方式来提升自己对运动美的理解?

[ ]A.阅读相关书籍或文章

[ ]B.观看教学视频或示范

[ ]C.参与运动俱乐部或团体活动

[ ]D.与专业人士或经验丰富的人交流

[ ]E.其他:[请在此区域内作答]

7.您如何看待运动美在未来体育教育中的地位?

[ ]A.越来越重要

[ ]B.保持现状即可

[ ]C.不太重要,应更注重竞技成绩

[ ]D.其他:[请在此区域内作答]

8.您认为学校应该如何加强学生对运动美的理解?

[ ]A.增加相关课程和讲座

[　]B.加强体育实践和体验活动
[　]C.与艺术家和设计师合作开展项目或工作坊
[　]D.提供更多关于运动美的阅读材料和资源
[　]E.其他：[请在此区域内作答]

（五）作品评价

在创美体育课堂教学中还可以通过评价学生的作品来评估学生在创造美方面的表现。作品可以是学生自己创作的体育动作图、舞蹈动作图、战术设计图等，以便更好地了解学生的创造力和表现力。例如，在武术教学中，让学生运用临摹画法或火柴人画法绘出弹踢穿顶、掼拳戳脚这两个动作的图解，以帮助其初步建立动作表象概念，培养学生的美育思维与空间想象力。（图5-2、图5-3）

图5-2　学生完成的作品图(1)

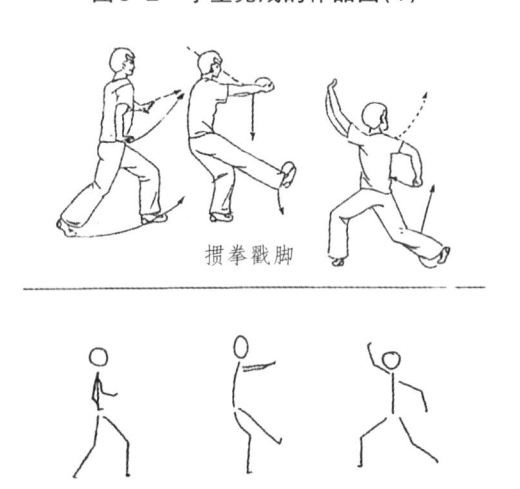

图5-3　学生完成的作品图(2)

(六)审美分析报告

在创美体育课堂教学评价中,审美分析报告是一种重要的评价工具。它是对体育课堂中美育元素和审美体验进行深入分析和报告的文档,分析的内容包括教学内容、学生表现、课堂氛围、教学效果等,旨在帮助教师了解学生在体育活动中审美情感和创造力的发展情况,以及教学中美育目标的实现程度。

(七)项目化设计

项目化设计"以'做项目'为设计主线,按照'怎么做'的思路设计过程和方法,以驱动问题为学习活动的起点,以项目作品为学习活动的终点"[1]。在创美体育课堂教学评价中,项目设计算是一种较为创新的评价工具,包括项目目标设定、项目内容选择、项目过程实施、项目成果展示。通过项目设计,创美体育课堂教学可以更加贴近学生的实际需求。它根据教学目标和学生需求,设计具有实际意义的体育项目或活动,以便学生在实践活动中体验美、感受美、创造美,从而提升审美情感和创造力。同时,它也可以作为评价创美体育课堂教学效果的重要依据之一,帮助教师了解学生在实践中的表现和进步情况,为进一步优化教学提供有力的支持。

(八)科技软件辅助评价

随着科技的发展、技术的革新,各种教育技术工具也应运而生,能有效辅助教学评价。例如,利用视频分析软件对学生的动作进行技术分析,利用在线平台、小程序、运动APP等收集和分析学生的表现数据等。

综上所述,通过综合运用这些工具,教师可以全面了解学生的学习情况,为进一步提升教学质量提供依据。同时,这种美育评价方式也有助于培养学生的审美意识、审美能力和创造力,促进学生的全面发展。评价工具在教育领域扮演着至关重要的角色,它们不仅帮助教师评估学生的学习成果,还为教育工作者提供改进教学方法的依据。随着教学方式的发展,评价工具也需要不断适应和更新,以满足新的教育需求。

---

[1] 瞿红宇.基于PBL的初中信息技术项目设计[J].教育理论与实践,2020,40(11):63.

二、创美体育课堂教学评价的方法

教学评价方法指的是教学过程中,教师或教育工作者依据一定的教学目标和标准,对教学活动及其结果进行测量、分析和评定时所采用的科学可行的方法。刘徽老师认为,评价的方法是多种多样的,包括课堂问答、知识测验和技能测试、表现性任务、结构化思维工具(如KWL图表、思维导图、概念地图、个人意涵图)、自我反思等。[①]为了更好地评价创美体育课堂教学中学生在体育学习过程中在认识美、展现美、欣赏美、创造美这四个方面的表现,可采用以下几种教学评价方法。

(一)提问法

通过对学生进行相关体育美的元素的提问,让学生表达自己的感受和体验,了解学生对体育美的知识的理解与认识。

(二)观察法

通过观察学生在体育活动中的参与度、创新能力、审美能力以及表现美的能力,选择观察点并运用合适的观察量表评估他们在认识美、展现美、欣赏美和创造美方面的能力。

(三)问卷调查法

通过设计调查问卷,了解学生对体育美的认识、对运动美的欣赏能力以及在体育活动中创造美的意愿和表现。

(四)测试法

通过进行一些相关的测试,评估学生的知识、体能、技能、协调性、柔韧性等,进而评价他们在认识美、展现美、欣赏美和创造美方面的表现。

---

① 刘徽.大概念教学:素养导向的单元整体设计[M].北京:教育科学出版社,2022:213.

(五)表现性评价法

根据学生在体育课堂上的表现,记录并评价他们在认识美、展现美、欣赏美和创造美方面的能力。

(六)作品评定法

让学生展示自己的创造力和审美水平,通过评定学生的体育作品、项目设计方案等,了解他们对体育美的创造和表现方面的能力和特点。

(七)实践操作法

实践操作法强调通过学生的参与体验及在实际操作中的表现和成果来评估他们在体育活动中的审美情感和创造力发展,以及创美体育课堂教学目标的达成情况。

(八)自评互评法

组织和引导学生对自己和同伴的体育学习过程和结果进行评价,促进他们对体育美的认识和自我提升,以及同伴之间的交流学习与互相激励,从多个角度全面地评价学生在认识美、展现美、欣赏美和创造美方面的能力。

(九)定量和定性相结合评价法

将定量评价和定性评价相结合,可以从多个角度全面评估创美体育课堂教学在美育方面的效果。定量评价提供客观的数据支持,可以直观地反映学生在审美情感和创造力方面的发展情况;而定性评价则能深入挖掘课堂教学的内在特点和问题,为改进教学提供有针对性的建议。

以上教学评价方法可以帮助教师全面了解学生在创美体育课堂教学中的表现,为他们提供更有针对性的指导和支持。同时,教师还需要根据实际情况选择合适的评价方法,并注意评价的客观性、准确性和及时性,以促进学生的学习进步和全面发展。

第三节 创美体育课堂教学评价的应用与实施

体育课堂教学评价是体育教学工作的重要环节,对提高体育教学质量和促进学生全面发展具有重要意义。樊三明等认为,体育课堂教学是落实核心素养的主阵地,而体育教学评价又是检验体育课堂教学效果的关键环节,因此体育教学评价设计的合理性直接影响学生体育学科核心素养水平。体育教学评价设计是体育教师依据体育学科核心素养,设置适宜的评价维度,确定合理的评价内容和观测点,合理选择评价主体、方式与工具,对课堂教学进行评价的一种设计活动。其主要是对"为什么评""评什么""谁来评""怎么评""用什么评"等问题进行考虑并进行回答的过程。[1]因此,将创美体育课堂教学评价定义为:通过一系列评价工具和方法,对体育课堂教学的美育效果进行全面、客观、科学的评估和分析。它在体育教学实践中起着重要的作用,能有效促进教学的改进和提高。创美体育课堂教学评价强调通过体育活动,培养学生的审美意识,提升审美能力,激发学生的学习兴趣和创造力,最终达到创造美的能力,提高学生的体育学科核心素养水平的目标。为了实现这一目标,创美体育课堂教学评价在体育教学中的具体实施需要教师的精心设计和组织,确保评价的科学性、针对性和有效性,从而真正促进学生审美意识的发展和全面成长。下面从美育的角度对创美体育课堂教学评价的应用与实施进行探讨。

一、创美体育课堂教学评价在体育教学中的实践应用

创美体育课堂教学评价是一种以美育为导向的教学评价方式,它强调在体育教学中不仅要关注学生的技能掌握情况,还要关注学生在体育活动中的参与

---

[1] 樊三明,朱春山,董翠香.核心素养导向下的体育教学评价设计[J].体育教学,2020,40(9):20.

度、创新能力、审美能力的提升,以及他们在体育活动中美的体验和感受。因此,在课堂教学中要进行评价设计,以及制定具体的美育教学评价标准,选择合适的评价工具、评价方法、评价主体等,完善评价机制,促进创美体育课堂教学评价在体育教学中的实践应用。

(一)创美体育课堂教学评价设计

体育不仅仅是一种锻炼身体的手段,更是一种表达和体验美的途径。在体育教学中,美的体现不仅仅在于运动技巧的展现,也在于团队协作、运动精神等方面的展现。因此,评价设计应注重对美的追求和表达,让学生在学习过程中体验到体育的魅力和美感,从而更好地理解和掌握体育知识、技能和精神。下面从认识美、展现美、欣赏美、创造美的角度谈谈如何进行评价设计。

1.认识美

在创美体育课堂教学中,认识美是基础。对于这一方面的评价,教师需要关注学生对美的理解程度,通过评价来引导学生认识体育之美,包括运动技巧之美、团队协作之美、健康体态之美等。评价设计应注重学生对美的感知和理解,例如,是否能够辨别体育中的各种美(如力量、速度、协调性等),是否能理解美的多样性和复杂性,以及评价学生对基本运动技能的掌握程度、对正确姿势的认识程度等。同时,通过评价也可以促进学生对体育精神、体育文化等方面的了解和认识。评价方法可以采用课堂问答、小组讨论或问卷调查,以评估学生对美的敏感度和理解。

2.展现美

在创美体育课堂教学中,展现美是关键,学生需要通过身体力行来展示体育之美。展现美主要考查学生在体育活动中是否能有效地表达和展示美。评价设计应注重学生的表现力,例如,动作是否规范、流畅、协调,态度是否积极向上,是否能通过自己的表现传递出美的信息。同时也应鼓励学生通过自我展示来表达对体育之美的理解和追求。在这个过程中,教师应注意运用多样化的评价方式,如观察、提问、测试、表现性评价等,同时也可以引导学生进行自我评价和互相评价,全面了解学生的表现水平。

3.欣赏美

在创美体育课堂教学中,欣赏美是重要环节。学生需要具备欣赏体育之美的心态和鉴别能力。评价设计应注重学生对美的感知和欣赏能力,如评价学生对不同运动项目的欣赏能力、对优秀运动员表现的认知程度等。同时,教师也可以通过组织学生观摩优秀运动员比赛,欣赏亚运会、奥运会等重大体育赛事等途径,观察他们是否能从中感受到美的元素,并对其进行分析和评价,提高学生的欣赏水平。还可以通过小组讨论、口头表达等方式来评估学生的审美能力和对美的鉴赏力。

4.创造美

在创美体育课堂教学中,创造美是最高层次的审美能力。教师要鼓励学生发挥想象力,在掌握技能和知识的基础上,通过实践和创新创作出独特的、具有美感的体育动作或项目。评价设计应注重学生的创新能力和实践精神,如评价学生对新运动技能的探索和尝试、对运动项目规则的改进和创新等。同时,教师也可以设置开放性任务和项目,引导学生自主探索和创新,培养学生的创造力。评价方式可以采用项目化评价,让学生自主设计体育活动或动作组合,然后通过展示、比赛等方式进行评估。同时,教师也应注重过程性评价,关注学生在创造过程中的思考和努力。

(二)完善创美体育课堂教学评价机制

为了更好地实施创美体育课堂教学评价,需要建立完善的评价机制。这包括制定具体的评价标准、确立多元评价方式以及定期进行评价和反馈。在评价过程中,应注重学生的个体差异和全面发展,避免单一的量化评价。通过合理的评价机制,我们可以全面了解学生的表现和发展状况,为进一步的教学计划提供有力依据。

1.制定具体的评价标准

评价标准不应仅关注技能的掌握程度,还应包括学生对活动的态度、团队合作精神、创造性表现以及对美的感知和表达能力。为了有效地实施创美体育课堂教学,首先需要确立明确的评价标准。这些标准应涵盖以下几个方面:

(1)认识美的能力

评价学生对美的理解程度,是否能发现和欣赏美的事物。

(2)展现美的能力

评价学生在体育活动中的表现,是否能通过自己的动作、语言和态度展现出美的元素。

(3)欣赏美的能力

评价学生是否能理解和欣赏体育运动的美,是否能从体育活动中享受到运动美。

(4)创造美的能力

评价学生是否能将所理解的美融入自己的体育活动中,创造出新的美的元素。

因此,基于体育学科核心素养,从认识美、展现美、欣赏美、创造美的角度,为创美体育课堂教学评价制定如下评价标准。(表5-4)

表5-4 创美体育课堂教学评价标准

维度	评价内容	评价标准	举例说明
认识美	理论知识掌握	学生对体育美学基础知识的掌握程度	运动美学原理、体育运动中的艺术表现等
	美的敏感度	学生在体育活动中对体育美的元素和特征的感知能力	动作的节奏感、身体的线条美等
	审美意识的形成	学生是否形成了正确的审美观和价值观	能辨识和评价体育活动中的美与丑
展现美	表现技能美	学生在体育技能展示中是否能准确、流畅地展现动作的美感	舞蹈的韵律、球技的精湛
	身体姿态美	学生在体育活动中的身体姿态是否优雅、协调	运动中的力量美、速度美等
	表达情感美	学生是否能通过体育活动表达自己的情感和审美体验	通过表情、动作等传达内心的情感
欣赏美	观赏能力	学生在观赏体育活动时是否能欣赏到其中的美感和艺术价值	欣赏舞蹈表演、体育赛事
	评价能力	学生是否能对体育活动中的美进行评价和赏析	分析运动员的动作技巧、比赛战术等

续表

维度	评价内容	评价标准	举例说明
欣赏美	分享意愿	学生是否愿意与他人分享自己欣赏到的美感和体验	通过讨论、分享等方式促进审美交流
创造美	创新能力	学生在体育活动中是否能提出新颖、有创意的想法和解决方案	通过创新的方式展现美
创造美	创作实践	学生是否能将创新思维应用到实践中，通过体育活动创造出具有美感的作品或表演	创编动作、造型、适合自己的锻炼方法等
创造美	团队合作	学生在团队活动中是否能发挥创造力，与团队成员共同创造出美的体验和作品	集体创编队形、比赛战术等

以上评价标准从认识美、展现美、欣赏美、创造美四个角度全面评价学生在体育教学中的审美能力和表现。通过这样的评价标准，可以引导学生深入认识和理解不同的运动项目中的美，激发他们的创造力和审美热情，提高他们的体育学科核心素养水平。同时，通过分析不同运动项目的美学特点、针对不同运动项目制定明确的评价标准，也能为教师提供一个有效的评价工具，帮助他们更好地指导学生的审美学习和实践活动，以便学生能明确自己在审美方面的不足和进步空间。

2.确定多元评价方式

创美体育课堂教学评价方式的多元化体现在评价主体的多元性、评价方法的多样性和评价工具的多选择性，有助于从多个角度全面地评价学生的表现。在创美体育课堂教学中，学生不仅需要掌握运动技能，还需要在体育活动中体验和感受美，提高审美素养。因此，除了教师评价外，学生自评、同学互评、家长评价甚至是教练、比赛的裁判员、学校管理层方面的评价等方式都可以提供不同角度的评价，帮助学生更全面地了解自己的学习状况，也能更加准确地反映教学的实际情况。评价方式的多样化，让学生能充分发现并展示自己的特长和优势，有助于教师更好地了解学生在体育活动中的美育发展，并选择合适的教学评价工具和方法，进行多方位的全面评价。

3.定期评价与反馈

评价的目的是更好地改进和提高教学质量和效果,定期进行评价和反馈是确保创美体育教学评价机制有效运行的关键。可以在学习完每个单元后或每学期或每学年进行一次全面评价,还可以在教学过程中根据需要进行阶段性评价。评价结果应及时、准确地反馈给师生,以作为学生学习进步的重要依据,激励学生继续努力,提升自己的体育素养和审美能力。同时,教师也要根据评价结果反思自己的教学方法和策略,不断改进和提升教学质量。

总之,要通过不断地实践和改进,逐步完善美育视角下的创美体育课堂教学评价体系和方法,为提升学生的审美情感和创造力提供有力的支持。

二 创美体育课堂教学评价在体育教学中的具体实施

实施创美体育课堂教学评价是促进学生审美意识发展的重要手段。教师要制定好实施程序,明确美育目标,制定科学的评价体系,根据不同运动项目的特点制定明确的评价标准,采取多元评价方式,并注重鼓励、针对性和过程导向,帮助学生更好地认识美、展现美、欣赏美和创造美,培养他们的审美能力、创新思维和人文素养,实现全面发展。具体实施如下。

(一)制定教学评价的实施程序

创美体育课堂教学评价的实施程序应科学、合理。应根据不同运动项目所要评价的目的和标准,结合教学实际和学生实际情况,制定具体的实施程序。实施过程中要注重学生的参与度,发挥学生的主体作用。同时,要对实施过程进行监督和管理,确保评价结果的客观性和准确性。

1.制定科学的实施程序

实施程序是进行评价的具体步骤,应根据评价目的、内容、标准、工具和方法等因素制定。程序应科学、合理,以保证评价的准确性和可靠性。同时,程序也要具有可操作性和可行性,能够适应创美体育课堂的实际教学环境和学生需求。

2.合理组织与实施

组织与实施是进行评价的关键环节,应根据实施程序进行具体操作。在组织与实施过程中,应注重规范性和公正性,保证评价结果的客观性和准确性。同时,也要注重学生的参与度和教师的指导作用,促进师生的互动交流和共同发展。

3.及时反馈与改进

反馈与改进是进行评价的重要环节,应根据评价结果进行及时反馈和调整。应及时、准确地向学生和教师传达反馈结果,以便他们了解自己的表现和教学状况。同时,也要关注学生和教师的反馈意见和建议,对评价工作进行改进和提高。

(二)教学评价实施过程中的注意事项

第一,评价应以鼓励为主,帮助学生发现自己的优点和进步,激发他们对美的追求和创造美的热情。

第二,评价应具有针对性,要根据学生的个性差异和特点,给出具体的建议和指导,帮助他们更好地发展审美意识。

第三,评价应注重过程而非结果,关注学生在学习过程中的表现和发展,而不仅仅是关注最终的成绩和效果。

第四,评价应具有导向性,引导学生发现和追求真、善、美的事物,培养他们的审美意识和审美能力。

第五,评价应具有可操作性,制定明确的评价标准和方法,使评价更加客观、公正和有效。

(三)明确美育目标,构建多维度评价体系

在创美体育课堂教学评价中,是以美的标准来评价学生的表现的。因此,在课堂教学实践中,应明确美育目标,构建一个多维度的评价体系。评价体系要包括学生的身体素质、运动技能、学习态度、合作精神、审美观念、审美情趣和创造思维等方面的内容,引导学生在学习体育知识、掌握运动技能的同时提高审美素养和创造力。应确保评价体系的科学性和公正性,避免单一、片面的评

价标准。由此,就能设计出不同运动项目的美育课堂教学评价体系。下面以排球大单元教学为例,建立美育评价体系。(表5-5)

表5-5 排球大单元教学美育评价体系

主题:排球组合技术与实践比赛应用					
评价目的:在排球技术学练中充分感受排球运动之美,提升审美素养					
评价维度	评价内容	评价标准	评价工具	评价方法	评价主体
认识美	学生对排球大单元各项技术动作美的理解和认识程度	能准确描述各项技术动作的基本要领和要点	课堂提问、观察、小测验	提问法、观察法、测试法	教师
		能指出各项技术动作中的美学元素			
		理解排球运动中体能的重要性及其与技术的关系			
		了解排球比赛的基本规则、裁判法和战术配合			
展现美	学生在学习排球大单元各项技术动作中的表现美	展现技术动作的准确性、稳定性、流畅性和协调性	观察、录像分析、体能测试、实战演练	观察法、测试法、科技软件分析法、学生自评和互评、比赛法	教师、学生、裁判员
		展现出的力量、速度、协调性和节奏感			
		体能练习中的表现和提升			
		技术动作在教学比赛中的临场应用效果及与团队的配合			
欣赏美	对排球技术大单元的审美能力和欣赏水平	能准确识别各项技术动作的美学元素	课堂讨论、观察报告、作品展示、审美分析报告	观察法、作品评定法、互评法	教师、学生、裁判员、家长
		能从技术和艺术的角度欣赏他人和自己的技术动作			
		能欣赏同伴及对手在比赛中的表现,并对其中的优秀表现给予赞美和肯定			

续表

评价维度	评价内容	评价标准	评价工具	评价方法	评价主体
欣赏美	对排球技术大单元的审美能力和欣赏水平	能运用所学知识对排球比赛进行审美分析和评价	课堂讨论、观察报告、作品展示、审美分析报告	观察法、作品评定法、互评法	教师、学生、裁判员、家长
		能对优秀运动员的经典技术动作和排球比赛进行赏析和解读			
创造美	学生在排球技术大单元中的创新和创造美的能力	能根据自身特点和技术要求,创造性地运用所学知识,设计出具有个性的技术动作或战术配合	观察、项目设计方案、组织比赛、实践操作	观察法、项目设计法、比赛法、实践操作法	教师、学生、教练或裁判员
		能根据比赛,创造性地调整和优化技术动作或战术配合,以达到更好的效果			
		能根据排球运动的发展趋势,提出对技术动作或战术配合的创新想法和改进建议			

体育教师作为实施创美体育课堂教学评价的主体,要不断深入了解不同运动项目的特点,设立不同的美育目标,建立不同项目独特的美育评价体系,并通过多种渠道评估美学元素融入体育教学的效果。例如,观察和比较美学元素融入前后学生的学习兴趣、参与度、技能水平等指标的变化,最终实现创美体育课堂教学评价所要达到的实现体育教育目的、培养具有健康体魄和审美素养的全面发展的人才的目标。

三 创美体育课堂教学评价案例举要

创美体育课堂教学评价在教学实践中研究并优化,要对美育方面的评价不足进行补充完善,以体现创美体育课堂教学评价的全面性。下面以田径类大单元教学为例,设计创美体育视角下初中学生田径类大单元的学习评价表。

首先从认识美、展现美、欣赏美、创造美四个维度界定田径类大单元所要评价的具体内容,以此作为评价标准制定的依据。(图5-4)

```
         创美体育下的初中田径类大单元学习评价维度
    ┌──────────┬──────────┬──────────┬──────────┐
   认识美      展现美      欣赏美      创造美
```

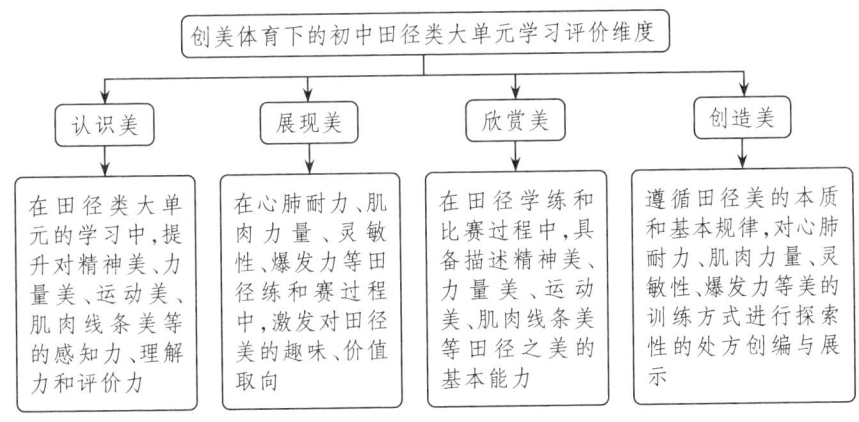

认识美	展现美	欣赏美	创造美
在田径类大单元的学习中,提升对精神美、力量美、运动美、肌肉线条美等的感知力、理解力和评价力	在心肺耐力、肌肉力量、灵敏性、爆发力等田径练和赛过程中,激发对田径美的趣味、价值取向	在田径学练和比赛过程中,具备描述精神美、力量美、运动美、肌肉线条美等田径之美的基本能力	遵循田径美的本质和基本规律,对心肺耐力、肌肉力量、灵敏性、爆发力等美的训练方式进行探索性的处方创编与展示

图5-4　田径类大单元学习评价维度表

基于以上评价维度,既可设计单一的美育评价表(表5-6),也可以结合学科核心素养设计综合性的美育评价表(表5-7),在实践教学中按照评价表的实用性与可操作性进行选择使用。

表5-6　田径类大单元美育评价表

以下情况请在与实际符合的"□"中打"√"			
评价维度	优秀□	良好□	一般□	不合格□
认识美	非常能理解文化、技术原理、规则与裁判法等田径学练赛活动美的内涵和具体内容,非常理解田径运动安全知识及比赛公平性价值	比较能理解文化、技术原理、规则与裁判法等田径学练赛活动美的内涵和具体内容,比较能理解田径运动安全知识及比赛公平性价值	不太能理解文化、技术原理、规则与裁判法等田径学练赛活动美的内涵和具体内容,不太能理解田径运动安全知识及比赛公平性价值	不能理解文化、技术原理、规则与裁判法等田径学练赛活动美的内涵和具体内容,不能理解田径运动安全知识及比赛公平性价值

续表

评价维度	优秀□	良好□	一般□	不合格□
展现美	能在学练和比赛中展现良好的竞技状态和身体姿态，能够主动适应学练和比赛环境的变化，能主动克服学练和比赛困难，不断挑战自我，展现良好的意志美	不定期在学练和比赛中展现良好的竞技状态和身体姿态，比较能适应学练和比赛环境的变化，比较会克服学练和比赛困难，不断挑战自我，展现良好的意志美	偶尔在学练和比赛中展现良好的竞技状态和身体姿态，不太能适应学练和比赛环境的变化，比较难克服学练和比赛困难，意志薄弱	缺乏良好的竞技状态和身体姿态，不能适应学练和比赛环境的变化，不能克服学练和比赛困难，意志薄弱
评价维度	优秀□	良好□	一般□	不合格□
欣赏美	爱好观看田径展演或比赛。能客观分析与评价田径运动项目展示或比赛的美感与价值，包括运动员的情绪变化、竞技状态、比赛激情、意志力等	爱好观看田径展演或比赛。能简要分析与评价田径运动项目展示或比赛的美感与价值，包括运动员的情绪变化、竞技状态、比赛激情、意志力等	对田径展演或比赛兴趣不大，偶尔会看。不太能分析与评价田径运动项目展示或比赛的美感与价值，包括运动员的情绪变化、竞技状态、比赛激情、意志力等	从来不观看田径展演或比赛。不能分析与评价田径运动项目展示或比赛的美感与价值，包括运动员的情绪变化、竞技状态、比赛激情、意志力等
评价维度	优秀□	良好□	一般□	不合格□
创造美	在田径美的实践活动中，经常能对田径美产生新想法和观点；有强烈的意愿对自己熟悉的田径美的形式进行学练和训练方法的再创编，并能经常性地将其融入学习与实践（如田径创编和比赛）	在田径美的实践活动中，能对田径美产生新想法和观点；有意愿对自己熟悉的田径美的形式进行学练和训练方法的再创编，能将其融入学习与实践（如田径创编和比赛）	在田径美的实践活动中，有时能对田径美产生新想法和观点；偶尔有意愿对自己熟悉的田径美的形式进行学练和训练方法的再创编，偶尔能将其融入学习与实践（如田径创编和比赛）	在田径美的实践活动中，很难对田径美产生新想法和观点；没有意愿对自己熟悉的田径美的形式进行学练和训练方法的再创编，不能将其融入学习与实践（如田径创编和比赛）

表5-7 田径类大单元学习美育综合评价表

年段	八年级	班级	12班	座号		姓名	×××
核心素养	维度	评价标准		评价等级		分值	备注
运动能力（20%）	认识美	能描述田径项目文化、技术动作原理、规则和裁判法等美的元素		优秀□良好□一般□不合格□			
	展现美	在学练和比赛中展现良好的田径状态和身体姿态，凸显力量、速度美		优秀□良好□一般□不合格□			
	欣赏美	欣赏并简要分析运动项目展示或比赛的美感与价值		优秀□良好□一般□不合格□			
	创造美	敢于尝试融合美的技术动作和战术策略		优秀□良好□一般□不合格□			
健康行为（20%）	认识美	理解田径运动安全知识价值，主动规避风险和应对相关安全问题		优秀□良好□一般□不合格□			
	展现美	适应学练和比赛环境的变化，呈现出良好的抗挫折能力和心态		优秀□良好□一般□不合格□			
	欣赏美	欣赏和感受田径运动员的情绪变化、竞技状态，感受比赛的激情与魅力		优秀□良好□一般□不合格□			
	创造美	积极探索田径运动的发展潜力，能为其注入新活力和变化		优秀□良好□一般□不合格□			
体育品德（20%）	认识美	理解比赛的公平性和公正性，能尊重裁判、遵守规则、尊重对手		优秀□良好□一般□不合格□			
	展现美	能主动克服学练或比赛困难，不断挑战自我，展现良好的意志美		优秀□良好□一般□不合格□			

续表

核心素养	维度	评价标准	评价等级	分值	备注
体育品德（20%）	欣赏美	欣赏田径运动员的意志美，心态坚定，能客观评价运动员的行为	优秀□ 良好□ 一般□ 不合格□		
	创造美	能在比赛中运用所学知识和技能，创造性地解决学练、比赛问题	优秀□ 良好□ 一般□ 不合格□		
终结性测试(35%)	项目测试	项目　成绩	评价等级		
		50米	优秀□ 良好□ 一般□ 不合格□		
		1000米/800米	优秀□ 良好□ 一般□ 不合格□		
		引体向上/斜身引体	优秀□ 良好□ 一般□ 不合格□		
	技能测试	完整技术测试	优秀□ 良好□ 一般□ 不合格□		
		组合技术测试	优秀□ 良好□ 一般□ 不合格□		
		比赛应用	优秀□ 良好□ 一般□ 不合格□		
	知识测试	项目技术动作原理及文化、技术要点、规则与裁判法等	优秀□ 良好□ 一般□ 不合格□		
激励分(5%)		1.在小组赛、班级比赛和校级比赛中取得优异成绩 2.在课堂教学中有突出的表现			
总分		运动能力20%+健康行为20%+体育品德20%+终结性测试35%+激励分5%			
等级		根据总分，优秀：≥90分 良好：75—89分 及格：60—74分 不及格：<59分			

说明：此评价表可以作为学生学习田径项目的美育能力评价参考标准，以帮助他们了解自己在认识美、展现美、欣赏美和创造美四个维度的表现。其中，优秀为5分、良好为4分、一般为3分、不合格为1—2分。另外，期末田径测试成绩依据《国家学生体质健康标准（2014年修订）》，优秀为10分，良好为8—9分，一般为5—7分，不合格为1—4分，纸笔测试内容为20题试卷选择题，每题0.5分，项目10分。最后的总分，90—100分为优秀、75—89分为良好、60—74分为及格、59分及以下为不及格。通过不断地学习和实践，学生可以提高自己在田径运动美学素养方面的能力，进一步提升自己的田径运动水平。

综上所述，关于创美体育课堂教学评价的应用与实施，我们深入探讨了如何将创美体育课堂教学评价应用于实际课堂教学中，并详细介绍了实践应用和具体的实施措施，了解了创美体育课堂教学评价的重要性和意义，也意识到在实施创美体育课堂教学评价的过程中会遇到各种挑战和问题。因此，需要在教学过程中不断总结经验，反思教学过程，不断完善各种运动项目的评价体系和方法，以提高教学效果和评价的科学性。体育教师要通过实施创美体育课堂教学评价，更好地培养学生的审美素养和创新思维，激发他们的学习热情和创造力，为他们的未来发展打下坚实的基础。让我们共同努力，为创美体育课堂教学评价的推广和应用做出贡献，培养出更多具有健康体魄和审美素养的优秀人才。

第六章

愿景:创美体育的再思考

随着社会的快速发展和科技的日新月异,教育领域也面临着前所未有的挑战与机遇。创美体育作为一种全新的尝试,不仅承载着培养学生身心健康、审美能力和创造力的重要使命,更是促进学生全面发展的一个新的途径。在创美体育课堂教学模式的探索与实践过程中,相关内容的系列课题研究、课堂教学实践研讨及多篇实践论文的诞生,见证了在国家大力倡导加强和改进学校美育工作后体育课堂的转变,这不仅仅是对教学内容的深化和扩展,更是对学生体育审美意识的引导和培养。任何教学模式的形成和完善都不是一蹴而就的,需要在教学实践中不断地反思、总结和创新。

2023年12月22日,中华人民共和国教育部颁布了《教育部关于全面实施学校美育浸润行动的通知》,指出美育浸润行动的主要任务和目标是:"以美育浸润学生,全面提升学生文化理解、审美感知、艺术表现、创意实践等核心素养,丰富学生的精神文化生活,让学生身心更加愉悦,活力更加彰显,人格更加健全。以美育浸润教师,发挥教师职业的美育功能,提升全员美育意识和美育素养,塑造人格魅力,涵养美育情怀。"新政策的导向引发了我对创美体育的再思考……

一 回顾与反思

在过去的一段时间里,依托名师工作室的平台,创美体育课堂教学模式在教学实践中取得了一定的成果。通过创新教学理念和方法,我成功地将审美教育与体育锻炼相结合,让学生在享受运动乐趣的同时,提升美学素养和创造力。然而,随着时代的进步和教育改革的不断深入,也应看到创美体育在实践中存在的不足和未来将会面临的挑战,反思未来创美体育的可持续发展。

(一)如何真正激发学习兴趣

创美体育课堂教学不仅仅是传授体育知识和技能,更是要通过体育教学培养学生的审美能力、创新能力和实践能力。需要我们在教学实践中不断地反思,思考我们的课堂是否真正做到了以学生为中心,是否真正激发了学生的体育兴趣和审美情感。

(二)如何进行教学创新与突破

在创美体育教学实践中,需要不断地探索新的教学方法和手段,使体育教学更加生动、有趣、有效。要不断地思考创美体育课堂教学如何更好地与现代教育理念相结合,如何更好地培养学生的综合素质。以某位青年教师在尝试进行创美体育课堂教学中的实践反思为例。该教师在篮球教学中长期都是注重技能传授,忽视了学生的审美体验,课堂氛围略显单调,教学效果不佳。经过反思,她开始关注学生的个体感受,尝试运用多媒体展示篮球运动的美学元素,并引导学生用欣赏美的眼光来学会观看篮球比赛,让学生进行小组讨论,分享对篮球运动美的认识,鼓励学生通过比赛感受篮球运动的对抗美、合作美、技战术美等。通过这些改进措施,学生的参与度和对篮球的兴趣明显提高了。由此可见,创美体育课堂教学实施的意义和作用,对学生潜移默化的影响是深远的。

(三)如何满足学生的多样化需求

在创美体育教学实践中,不仅要关注学生的个体差异、兴趣和需求,还要考虑为学生提供更加个性化、多样化的体育教学服务。思考创美体育课堂教学如何更好地服务于学生的全面发展,如何根据教学实践反馈,持续优化创美体育教学模式,以满足学生多样化的需求。

(四)如何提供教师的可持续发展

创美体育课堂教学的实施者是广大一线体育教师,一线体育教师如何能更有效地将美育教育融入体育教学中,如何提供持续的教师培训,以适应创美体育教学模式的不断发展和变化,也是要思考的问题。

二、未来展望与挑战

《教育部关于全面实施学校美育浸润行动的通知》指出:"以数字技术赋能学校美育,依托国家智慧教育公共服务平台和地方平台,开发教育教学、展演展示、互动体验等优质美育数字教育资源,持续更新上线美育精品课程和教学成果……"面向未来,创美体育教学所要接受的挑战与应对如下。

(一)整合资源,构建多元化教学体系

充分利用现代科学技术,例如,AI人机对话、虚拟现实(VR)、增强现实(AR)等,打造沉浸式教学环境,使学生在体验中感受美的熏陶和创造的力量。同时,积极与其他学科交叉融合,打破传统学科界限,构建更加开放、多元化的教学体系。我们期待看到创美体育教学模式在各个学科领域的延伸,以适应不同学生的需求和兴趣。

(二)强化师资培训

创美体育,顾名思义,是一种将审美教育与体育教学相结合的新型教育模

式。它不仅关注学生的体能和技术,更强调在运动中感受美、欣赏美和创造美。这种教育模式对教师的素质和能力提出了更高的要求。因此,要加大对体育教师的培训力度,提高其美学素养和教育教学能力。同时,鼓励不同学科教师之间开展跨学科交流与合作,共同推动创美体育课堂教学水平的提升。我们期待看到更多的学校和教师接受并实施创美体育的教学理念,让更多的学生从中受益。

(三)注重个体差异与个性化发展

充分尊重每个学生的个性特点和差异性,为他们量身定制合适的教学方案和活动项目。通过个性化美育融合教学,激发学生的学习兴趣和创造力,培养他们的自主学习和终身学习的能力。

(四)对学生和社会的影响

我们将通过实例和数据来证明创美体育的价值,分析创美体育对学生个体成长和社会发展的深远影响,并试图呼吁更多的人参与到创美体育的实践中来。

(五)未来发展方向

展望创美体育未来的发展方向,包括对新的教学方法、技术的探索,以及对美育和体育教育融合的新思考。希望创美体育能适应未来教育的趋势,始终保持其前瞻性和创新性。

(六)加强国际交流与合作

积极参与国际体育教育交流与合作项目,引进国外先进的教育理念和方法,推动我国体育+美育教育的国际化进程。同时,也将我国优秀的体育+美育教育经验和成果分享给世界各国,促进全球体育+美育教育的深度融合,共同进步。

三　结语

对创美体育的再思考是一个持续的过程,需要我们不断反思、总结、优化和创新。只有经过不断地探索与实践,创美体育才能真正成为一种有力且有影响力的教育方式,帮助每一个学生发现和欣赏体育之美。在创美体育课堂中,教师和学生都是传递美的使者,不仅传递美,也传递爱。我们相信,在未来教育中创美体育将发挥更加重要的作用,为培养具有审美素养和综合素质的学生做出更大的贡献。

最后,希望本书能激发读者对创美体育的深入思考,并为读者在实践中提供指导和启示。我们期待看到创美体育在未来能够得到更广泛的应用,让我们共同努力,使创美体育成为培养全面发展人才的强大引擎!相信通过我们的共同努力,创美体育的愿景将成为现实!

参考文献

[1] 中华人民共和国教育部.义务教育体育与健康课程标准(2022年版)[S].北京:北京师范大学出版社,2022.

[2] 中华人民共和国教育部.义务教育课程方案(2022年版)[M].北京:北京师范大学出版社,2022.

[3] 弗里德里希·黑格尔.美学[M].寇鹏程,编译.3版.重庆:重庆出版社,2016.

[4] 胡小明.体育美学[M].北京:高等教育出版社,2009.

[5] 王道俊,郭文安.教育学(第七版)[M].北京:人民教育出版社,2016.

[6] 杜卫.美育论[M].北京:教育科学出版社,2000.

[7] 金大陆.体育美学:人·运动·未来[M].上海:上海人民出版社,2008.

[8] 中央教育科学研究所.中华人民共和国教育大事记(1949—1982)[M]北京:教育科学出版社.1984.

[9] 瞿葆奎.美育:教育学文集 第八卷[M].北京:人民教育出版社,1989.

[10] 叶昌奎.以美育人教育模式论[M].广州:广东高等教育出版社,2000.

[11] 邵伟德.体育教学模式论[M].北京:北京体育大学出版社,2005.

[12] 体操教材编写组.体操[M],北京:高等教育出版社,1987.

[13] 莫雷.教育心理学[M].北京:教育科学出版社. 2007.

[14] 毛振明.体育教学论[M].北京:高等教育出版社,2005.

[15] 教育大辞典编纂委员会.教育大辞典 第1卷[M].上海:上海教育出版社,1990.

[16] 教育大辞典编纂委员会.教育大辞典 第6卷[M].上海:上海教育出版社,1992.

[17] 李吉林,田本娜,张定璋.李吉林小学语文"情境教学—情境教育"[M].济南:山东教育出版社,2000.

[18] 陈孝彬,高洪源.教育管理学(修订版)[M].北京:北京师范大学出版社,2008.

[19] 黄忠敬,欧阳雪乔,余锦团.聚焦美育——如何在学校中培养学生的审美力[M].上海:华东师范大学出版社,2021.

[20] 李秉德.教学论[M].北京:人民教育出版社,1991.

[21]刘徽.大概念教学:素养导向的单元整体设计[M].北京:教育科学出版社,2022.

[22]程灵,王颖.健体强心 融美育德:面向健康中国2030的高校体育改革探索[M].北京:人民日报出版社,2022.

[23]陈望衡.当代美学原理[M].北京:人民出版社,2003.

[24]姚全兴.从美育到创造:美育促进青少年创造性发展研究[M].济南:山东文艺出版社,2008.

[25]杨斌.教育美学十讲[M].上海:华东师范大学出版社,2015.

[26]马维林.美育课程论——高中教育的美学视野[M].北京:北京师范大学出版社,2020.

[27]费玉新,等.学校美育课程的立体建构:菁华园课程的逻辑与框架[M].上海:华东师范大学出版社,2021.

[28]朱光潜.谈美书简(增订版)[M].北京:人民文学出版社,2021.

[29]杨向东,崔允漷.课堂评价:促进学生的学习和发展[M].上海:华东师范大学出版社,2012.

[30]于素梅.义务教育课程标准课例式解读 体育与健康 2022版[M].北京:教育科学出版社,2022.

[31]田麦久.运动训练学(第二版)[M]:北京.高等教育出版社.2017.

[32]杨文轩、陈琦.体育概论(第二版)[M]:北京.高等教育出版社,2013.

[33]罗生全.新媒体时代的课程改革:逻辑理路与实践路向[J].教育学术月刊,2017(10):103-111.

[34]罗生全.教材建设的现代化格局与思路[J].课程·教材·教法,2023,43(2):17-20.

[35]罗生全.智能技术时代的教学理论发展[J].教育研究与实验,2021(2)1-11.

[36]余文森.教学主张:打开专业成长的"天眼"[J].人民教育,2015(3):17-21.

[37]余文森,龙安邦.提炼教学主张:名师专业成长的必修课[J].教育科学,2022,38(2):22-28.

[38]林崇德.学生发展核心素养:面向未来应该培养怎样的人[J].中国教育学刊,2016(6):1-2.

[39]杨斌.教育美学的回归与重建[J].美育学刊,2012,3(4):17-23.

[40]王国维.论教育之宗旨[J].基础教育,2008(9):64.

[41] 毛振明.对十种体育教学模式的分析[J].体育教学.2000(5):4-6.

[42] 李如密.教学美对学生发展的价值探析.教育研究与实验[J].2009(4):58-62.

[43] 赵彦真.初中体育实现创新课堂的方法探究.当代家庭教育[J].2021(14):83-84.

[44] 孔维峰."创设情境激起认知内驱力"的体育教学法研究[J].教育与职业,2012(23):152-154.

[45] 程岭.感美、立美、创美:教学审美化的理路与实现[J].中国教育学刊,2022(3):8-13.

[46] 韩延辉."创美教育":推动学校教育走向美学境界.人民教育[J],2020(Z1):37-39.

[47] 张炳意.美学素养:教师自我修养的应有之义[J].甘肃教育,2019(3):19.

[48] 纪东琪.美育视阈下学生美育素养提升路径探究[J].中国教育学刊.2019(S1):142-143+149.

[49] 李明昱.新媒时代下提升高校学生美育素养的研究[J].吉林广播电视大学学报,2019(2):37-39.

[50] 杜卫.谈谈学校美育教师的基本能力和素养——兼及加强和改进师范艺术教育[J].美育学刊.2022,13(2):1-7.

[51] 毛振明.关于体育教学模式的研究[J].广州体育学院学报,2000(4):41-48.

[52] 杨楠.体育教学模式与主体教学浅论[J].北京体育师范学院学报,2000(1):1-11.

[53] 肖焕禹,周莉,罗海涛.体育教学模式的结构、类型及应用条件[J].上海体育学院学报.2002(2):76-81.

[54] 杜江静.关于体育教学模式的研究[J].当代体育科技.2015,5(25):102-103.

[55] 崔允漷.教学目标——不该被遗忘的教学起点[J].人民教育,2004(Z2):16-18.

[56] 余晓宏.初中体育游戏化教学的实践探索[J].甘肃教育,2022(2):111-114.

[57] 陈晓晨.浅谈学生美学素养的养成[J].山东青年.2019(9):7+9.

[58] 刘琼秀,周金,张政敏.情境教学模式在体育教学中的应用研究[J].贵州体育科技,2007(3):76-78.

[59] 张年雷.基于情境教学的高中耐久跑教学方法研究[J].田径,2023(8):16-18.

[60] 向书国.摘"互动"之花,结"有效"之果——新课改理念下的高中政治互动性教

学研究[J].中国科技期刊数据库 科研:2023(5):138-141.

[61] 环敏.基于问题的课堂观察量表研制.当代教育研究[J],2018(10):21-23+31.

[62] 瞿红宇.基于PBL的初中信息技术项目设计[J].教育理论与实践,2020,40(11):62-64.

[63] 樊三明 朱春山 董翠香.核心素养导向下的体育教学评价设计[J].体育教学,2020,40(9):23.

[64] 赵茜,方志军.论作为美育的学校体育:内涵、诉求及价值表征[J].北京体育大学学报,2015,38(9):111-115+122.

[65] 王颖.学校体育审美研究[J].哈尔滨体育学院学报,2019,37(6):76-80.

[66] 郁建亚,黄金鹏.当代体育美学研究对象内涵的再思考[J].天津体育学院学报,2002,17(3):40-42.

[67] 牛东平.体育的美感——基于本体美学的阐释[J].体育科技文献通报,2017,25(2):123-125.

[68] 王鹏举.体育美学与社会主义精神文明的关系研究[J].邯郸学院学报,2019,29(2):115-118.

[69] 曾小金.高校健美操教学中美育的探索与思考[J].江西电力职业技术学院学报,2021,34(3):142-143.

[70] 苏婷.高校健美操教学中美学渗透的方法研究[J].青少年体育,2021(2):114-115.

[71] 罗艺芬.高校健美操教学的美育功能及实施策略研究[J].科技视界,2019(12):145-146.

[71] 梁俏梅.新形势下健美操审美体验及美育功能的研究[J].当代体育科技,2017,7(16):230-231.

[73] 黄宝仪.美育教育在健美操教学中的应用研究[J].当代教育实践与教学研究,2017(8):46+10.

[74] 张洋,丁传伟.以实践为导向的高校美育人才培养模式探究——以首都体育学院武术与表演学院为例[J].北京教育(高教),2022(12):37-38.

[75] 王岗,陈保学.中国武术美学精神论略[J].上海体育学院学报,2019,43(2):103-110.

[76] 祝磊.简析体育美学在武术教学中的应用[J].运动,2017(1):88-89.

[77] 罗俊.课堂教学美的价值及其创造[D].武汉:华中师范大学,2010.

[78] 邓佳.高校美育课程研究——助力大学身心协调发展[D].西南大学,2019.

[79]黄雅鑫.基于知识图谱的我国不同教育阶段体育教学模式研究的可视化分析[D].开封:河南大学,2022.

[80]闫艳.课堂教学目标研究[D].上海:华东师范大学.2010.

[81]苏建菲."互联网+教育"环境下体育教学评价形式的发展应用研究[D].广州:广州体育学院,2020

致谢

本书得以完成,要衷心感谢导师——西南大学教师教育学院院长罗生全教授的悉心指导,感谢实践导师——重庆市南开中学正高级教师肖素华老师给予的指导与帮助！感谢西南大学教育学部范涌峰教授等领导、专家,厦门市教育局、厦门市教育科学研究院各级领导的大力支持！特别感谢厦门市湖滨中学叶瑞碧校长的关心与支持！感谢宋超美老师、洪明忠老师的指导！感谢林悦名师工作室的成员及我所主持的省、市级相关课题的课题组的陈雅繁、林树真、李翔翔、谢兰凤、张华博、林清虹、吴晨露、李璐雯、叶汉雄、叶炳智、林鹭鹏、李云凌、陈昱麒、黄礼瀚、洪汉彪、熊建森、曾素珍、王赛楠、罗慧、胡晓凤、陈铭凯、卢衍丁、周硕林、张蕊、王哲、沈小芳、王振兴、陈建成、蔡育怀、林敏等成员积极参与创美体育课堂的教学实践和相关研究。感谢王琳(集美中学)、肖逸飞为本书提供照片。感谢廖惠萍、谢渊源、施连江、王琳(厦门一中)、吴晨露、李璐雯、罗慧、黄礼瀚、管梓洛参与插图拍摄,感谢摄影师张培杰老师！感谢我校各级领导、同事们及家人、朋友们的支持！感谢海沧区教师进修学校附属学校物理学科组陈芳老师！感谢邱黎苑、简韦华琦两位名师及其工作室的协同参与和支持！感谢厦门市首期卓越教师班全体同学的帮助与鼓励！

后记

把"创美体育"作为我的教学主张还要追溯到2021年我参加的厦门市第八届基础教育课堂教学改革创新大赛。当时我参加的是示范课的比赛,在初赛的个人陈述中要求阐述自己的教学主张,当时定的主张还不是"创美体育",甚至跟"创美体育"毫不相干。在顺利通过区级选拔后,区里决定让我作为代表参加市赛。当时的区教研员陈淑萍老师建议我结合自己的教学特点凝练出更有亮点的教学主张,这就意味着要全部推倒,重新来过。正当我没有什么头绪时,很巧的是当时我参与编写的《五育融合课程教学指导纲要》一书出版了。那时候我写的内容正是美育部分,这一下子就打开了我的思路,通过查找相关资料、参考其他老师的教学主张,并根据自己的专业特长,最后确定了"创美体育"作为我的教学主张。最初的想法是让学生能在体育学习中认识美、展现美、欣赏美、创造美,并以"美"为主线进行体育课的教学设计和拍摄说播课的内容。经过多次的磨课和后期制作,2021年11月我参加了最后的决赛,在那次的比赛中我取得了厦门市第八届基础教育课堂教学改革创新大赛高中体育示范课的一等奖。我的"创美体育"教学主张也得到大赛评委们的一致认可,这无疑给我增添了几分信心。但是当时的"创美体育"教学主张还处于比较浅显的位置,没有什么理论建构和实践检验。2022年3月,我参加了厦门市首届卓越教师培育对象的培训,根据培训要求要写一本以自己的教学主张为主的个人专著,跟之前的简单地阐述教学主张不同,必须有一定的知识架构、理论基础和实践验证,这对于我一个一线教师来说真的太难了,一时间也没有更好的思路。2022年7月在西南大学集中培训期间,有幸得到了导师——西南大学教育学部的罗生全教授和重庆市南开中学正高级教师肖素华老师的悉心指导,肖老师还借了杜卫的《美育论》给我看,给了我很多启发。之后,通过查资料、搭框架、申请课题等,书稿不断充实、改进……几易其稿,并最终确定《创美体育——中学体育教学新探》作为我个人专著的书名。在写作的过程中,依托我的名师工作室,开展了多场创美体育课堂教学实践研讨活动,有专题讲座、教学公开课、"体育+X"跨学科主题融合研讨活动,市级和省级相关课题的立项与研究、多篇相关论文的发表与汇编等都为我这本专著积累了很多实践案例,我的教学理念也得到了验证,理论水平也有所提升。

从2022年8月正式动笔到2024年3月底完成初稿,经历了一年零八个月,回首望去,那些与工作室的伙伴们、课题组成员们不断探索、实践与创新的日子;那些挑灯夜下、艰难前行的日子都如同电影般在我脑海中一一浮现,想到自己一路走来的专业成长之路之不易,还是感慨良多的。"创美体育",不仅仅是一个教学主张,它更是我对教育理想追求的结晶。我坚信,体育不仅是身体的锻炼,更是心灵的滋养。在撰写这本专著的过程中,我深感责任重大,常因自己理论水平的不足而焦虑,感觉到无法表达出体育教学美的真谛。我希望通过这本书,将自己的教学主张和实践经验分享给更多的教育工作者,为中学体育教学的发展贡献力量。同时,我也希望通过这本书,激发更多人对体育教学的思考和探索,共同推动中学体育教育的进步。

在撰写过程中,我得到了许多人的帮助和支持。感谢我的导师们,他们在我遇到困惑时给予了我宝贵的建议,常常使我茅塞顿开,豁然开朗;感谢学校领导和同事们给予的帮助与支持;感谢我的徒弟们,需要时一呼百应,热心帮忙;感谢我工作室的伙伴们,积极参与、研究实践;感谢我的学生们,他们的成长和进步是我最大的动力;还要感谢我最亲爱的家人们,他们一直是我最坚实的后盾。

当然,由于自身水平有限,这本书还有很多不足之处,敬请各位批评指正。体育教学是一个不断探索和创新的领域,我希望在未来的日子里,能够继续深入研究,不断完善自己的教学理念和方法,为中学体育教学的发展贡献更多的力量。

最后,我想用一句话来总结这本书的意义:"创美体育,让运动成为美的艺术,让教育成为心灵的滋养。"愿每一位读者都能够从中受益,共同推动中学体育教育的繁荣发展。

谨以此书,献给所有热爱体育教育、追求卓越的教育工作者们。

2024年3月27日